Himmelstürmer Verlag

Himmelstürmer Verlag, part of Production House,
Ortstr.6, 31619 Binnen
www.himmelstuermer.de
E-Mail: info@himmelstuermer.de
Originalausgabe, Februar 2022

Rechtschreibung nach Duden, 24. Auflage
Umschlaggestaltung: Olaf Welling, Grafik-Designer AGD,
Hamburg. www.olafwelling.de
Covermotiv: adobeStock.com

ISBN print 978-3-86361-954-1
ISBN e-pub 978-3-86361-955-8
ISBN pdf 978-3-86361-956-5

Klimaneutral
Druckprodukt
ClimatePartner.com/12518-1907-1001

Robin Cruiser

Und wer sagt, dass Schlampen leichter leben?

Teil 1
Aller Anfang ist leicht

Himmelstürmer Verlag

Vorwort:

Diese Geschichte basiert - so weit wie irgend möglich - auf wahren Begebenheiten. An der einen oder anderen Stelle habe ich etwas gestrafft, vielleicht eine Winzigkeit weggelassen oder der Sinnhaftigkeit wegen hinzugefügt. Auf jeden Fall habe ich sämtliche Namen geändert!

Warum es in der 3. Person geschrieben ist? Weil ich so Distanz zwischen mich und den jungen Kerl bringen konnte, um den es sich in diesem Buch dreht. Und dafür habe ich nur etwas mehr als 25 Jahre gebraucht ... Aber hey, die Neunziger sind doch im Moment total angesagt. Also genieße die kleine Zeitreise und begleite mich in die Clubs und Discos der Eurodance-Ära.

Du bist herzlich eingeladen, mit mir zu lachen, mit mir zu leiden oder kräftig den Kopf über meine Fehler zu schütteln. Ich bin nicht stolz auf alles, was ich gesagt oder getan habe. Aber ich bin froh, dass ich nun den Mut hatte, es aufzuschreiben. Möge es jemand anderem helfen, so wie ich mir damals immer einen weisen Ratgeber an meiner Seite gewünscht hätte.

Dancer in a daydream

Help me take control of my full imagination
I'm looking for a man who can match my situation
I'm thinking about the people oh waiting down the line
I am in the limelight - Now's my time![1]

Robin hielt den kopierten Ausschnitt des Stadtplans von Oldenburg fest in der Hand, als er den Bahnhofsvorplatz erreicht hatte. In seiner Verkleidung, einer farbenfrohen Kombination aus rotweißem Sakko im Hahnentrittmuster, einer dunkelgrauen Hose und einer farblich passenden Comic-Krawatte mit Sylvester und Tweety aus dem umfassenden Angebot von C&A, fühlte er sich überhaupt nicht wohl. Nun versuchte Robin sich zu orientieren. Mit seinen 17 Jahren hatte er keinen Führerschein und damit keine großen Berührungspunkte mit Stadtplänen oder Landkarten. Sein Vater war so nett gewesen, ihm den Stadtplan von Oldenburg aus einem ADAC-Heft zu kopieren. In die Innentasche seines Sakkos hatte er seinen Sony-Walkman gesteckt und verstohlen einen Ohrhörer ins rechte Ohr gesteckt. Er brauchte sämtliche Unterstützung, die er bekommen konnte. Und wenn es TLC waren ...

Nach 10 Minuten Fußweg hatte er die Hauptstelle der Sparkasse in Oldenburg erreicht und schwitzte aus allen Poren. Spitze, dachte Robin, jetzt bin ich zu früh da und schwitze wie ein Schwein. So wie ihm ging es auch einigen anderen jungen Leuten, die auf den ersten Blick keine 90er-Jahre-C&A-Kombi-Katastrophe anhatten, sondern Anzüge in gedeckten Farben und damit wesentlich businessmäßiger als er aussahen. Am liebsten wäre Robin im Erdboden versunken, als er von einem freundlich dreinschauenden Mädchen in seiner Altersklasse und ebenfalls in farbenfrohem Outfit angesprochen wurde.

„Na, du fängst heute auch die Ausbildung in der Spaßkasse an?“ Sie grinste so entwaffnend, dass sie ihm ein schiefes Lächeln entlockte.

„Ja, auch wenn ich im Vergleich zu den Typen da hinten nicht so aussehe ...“ Dabei zeigte er auf die perfekt gestylten Anzugträger in Grau, Blau

---

[1] Quelle: Jonas Berggren / Ulf Ekberg

und Schwarz.

„Meine Mutter meinte, dass dieses Kostüm gut zur Sparkasse passt. Ich sehe das weniger so. Mir gefällt deine Krawatte! Ernst wird es hier früh genug, was?! Ich bin übrigens Karin und komme aus Barßel. Eigentlich Strücklingen, ich werde jedoch in Barßel eingesetzt."

„Ich bin Robin. Robin aus Jever." Er kramte in seinen Geographiekenntnissen, konnte allerdings weder Barßel noch Strücklingen einordnen.

„Wo liegt Barßel? Bist du auch mit dem Zug da?"

„Ja, ab Augustfehn kann ich den Zug nehmen. Bis dahin nehme ich den Bus."

„Hm, dann können wir nachher ja zusammen zum Bahnhof laufen. Falls du magst ..."

„Klar, das ist eine gute Idee. Erstmal müssen wir nur den offiziellen Kram hinter uns bringen." In diesem Moment wurde die Tür geöffnet und der Ausbildungsleiter trat vor die Tür, um sie hineinzubitten.

Der erste Tag verging wie im Flug und bestand hauptsächlich aus einer Führung durch das riesige Hauptgebäude mit sämtlichen Abteilungen inklusive Mittagessen in der Kantine und anschließender Unterzeichnung aller für die Ausbildung relevanter Bestimmungen und sonstiger Unterlagen.

Karin und Robin saßen in dem riesigen Saal, wo die 39 Auszubildenden des Jahrgangs 1995 untergebracht waren, hintereinander und konnten immer mal wieder verstohlen Blicke austauschen. Man versuchte, einen ungezwungenen Ton an den Tag zu legen, während unendlich lange Ausführungen zum Bankgeheimnis gehalten wurden. Zum Schluss des Tages wollten sich noch die Kolleginnen und Kollegen der Personalabteilung vorstellen. Als sich eine Frau in den Vierzigern nach vorne stellte, ihr nougatfarbenes Kostüm glattstrich, die braune Prinz-Eisenherz-Frisur schüttelte und verkündete, sie sei Milka Czok, hörte Robin es hinter sich unterdrückt prusten und musste selber fest von innen auf die Wange beißen, um nicht loszugackern.

Irgendwie überstanden sie ohne weitere Zwischenfälle das Pflichtprogramm. Beim Verlassen des Raums lachten sie gemeinsam, als würden sie sich schon seit Jahren kennen.

„Oh Gott, bei der Czok-olade wäre ich fast gestorben.“ Karin schüttelte sich vor Lachen.

„Ja, ein zarter Traum in Nougat!“ Robin konnte das Lachen nicht mehr unterdrücken.

Da trat eine ihrer neuen Mitauszubildenden auf sie zu.

„Aber Vorsicht! It's cool man ...“ Karin und Robin hielten nur eine Sekunde inne, um dann noch mehr zu lachen. Derweil rauschten die Mitarbeiter der Personalabteilung an ihnen vorbei und schauten irritiert, aber bemüht freundlich zu ihnen.

„Na, ihr zwei Schnattertanten! Ich bin Nicole und komme aus Wardenburg.“

„Ich bin Karin aus Strücklingen und das ist Robin aus Jever.“

„Hallo Nicole, gutes Timing für den Spruch. Wir werden jetzt wohl alle drei ein lila Vorblatt an der Personalakte bekommen ...“

Damit war das Repertoire an Schokoladenwitzen ausgeschöpft und ein zartes, freundschaftliches Band zwischen den dreien geknüpft.

***

Endlich wieder Zuhause angekommen, berichtete Robin seiner Familie vom ersten Tag, schnappte sich danach die Familienkatze Kitty und verzog sich mit ihr auf sein Bett. Während er ihr beinahe kahle Streifen ins Fell streichelte, lief Musik von Ace of Base im Hintergrund. Das war das Einzige, das ihn nicht aus dem Fenster springen ließ. In der Schule hatte er im letzten Jahr auf der Höheren Handelsschule die Kurve bekommen, 20 Kilogramm abgenommen, coole Klamotten gefunden und ging wie ein normaler Teenager am Wochenende in die Disco. Dabei sah es tief in ihm anders aus. Da war er nicht normal. Zumindest nicht nach den Maßstäben von Gesellschaft und seinem Elternhaus. Wer darüber Bescheid wusste, war Kitty. Sonst niemand. Ihr konnte er anvertrauen, in welchen Jungen er von Zeit zu Zeit verknallt war. Oder welcher Schauspieler welchen Musiker als Star zum Schwärmen ablöste.

Und nun auch noch die Ausbildung. Jetzt war er nicht mehr Robin. Sondern Herr Soundso. Das war ätzend! Beim Gedanken an Karin und Nicole musste er kurz schmunzeln, doch direkt zogen wieder dunkle Wolken auf, da er ihnen niemals die Wahrheit sagen könnte.

Während er in der Schule insbesondere zum Schluss mit allen Mitschülern super klarkam und – wenn auch oberflächlich – immer jemanden zum Quatschen oder Weggehen hatte, fehlte eine tiefe Verbindung mit jemand Besonderem. Also musste die Katze herhalten. Unangenehm schien ihr die Behandlung nicht zu sein, sonst hätte sie sich schon zu wehren gewusst.

***

Der erste Tag in der Filiale in Jever verlief wenig spektakulär. Robin war der einzige Auszubildende aus dem Filialbereich Jever und wurde vom Innenleiter herumgeführt. Anschließend wurde ihm eröffnet, dass er für die Dauer seiner Probezeit vormittags in die Geldaufbereitung gesteckt wurde. Hier wurden die vielen Geldbomben aus dem Nachttresor gezählt. Hauptsächlich arbeiteten dort Frau Tannweg und Frau Herrweg, zwei Frauen Ende 50 bis Mitte 60, sowie Herr Würz, der sich als Rentner noch etwas dazuverdiente. Frau Tannweg trug gern „flotte" Mode für erfahrene Damen in der Sparkasse und hatte ein enormes Netzwerk innerhalb der Filiale aufgebaut. Stets gut gelaunt hatte sie ein gutes Händchen für die Stimmung ihres Gegenübers. Frau Herrweg dagegen arbeitete lediglich halbtags, und da sie stets hinter den Kulissen blieb, entsprach ihre Garderobe gehobener Freizeitkleidung für Frauen in den Sechzigern, dabei jedoch stets etwas farb- und freudlos. Sie war deutlich reservierter und siezte sich nach Jahren gemeinsamer Arbeit noch immer mit Herrn Würz. Herr Würz foppte sie dafür bei jeder sich bietenden Gelegenheit. Außer, wenn er auf die aufgetakelten Ziegen aus der Giroabteilung schimpfte, die sich goldbehängt und in aufwendigen Roben dem Abtippen von Überweisungsbelegen widmeten. Mit seiner hessischen Mundart war er ein Original. Das waren sie im Grunde alle, denn während des Geldzählens war die Entenjagd von NDR1 zu hören und Herr Würz musste dabei sogar die Kleingeldzählmaschine ausstellen. Am Freitagmittag wurde bei „Stimmung", also wenn die Kassenaufnahme auf Schlag stimmte, ein Sektchen getrunken. Robin musste da durch und überlegte nur kurz, was die Personalabteilung im fernen Oldenburg dazu wohl sagen mochte. Schnell ergab er sich in sein Schicksal und wurde so zum Ziehsohn von Frau Tannweg, die mittags, wenn Frau Herrweg und Herr Würz Feierabend hatten, in die Telefonzentrale wechselte. Also nahm Robin am Nachmittag Telefongespräche an, um sie innerhalb der Filiale weiterzuleiten oder einfachste Anfragen nach Öffnungszeiten selbst zu beantworten.

Nebenher musste man dort Kontrollbelege aushaken und Kontoeröffnungsunterlagen ablegen. Das hatte für ihn so wenig mit Sparkasse zu tun, wie es nur ging, doch die eintönige Aufgabe erleichterte etwas den Übergang von Schule zum Job, denn in der Geldaufbereitung oder der Telefonzentrale tauchte nie jemand von den hohen Würdenträgern der Filiale auf.

Zwar vergingen die Tage an sich wie im Flug, dennoch schien die Zeit stillzustehen. In den ersten Wochen war Robin abends zu kaputt, um irgendwas zu tun und am Wochenende war er lustlos und deprimiert. Dank des ersten Gehalts konnte er sich ein paar Klamotten und CDs leisten und öfters in die Disco gehen, er hatte dennoch das Gefühl, in einem Vakuum zu leben. Jeder Tag schien gleich abzulaufen, morgens die Geldaufbereitung, am Nachmittag die Telefonzentrale und abends noch ein wenig Musik hören und mit Kitty schmusen. Dann ab ins Bett, um am nächsten Tag wieder fit zu sein. Sollte das jetzt alles sein?!

Nach den ersten fünf Wochen fand für Robins gesamten Ausbildungsjahrgang eine sogenannte Einführungswoche statt. Alle wurden in Mehrbettzimmern in einem katholischen Ausbildungswerk in Stapelfeld untergebracht. Zu den männlichen Mit-Azubis hatte Robin so gar keinen Draht, da sie oftmals Abiturienten mit abgeschlossenem Wehrdienst und entsprechend älter als er waren. Der einzige Lichtblick war das Zusammentreffen mit Karin und Nicole, die sich ebenfalls als große Frieda&Anneliese-Fans zeigten. So lachten sie in sämtlichen Pausen gemeinsam über das Frühstyx-Radio von Radio FFN und knüpften mit ihrer lustigen Art doch noch Kontakt zu ein paar weiteren Mit-Azubis.

Am Abend trank Robin zum ersten Mal Rotwein. Den hatten sie den Mitarbeitern der Personalabteilung aus ihrem Bestand gemopst und mit Orangensaft gemischt als ‚Pink Panther' getrunken. Gut behütet aufgewachsen, gab es in seiner Jugend lediglich mal Sekt zu Silvester und dann und wann ein Glas Weißwein.

Robin wachte am nächsten Morgen auf und konnte sich nur

bruchstückhaft an den vorherigen Abend und die Nacht erinnern. Wie Lichtblitze kamen Situationen hoch, die ihm die Schamesröte ins Gesicht trieben! Er hatte die hausinterne Telefonzelle mit falschen Münzen geschrottet, indem Karin und er die Bundesbahn angerufen hatten, um „Die Bahn kommt ... Die Bahn kommt!“ zu kreischen. Vor dem Zubettgehen hatten seine Zimmergenossen noch Underberg getrunken und ihm auch ein Fläschchen aufgeschwatzt. Der nächste Lichtblitz zeigte ihn über der Toilettenschüssel, als ihm der ganze Spaß noch mal durch den Kopf ging.

Und als er diese Tage endlich ausgestanden hatte, passierte das Unfassbare. Seine geliebte Katze wurde überfahren! Zwei Tage hatte die Familie gebangt, doch am Sonntagnachmittag wurde es durch einen entfernten Nachbarn zur traurigen Gewissheit. Man hatte schon zwei Tage zuvor eine kleine schwarze Katze mit weißer Brust, die angefahren am Straßenrand lag, zu einer Tierärztin gebracht. Die Nachfrage dort ergab, dass die Verletzungen eine Operation erfordert hätten. Da die Katze kein Halsband trug, hatte man sie eingeschläfert!

Robin heulte bis zum nächsten Morgen durch und konnte keinen Bissen zu sich nehmen. Es war für ihn ein Verlust, den niemand sonst nachvollziehen konnte, obwohl die gesamte Familie um ihre Katze trauerte.

Wie betäubt ging er danach jeden Morgen zur Arbeit und ließ sich dort nichts anmerken. Er fühlte eine gewisse Befriedigung dabei, die ungeliebte Ausbildung ordnungsgemäß zu absolvieren und allein um seine beste Freundin auf der Welt zu trauern. Ohne sie veränderte sich Robin innerlich.

Innerhalb von Stunden wurde ihm klar, was er zu tun hatte. Als Frau Tannweg am Mittwoch nach Kittys Tod mal wieder in der Filiale unterwegs war, stöberte Robin ungestört im Telefonbuch von Oldenburg nach der Telefonnummer vom Schwulen- und Lesbenzentrum. In den kostenlosen Zeitungen, die wöchentlich im Briefkasten landeten, hatte er in den Kleinanzeigen schon mal von solchen Einrichtungen in Wilhelmshaven gelesen. Da musste Oldenburg doch erst recht über so etwas verfügen!

Schnell hatte er die Telefonnummer gefunden und abgeschrieben. Für ihn war es undenkbar, von der Arbeit aus dort anzurufen. Doch auch von zu Hause aus war das kein leichtes Unterfangen, da nach Feierabend eigentlich immer die gesamte Familie, insbesondere Oma, anwesend war.

Das Schicksal meinte es gut mit ihm, denn an diesem Tag wollten seine

Eltern mit der Oma zum Einkaufen nach Wilhelmshaven fahren, sodass er zumindest für kurze Zeit ungestört war.

Das Telefon stand im Wohnzimmer. Sie hatten noch immer keinen schnurlosen Apparat. So war man beim Telefonieren nicht ungestört. Bislang war das kein Thema für Robin gewesen, nur jetzt konnte er nicht genug Privatsphäre haben!

Mit klopfendem Herzen tippte Robin die Nummer ein und lauschte auf das Freizeichen. Schon nach dem zweiten Tuten meldete sich eine nette Frauenstimme. Es war Maja. Unbeholfen stammelte Robin etwas von schwul sein, keiner weiß es, andere junge Schwule treffen. Und Maja war sein rettender Engel.

„Wir haben hier eine Jugendgruppe namens ‚Ernie & Bert'. Ich glaube, das ist etwas für dich. Ruf doch mal am Freitagnachmittag an. Dann ist Uwe hier."

Und das tat Robin. Er konnte sein Glück kaum fassen. Seine Eltern mussten erneut mit der Oma weg. Irgendwo war etwas im Angebot. Es interessierte ihn nicht die Bohne! Er wollte nur seine Mission verfolgen. Wo Kitty nicht mehr da war, um sich seine innersten Gedanken anzuhören, musste er aus der Situation ausbrechen. Er hatte Angst, dass er sonst explodieren würde wie der Deckel auf einem Schnellkochtopf.

Das Gespräch mit Uwe verlief besser als erwartet. Der erzählte ihm von einer Rosa-Disco, die jeden letzten Samstag im Monat stattfand. Und vom Treffen der Jugendgruppe an jedem Sonntagnachmittag. Und so verabredeten sie, dass Robin sich am kommenden Sonntagmittag in Jever in den Zug nach Oldenburg setzen würde.

I want to break free

I want to break free, I want to break free,
I want to break free from your lies,
You're so self satisfied I don't need you,
I've got to break free
God knows, God knows I want to break free[2]

---

[2] Quelle: John Deacon

„Ich tue es wirklich, ich tue es wirklich, ich tue es wirklich …“ Immer wieder ging Robin nur dieser eine Gedanke durch den Kopf, während sich die Regionalbahn von Jever in Richtung Oldenburg in Bewegung setzte. Seine Finger krallten sich fest in das abgewetzte Polster seines Sitzes.

Durch das völlig verdreckte Fenster konnte er die Umrisse der vorbeiziehenden Häuser erkennen. Die Sonne stand an diesem frühen Septembernachmittag hoch an einem strahlendblauen Himmel. Und obwohl die Temperaturen einen letzten Anflug von Sommer erahnen ließen, zitterte er in seiner braunen Cordjacke.

Auch die Musik aus den Mini-Ohrhörern seines Walkmans konnte ihn nicht beruhigen. Die Kassette hatte Robin am Vortag aufgenommen. Eurodance vom Feinsten. Gerade arbeitete sich die Sängerin von Masterboy durch den Sunshine-Mix von ‚Feel the heat of the night‘.

Das schlechte Gewissen saß Robin im Nacken. Seinen Eltern hatte er eine Story aufgetischt, dass sich ein paar Auszubildende seines Jahrgangs für ein Azubi-Projekt trafen und er eingeladen war, dabei zu sein. Und dabei fuhr er jetzt allein mit der Bahn nach Oldenburg, um sich mit einem fremden Mann zu treffen.

Okay, Uwe war der Leiter der Jugendgruppe ‚Ernie & Bert‘ aus dem Schwulen- und Lesbenzentrum ‚Hempels‘ in Oldenburg. Immerhin hatten sie bereits 15 Minuten miteinander telefoniert. Da war er nicht mehr völlig fremd! Gesehen hatten sie sich noch nicht. Nett hatte er am Telefon dennoch geklungen …!

***

Robin stieg in Oldenburg aus dem Zug, lief vom Bahnsteig in die Bahnhofshalle und kam sich völlig dämlich vor. Sie hatten als Erkennungszeichen die braune Cordjacke ausgemacht. Es liefen jedoch so viele Leute in braunen Jacken herum, dass es ihm unmöglich schien, sich daran zu erkennen. Er hatte nicht im Traum daran gedacht, dass an einem Sonntagnachmittag so viele Leute mit dem Zug fahren würden! Als Uwe zehn Minuten über die verabredete Zeit noch immer nicht da war, ging Robin wieder Richtung Bahnsteig und überlegte, welche Erklärung er seinen Eltern für seine verfrühte Rückkehr auftischen würde. Da tippte ihm jemand auf die Schulter. Robin drehte sich um und sah in ein freundliches Gesicht mit einem Paar brauner Augen, die ihn sofort in ihren Bann zogen.

„Robin? Ich bin Uwe. Hallo!“ Uwe hatte kurze schwarze Haare, trug eine schwarze Lederjacke über einem roten Hemd und schwarzen Jeans. Er stand so nah vor Robin, dass dieser das Aftershave seines Gegenübers sowie einen Hauch von kaltem Rauch riechen konnte.

„Ja, hallo Uwe. Ich bin Robin.“

Uwe war Mitte 30 und hatte ein irre einnehmendes Lächeln. Robin schmolz förmlich dahin.

„Entschuldige, dass ich spät dran bin. Der Verkehr ist heute extrem. Was wollen die Leute heute alle in der City? Nun hat es ja geklappt, prima!“

Ohne eine Erwiderung abzuwarten, schob Uwe Robin wieder zurück in die Bahnhofshalle und weiter vor das Gebäude. Draußen legte er seinen rechten Arm um Robin und bugsierte ihn zu einem Ford Sierra, der ohne die dicke Dreckschicht anthrazit gewesen wäre.

Robin durchliefen Schauer der Erregung und das Gefühl an seinen Schultern, wo Uwes Arm lag, brannte wohlig. Leider war der Weg nur kurz, doch als Uwe seinen Arm zurückzog, meinte Robin ihn noch immer zu spüren. Das Auto war innen ein Chaos aus Unterlagen auf dem Rücksitz und einem überquellenden Aschenbecher. Uwe startete den Wagen und fuhr mit der Sicherheit eines routinierten Autofahrers durch den Stadtverkehr.

„So, dann wollen wir dich mal ins Hempels bringen. Die anderen werden schon da sein.“

Uwes Stimme riss Robin aus seinem Tagtraum.

„Die anderen?“

„Ja, Sandro aus Varel, Piet und Thomas aus Leer und Martin aus Zetel. Und noch ein paar Mädels, Monika aus Hude vielleicht ...“

Robin registrierte, dass scheinbar nur Vornamen und Wohnort bei der Vorstellung zählten, und erinnerte sich an den ersten Tag bei der Sparkasse. Dort hatten sich Karin und Nicole auch mit ihrem Wohnort vorgestellt. Robin aus Jever, das klang gut fand er. Dennoch war er aufgeregt. Wieder mal war er der Neuling. Das war zu oft in den letzten Wochen der Fall gewesen.

„René aus Bremen wird es nicht schaffen. Er kommt zur Rosa Disco am nächsten Samstag. Vielleicht kannst du ja auch kommen?“

Robin runzelte die Stirn und zog seine linke Augenbraue hoch. Wie sollte er seinen Eltern erklären, dass er von Samstag auf Sonntag in Oldenburg bleiben würde?!

„Nun schau doch nicht so böse!" Uwe lachte. Erst da merkte Robin, dass das Auto vor einem Haus in einer engen Nebenstraße angehalten hatte. Der Motor war aus.

„Wir sind da. Keine Angst, sie werden dich nicht fressen. Auch wenn du so lecker aussiehst."

Das Kompliment entlockte Robin ein verlegenes Lächeln. Er hatte zwar seine beste Jeans und den passenden Sweater an, lecker fühlte er sich jedoch nicht im Geringsten.

Sie stiegen aus dem Auto. Erneut berührte Uwe Robin am oberen Rücken und schob ihn sachte vor sich her, bis sie am Nebeneingang zum Schwulen- und Lesbenzentrum ankamen.

Innerlich wappnete sich Robin für den ersten Kontakt mit mehreren anderen Schwulen. Hoffentlich waren sie in seinem Alter. Und vielleicht war ja auch jemand Nettes dabei?

Als Erstes rannte ihnen Monika über den Weg. Sie trug eine Mülltüte und wollte sie in die neben der Tür stehende Mülltonne entsorgen.

„Hi, hallo Uwe. Wen hast du denn da im Schlepptau?"

„Hallo, Monika, das ist Robin aus Jever."

„Hallo, Robin aus Jever, ich bin Monika aus Hude." Sie hob die freie Hand zum Gruß und lächelte.

„Hallo!" Robin fand sie auf Anhieb sympathisch, war dennoch eher zurückhaltend. So schubste Uwe ihn fast in das Gebäude und dirigierte ihn in den hinteren Bereich, in dem ein großer Tisch mit bunt zusammengewürfelten Stühlen und eine altersschwache Kaffeemaschine standen.

An einer Seite des Raums standen ein paar junge Typen in Robins Alter. Das beruhigte ihn. Erneut gab Uwe ihm einen sanften Schubs in die Richtung der Jungs und lächelte aufmunternd.

„Hi Jungs, das ist Robin aus Jever. Er ist heute zum ersten Mal bei uns."

Robin spürte die Blicke der jungen Männer auf sich und fühlte sich wie Frischfleisch hinter der Glastheke beim Schlachter. Unwillkürlich fuhr er sich durch die absolut ungestylten, kurzen Haare und kam sich nur doof vor. Er musste unbedingt Gel benutzen, wenn er noch mal nach Oldenburg kam. Sie alle hatten coole Klamotten und gestylte Frisuren. Vor allem ein

Typ war ein echter Hingucker, er trug eine dunkelbraune Lederhose, ein cooles Hemd und hatte seine schulterlangen Haare hinter die Ohren geklemmt. So nickte er Robin auch nur zu und brummte „Ich bin Sandro aus Varel".

Ein schlaksiger Junge mit kurzen blonden Haaren und einem enormen Hörgerät stellte sich lautstark vor: „Ich bin Piet!"

Dass er so selbstbewusst mit seinem Hörgerät umging, imponierte Robin. Nachdem sich der superschlanke Martin aus Zetel mit Locken und Ziegenbart und Jeans-Schlaghose sowie ein Sonnyboy namens Thomas aus Leer vorgestellt hatten, verteilten sie sich alle auf die Stühle am Tisch, und Uwe schenkte allen Kaffee ein.

„Habt ihr überlegt, worüber wir heute diskutieren wollen?" Uwe schaute erwartungsvoll in die Runde, und Robin kam sich vor, als hätte er vergessen, Hausaufgaben zu machen. Hier wurde diskutiert? Er schaute angestrengt in den uralten Kaffeebecher und war gespannt, was kommen würde.

Sandro reagierte lässig.

„Ja, wir haben überlegt, dass wir über One-Night-Stands und Safer Sex sprechen wollen." Dabei schaute er Robin an und nickte ihm zu.

Noch bevor Robin gezwungen war einzuräumen, dass er weder von dem einen noch dem anderen Thema Ahnung hatte, ging Uwe dazwischen.

„Na, Sandro. Leg doch mal los und berichte von deinen Erfahrungen."

Robin meinte, eine etwas angespannte Atmosphäre wahrzunehmen und fragte sich, ob er etwas falsch gemacht hätte. Dieser Sandro mochte ihn schon mal nicht. Dabei fand er ihn eigentlich cool.

Sandro erzählte von ersten Kontakten in der Szene und den verbrauchten Mengen an Kondomen und Gleitgel. Nach und nach brachten sich die anderen mit ein, und es entstand ein lockeres Gespräch über Sex, Sex und Sex. Als Robin das nächste Mal auf die Uhr schaute, war es beinahe Zeit, wieder zum Bahnhof zurückzulaufen.

Sandro bemerkte Robins Blick und sprach ihn direkt an.

„Oh! Musst du schon los? Ich erkläre dir gern, wie du zum Bahnhof laufen musst. Das ist leicht. Also, du …"

Erneut unterbrach Uwe den Seitenhieb von Sandro.

„Nein, Sandro, ich fahre Robin. So kann er noch bleiben."

Robin bemerkte die erstaunten Blicke der anderen untereinander und war verunsichert. Das tat Uwe doch bestimmt bei allen Neulingen, oder nicht? Einige standen auf, um draußen eine Zigarette zu rauchen. Uwe schloss sich ihnen an.

Eine junge Frau, deren Namen Robin direkt nach der Vorstellung wieder vergessen hatte, raunte ihm im Vorbeigehen zu: „Was du wohl für den besonderen Service machen musst ..."

Da begriff Robin, dass er scheinbar eine Sonderbehandlung erhielt. Aber was sollte er machen? Besonders scharf war er nicht darauf, den Weg zum Bahnhof allein zu laufen.

Auf dem Rückweg fing Uwe im Auto erneut von der Rosa Disco an.

„Was meinst du? Kannst du es nächsten Samstag einrichten? Du kannst über Nacht mit zu mir kommen. Da schlafen immer ein paar von den Jungs im Wohnzimmer. Für dich habe ich sicher noch ein Plätzchen."

Uwe lächelte so lieb, dass Robin einwilligte, es zumindest zu versuchen.

„René aus Bremen will kommen. Er war letzten Monat zum ersten Mal da. Da kann er dir vorher noch ein wenig von der Rosa Disco erzählen."

„Ja, das hört sich gut an. Wann sollte ich denn da sein?"

„Wir können ja gleich mal schauen, wie die Züge fahren und machen was aus."

Robins Herz machte einen Satz. Uwe würde ihn nicht am Parkplatz absetzen, sondern mit ihm in den Bahnhof kommen. Mit der nächsten Frage holte Uwe ihn jedoch wieder auf den Boden der Tatsachen zurück.

„Und, wie hat es dir gefallen? Wie findest du die Gruppe?"

Innerlich zuckte Robin zusammen. Angestrengt überlegte er sich eine diplomatische Antwort.

„Na ja, erst mal war alles neu für mich. Und die anderen sind schon häufiger da gewesen ..."

Uwe grinste wissend.

„Okay, du findest sie doof."

Robin war bestürzt, dass Uwe ihn so leicht durchschaut hatte.

„Nein! Nach so kurzer Zeit mag ich da nicht urteilen."

Zwischenzeitlich waren sie am Bahnhof angekommen, und Uwe parkte das Auto souverän im Parkverbot.

„Mach dir keine Gedanken. Nimm es als Kompliment, wenn sie sich so verhalten."

Mit dieser irritierenden Äußerung lief Uwe Robin zum Bahnhofseingang voraus. Robin folgte der schwarzen Lederjacke bis zur nächsten Tafel mit den Ankunfts- und Abfahrtszeiten. Uwe kam Robin bei der Suche nach einer passenden Verbindung so nah, dass sie fast Wange an Wange dastanden.

Erneut konnte Robin das Aftershave und den kalten Zigarettenrauch riechen und empfand beides als äußerst angenehm. Wenn Uwe doch nur ein paar Jahre jünger wäre, ging es ihm durch den Kopf, oder ich älter. Da musste er grinsen. Uwe entging das nicht.

„Was ist los?"

„Ach nichts, ich freue mich auf Samstag. Hoffentlich kann ich meine Eltern bequatschen."

Sie verabredeten, dass Uwe ihn erneut am Bahnhof abholen würde. Dann wurde es Zeit, sich zu verabschieden. Und während Robin überlegte, wie er sich verabschieden sollte, zog Uwe ihn in eine kurze Umarmung.

„Mach's gut, Kleiner. Bis Samstag!" Uwe lächelte strahlend, hob die Hand zum Abschiedsgruß und lief zurück zum Auto.

Robin stand da und sah ihm nach.

Er sprintete die Treppe zum Bahnsteig hoch und konnte direkt in die Regionalbahn nach Sande einsteigen. An seinem Sitzplatz angekommen, kramte er seinen Walkman heraus und schaltete die Kassette ein. Mit einem verknallten Grinsen lauschte er der Musik und lachte in sich hinein. Das passte zu den Schmetterlingen in seinem Bauch. La Bouche schmetterten seinen aktuellen Lieblingssong: ‚Be my lover'.

Shy Guy

But I don't want somebody
Who's loving everybody
I need a shy guy
He's the kinda guy who'll only be mine[3]

Die gesamte Woche war wie ein schräger Traum an Robin vorbeigezogen.

---

[3] Quelle: Andy Marvel / Diana King / Kingsly Gardner

Für seine Eltern hatte er sich eine passende Geschichte einfallen lassen, warum es gut war, dass er am Samstag erneut nach Oldenburg fuhr. Ein Mit-Azubi hatte alle bei der Projektarbeit anwesenden zu seinem 18. Geburtstag nach Oldenburg eingeladen. Und da wolle er nicht als Außenseiter dastehen, weil er nicht dabei sein konnte. Später berichtete Robin stolz Uwe davon und holte sich das Okay, seine Festnetznummer bei seinen Eltern zu hinterlegen. Darauf hatten sie bestanden, um ihn im Notfall erreichen zu können. Oder kontrollieren? Egal. Robins Mutter hatte noch am Montag beim Quelle-Versand bestellt und für ihren Sohn einen schwarzen Body, eine braune Jeans und beige Wildlederschuhe geordert. Pünktlich am Donnerstag war alles angekommen, sodass die Klamotten noch gewaschen werden konnten. Einzig als er die neuen Sachen bei seinen Eltern vorgeführt hatte, bekam er einen Dämpfer. Sein Vater meinte, er solle nicht so weibisch tun. Das fänden die in Oldenburg bestimmt nicht gut. Wenn der wüsste …

Haargel hatte Robin sich ebenfalls besorgt, und so verbrachte er den Samstag damit, sich zu baden, von Kopf bis Fuß zu pflegen und sein Outfit zu bügeln. Falls seine Eltern genervt waren, ließen sie es sich nicht anmerken und ignorierten die in Dauerschleife laufende CD von TLC. Was konnten sie schon mit Crazysexycool anfangen?

Als Robin um kurz vor 18.00 Uhr in der Regionalbahn saß, hatte er ein merkwürdiges Déjà-vu-Gefühl. Dieses Mal hämmerte jedoch Regen an die verdreckten Scheiben, und er konnte mehr von seinem eigenen Gesicht sehen als von den Häusern auf der anderen Seite des Glases. Seine Mutter hatte darauf bestanden, dass er im Auto wartete, bis der Zug eingefahren war. Wozu sollte er im Regen warten? Im Hinblick auf seine mit Gel gestylten Haare war er dankbar. Wegen der Lüge fühlte Robin sich dennoch schlecht und konnte es kaum erwarten, aus dem Auto zu entkommen.

Er trug bereits sein Outfit für die Rosa-Disco. Allerdings gut versteckt unter einem weiten, grob gestrickten, dunkelroten Pullover, der ihm fast bis zu den Knien ging, und der unvermeidbaren braunen Cordjacke. Der schwarze, gerippte Body mit der sexy Knopfleiste unter der engen, braunen Jeans war ungewohnt zu tragen und gab ihm ein irritierendes Gefühl von Verruchtheit. Wie immer hatte er die Knöpfe seines Walkmans in den Ohren, doch dieses Mal hörte er keine Dance-Music, sondern eine Mischung aus langsamer Black-Music wie Janet Jackson, Madonna und seiner neuesten Entdeckung Diana King mit ‚Shy Guy'.

Uwe wartete in der Bahnhofshalle in Oldenburg auf ihn, und sie drückten sich zur Begrüßung. Uwe zog die Augenbrauen nach oben und lächelte.

„Na hallo, da hat sich jemand fein gemacht."

Wenn du wüsstest, dachte Robin bei sich und lächelte.

„Hallo, Uwe."

„Fertig für deine erste Rosa Disco?"

„Auf jeden Fall!"

Wie beim letzten Mal legte Uwe seinen Arm um Robin und lenkte ihn damit zum Auto.

„Es ist bereits voll bei mir. René ist tatsächlich da. Und Tino, Mirco und Marcel. Ihr fünf werdet bei mir übernachten."

Robin rechnete schnell nach. Wie sollten 6 Personen in Uwes Auto passen? Na ja, das würde sich schon finden. Er versuchte angestrengt, sich trotz Dunkelheit und Regen zu orientieren, gab jedoch nach wenigen Minuten und einigen Abbiegemanövern von Uwe auf. Wo auch immer er ihn hinfuhr, Robin musste ihm vertrauen. Wie Uwe die Schaltung bediente, war unglaublich sexy, und Robin spürte wieder die Schmetterlinge in seinem Bauch.

„So, da wären wir. Schnapp dir deinen Rucksack und nichts wie rein!"

Sie rannten den kurzen Weg von der Auffahrt zur Eingangstür, und Uwe schloss die Haustür auf.

„Unten sind meine Büroräume. Wenn es voll wird, schlafen da schon mal Jungs in Schlafsäcken. Keine Sorge, meistens passt es oben im Wohnzimmer. Rauf mit dir!"

Uwe machte eine einladende Geste die Treppe hoch, und Robin ging voran. Seinen Rucksack legte er an die Garderobe und zog die Jacke aus. Uwe schob ihn vor sich her ins Wohnzimmer, wo er ihm die Anwesenden vorstellte.

„Auf der Couch hier sitzen Tino, Mirco und Marcel. Und da hinten an meiner Musikanlage sitzt René. Leute, das hier ist Robin aus Jever."

Robin hob schüchtern die Hand zum Gruß und lächelte den Jungs auf der Couch zu, während er wie magisch angezogen zur Musikanlage ging.

„Na, was spielst du?" Robin wusste nicht, was es war, irgendetwas an René war ihm unerklärlich vertraut. So, als würden sie sich bereits länger kennen. Optisch war René mit seiner superschlanken Figur und den kurzen gegelten Haaren nicht Robins Typ, da waren sie sich bis auf den Gewichtsunterschied viel zu ähnlich. Wie Brüder im Geiste. Was sich schnell bestätigte.

„Oh, ganz was Feines. Diana King mit 'Shy Guy'. Das ist brandneu."

„Ich kenne den Song! Super!"

„Cool! Und dann noch TLC, Janet Jackson und ein paar Highlights von Madonna."

„Mensch, da haben wir ja den absolut gleichen Musikgeschmack! Was hältst du von La Bouche?"

„Na, die sind auch total muschi!"

Robin schaute irritiert. Muschi? Das U war langgezogen.

„Ja, Muschi. Wie cool. Nur schwul ..." René gackerte los und Robin fiel mit ein. Damit waren die anderen Typen abgeschrieben, und die beiden guffelten zwei Stunden vor Uwes Musikanlage herum.

„Mensch, jetzt müssen wir uns noch aufbrezeln!" René sprang auf und zog Robin mit sich ins Bad. Im grellen Badezimmerlicht fragte Robin sich zwar, was René an seinen perfekt gestylten Haaren und dem Antipickel-Make-up noch aufbrezeln wollte, Spaß machte es trotzdem, sich gemeinsam im Spiegel anzuschauen und herumzublödeln.

„Schau mal, etwas Haarspray kannst du noch vertragen!" Und prompt hatte Robin eine ordentliche Portion Sprühnebel abbekommen.

„Willst du den Pulli anlassen?" René zog eine Augenbraue hoch, und Robin grinste.

„Wohl kaum!" Damit zog er das unförmige Oberteil aus, und René nickte anerkennend.

„Na holla, das sieht muschi aus." Wieder lachten sie und befanden sich für ausreichend zurechtgemacht.

René ging voran ins Wohnzimmer, wo die anderen immer noch auf der Couch und den Sesseln saßen.

„Tädäääää!" Er zeigte auf Robin. Marcel und Mirco, schwer miteinander beschäftigt, nahmen keine große Notiz von Robins Auftritt, Tino und Uwe schauten allerdings höchst beeindruckt drein.

„Wow, das steht dir gut!" Uwe sprang auf und ging auf Robin zu. Seine

Hände landeten zielsicher auf seinen Hüften. Tino zeigte sich ebenfalls interessiert.

„Ist das ein Body?!“ Robin nickte viel selbstsicherer, als er sich fühlte. René kam ihm zu Hilfe.

„Uwe, Robin macht doch sicherlich eine Schicht im Café der Jugendgruppe, oder? Also er muss unbedingt mit mir zusammen die Schicht machen! Wir haben tolle Musik aufgenommen!“

Café der Jugendgruppe? Schicht? Wieso arbeitete René denn auf der Rosa Disco?

Fragend sah Robin die beiden an.

„Das ist eine gute Idee, René. Die späteren Schichten sind alle voll belegt. Beim Aufbau können wir noch jemanden gebrauchen. Du hast doch die erste Schicht, oder?“

René nickte eifrig.

„Na, dann ist das ja geklärt.“

„Öhm, und ich werde nicht gefragt?“ René haute ihm spielerisch auf den Oberarm.

„Die Thekenschichten sind spitze. Lauter durstige Kerle, die wir mit Kaffee und alkoholfreien Kaltgetränken versorgen dürfen. Wer so eine Schicht macht, zahlt keinen Eintritt und hat die Getränke an den vorderen Theken frei! Und Trinkgeld gibts auch!“

In seinem Kopf ratterte es, als Robin die neuen Informationen verarbeitete. Keinen Eintritt, Freigetränke und dazu Trinkgeld. Er hatte doch noch nie an einer Theke gearbeitet!

René tätschelte ihm die zuvor gepeinigte Stelle am Oberarm.

„Keine Sorge, Schnecke, ich zeig dir alles. Das wird ein Kinderspiel. Du weißt doch, äußerst muschi.“

Damit verfielen sie wieder in Gelächter, das alle anderen ausschloss.

Die Fahrt zum ‚Alhambra’ , wo die Rosa Disco stattfand, war zwar kurz, dafür besonders unbequem. Marcel hatte Mirco auf den Schoß genommen. Timo saß mittig auf der Rückbank und drückte sich gegen Robin, der ebenfalls hinten sitzen musste. René hatte sich den bequemen Vordersitz geschnappt und grinste listig nach hinten.

„Na, alles schick dahinten?“

Robin konterte sofort.

„Ja, total muschi.“ Dazu die hochgezogene Augenbraue. Sie verstanden sich ohne viele Worte. Robin liebte es schon jetzt.

Das ‚Alhambra' entsprach so gar nicht Robins Vorstellungen, der sich eine moderne Großraumdisco wie das ‚Watt‘ in Sande vorgestellt hatte. Das Gebäude war eine Bruchbude und die Location ziemlich abgewrackt. Graffitti-Parolen an den Wänden ließen ihn schaudern. Doch René zog ihn selbstbewusst mit sich, ließ ihnen den notwendigen Stempel für freien Eintritt und Getränke verpassen und lotste Robin zu den Klängen von ‚Moving on up‘ von den M People durch die noch leeren Räume.

„Klar, es ist erst 22.00 Uhr. Da ist hier noch nichts los. Wir bauen erst mal hinten im Café alles auf und stellen Kaffee an. Vor allem braucht es unsere Musik, dann läuft der Laden.“ Robin war beeindruckt von Renés Selbstvertrauen und nickte nur.

„Anschließend tanzen wir uns den Arsch ab!!“ Das klang schon besser!

„Hey Hendrik, du bist ja auch da!“ Robin sah wie René auf einen großgewachsenen Typen mit roten Haaren und einem attraktiven Lächeln zuging, um ihn kurz zur Begrüßung zu drücken.

„Hendrik, das ist Robin. Robin, das ist Hendrik.“

Damit ließ René die beiden stehen und verschwand in einer Tür hinter der langen Theke. Etwas unbeholfen und unnötig förmlich gaben sich Hendrik und Robin die Hand.

„Hallo, Robin. Wo kommst du her?“

„Hallo, Hendrik. Ich komme aus Jever. Und wo wohnst du?“

„Ich komme aus Rastede.“ Damit ging Robin der Gesprächsstoff aus. Wobei ihm Hendrik auf Anhieb gefiel. Er war nicht nur groß, sondern auch kräftig gebaut, ohne dabei nur im Ansatz dick zu wirken. Sehr lecker, ging es ihm durch den Kopf. René rettete die Situation, indem er aus der Tür herauslugte und Robin rief.

„Helf mir mal bitte mit dem Geschirr hier drinnen!“

Robin folgte René in den hinteren Raum und erschrak. Ein unglaubliches Durcheinander von Geschirr, Musikanlage, Garderobe, Getränkekisten, Kaffeepulver in großen Packungen und sonstigem Gerümpel erschlug ihn fast.

„Ach du Sch...“ René unterbrach ihn schnell.

„Ich weiß, du gewöhnst dich dran. Nur aus keiner Tasse trinken, die du nicht selbst vorher abgewaschen hast. Wie gefällt dir Hendrik? Wir waren bis letzten Monat zusammen. Dann habe ich beschlossen, dass es nicht passt. Er ist recht muschi, oder?"

Nun war Robin von der Flut an Informationen aus Renés Mund erschlagen. Er und Hendrik waren mal ein Paar gewesen? Waren René und er sich so ähnlich, dass sie auch den gleichen Männergeschmack hatten?

„Also, falls er dir gefällt, kannst du ihn haben. So, und jetzt trag bitte mal das Geschirr raus."

Robin schnappte sich einen Stapel Untertassen und half René beim Aufbau der Thekeneinrichtung und den weiteren Vorbereitungen. Hendrik war ebenfalls für die erste Schicht eingeteilt und ging den beiden zur Hand. Immer mehr Gäste strömten in das Café der Jugendgruppe und bestellten Kaffee, Wasser oder verschiedene Säfte. Dabei frotzelten die drei zu Robins größtem Vergnügen hinter der Theke herum und schonten sich gegenseitig nicht, bis Hendrik irgendwann so richtig gegen Robin austeilte.

„Sag mal, hast du ein Buch mit den Sprüchen gelesen?" Ausgerechnet in diesem Augenblick war der aus den Boxen dröhnende Song ‚Waiting' von Madonna vorbei und annähernd 30 Augenpaare schauten Robin erwartungsvoll an. Das wollte er nicht auf sich sitzen lassen.

„Nein, Hendrik. Ich habe das Buch für Typen wie dich geschrieben!" Das hatte gesessen. Hendrik deutete eine Verbeugung an und grinste.

„Guter Konter. Auf den Mund bist du nicht gefallen!"

Robins Aufmerksamkeit wurde durch neue Bestellungen abgelenkt und so arbeiteten sie weiterhin nebeneinanderher. Als um 00.00 Uhr die Ablösung kam, hatten die drei ein ordentliches Trinkgeld verdient.

„Jetzt müssen wir dringend auf die Tanzfläche!" René zog Robin mit sich, und Hendrik hängte sich an sie dran. Der DJ hatte bereits die üblichen Clubhouse-Songs hinter sich gebracht und steuerte auf eine Reihe von Eurodance-Titeln zu.

„Aaaaaah, das ist La Bouche!" René kreischte los und rannte mitten auf die Tanzfläche, sodass Robin nichts anderes übrig blieb ihm zu folgen, Hendrik immer noch auf den Fersen. Die ersten Klänge von ‚Sweet Dreams' dröhnten aus den Boxen und die drei tanzten wie wild. Ein tanzbarer Song nach dem anderen reihte sich aneinander. Magic Affair, Whigfield und Masterboy peitschte der DJ durch, und sie tanzten tapfer weiter. René tanzte auch andere Typen an und war schwer beschäftigt, als Hendrik sich nah an Robins Ohr beugte. Robin konnte ihn nicht verstehen. Also schrie Hendrik lauter.

„Frische Luft draußen?“ Zusätzlich zeigte er zur Tür und Robin verstand. Er nickte, gab René ein Zeichen und ließ sich nach draußen ziehen. Dabei kribbelten seine Finger unter der Berührung von Hendriks großer Hand.

Vor dem ‚Alhambra‘ liefen sie direkt Uwe in die Arme, der sie in ein Gespräch verwickelte. Robin schwärmte von der Thekenschicht, die er erfolgreich hinter sich gebracht hatte, der tolle Musik zu der sie getanzt hatten und dem schäbigen Äußeren des Gebäudes.

„Ja, wir sind froh, dass wir für die Rosa Disco überhaupt einen Veranstaltungsort haben ...“

Hendrik schlug sich auf Uwes Seite.

„Es ist doch super, so wie es ist. Hauptsache wir können uns treffen, quatschen, tanzen und eine gute Zeit haben.“

Robin war fasziniert, dass Hendrik es immer wieder schaffte, gegen ihn zu sein.

Irgendwann im Gespräch standen sie rechts und links von Uwe. Robin spürte seine Hand im Nacken, die ihn freundschaftlich kraulte. Er fühlte sich, als würde er schweben. Alles war so neu und aufregend, er bekam Aufmerksamkeit und freundschaftliche Zuneigung. Was wollte er mehr?

Hendrik entschuldigte sich kurz. Er müsse mal wohin, war allerdings nach wenigen Minuten schon wieder da und hatte seine Jacke an. Robin war kurz enttäuscht. Hendrik wollte wohl aufbrechen.

„Robin, was hältst du von einem kurzen Spaziergang?“

Sein Herz machte einen Satz. Daher die Jacke.

„Es tut mir leid, ich wusste nicht, welche deine Jacke im Hinterzimmer vom Café ist.“ Hendrik zuckte mit den Schultern und sah unschuldig drein.

„Das macht nichts. Mir ist nicht kalt. Ist ja erst Ende September und noch mild.“ Das war nicht gelogen. Robin war heiß. Sehr heiß. Unbeholfen verabschiedeten sie sich für den Spaziergang von Uwe, der eindeutig nicht eingeladen war und gingen los. Hendrik schien sich auszukennen, also passte Robin sich seinen Schritten an und überließ ihm die Führung.

Sie liefen einige Minuten, und Hendrik legte einen Arm um Robins Schultern, um ihn nicht völlig auskühlen zu lassen. Robin schlug das Herz bis zum Hals. Gleichzeitig genoss er die aufregenden Gefühle und Gedanken, die durch seinen Körper und Kopf schossen.

Unvermittelt blieb Hendrik stehen, öffnete seine Arme und zog Robin mit in seine Jacke. Dabei senkte er etwas den Kopf und suchte mit seinem Mund Robins Lippen. Der hob instinktiv den Kopf und kam Hendrik entgegen. Als sich ihre Lippen berührten, schossen Stromstöße durch seinen Körper. Ihre Lippen teilten sich, sodass sich ihre Zungen zunächst vorsichtig und später immer leidenschaftlicher fanden. In seinem Kopf drehte sich alles, die Welt schien stillzustehen und gleichzeitig in einem schwarzen Loch zu versinken. Ein Kribbeln strömte von seinem Bauch ausgehend über den ganzen Körper und verursachte Wellen höchster Lust. Robins Finger krallten sich in Hendriks Nacken, seine gesamte Existenz schien nur auf einen Grund ausgerichtet. Diese unglaublichen Gefühle der Lust zu empfinden, ausgelöst durch Küsse, die er sich so niemals erträumt und ausgemalt hatte. Nach einer Ewigkeit (30 Sekunden?) ließ Hendrik von ihm ab, lächelte träge durch seine beinahe durchsichtigen roten Wimpern und streichelte sein Gesicht.

„Siehst du, jetzt hattest du deinen ersten Kuss unter dem Sternenhimmel." Für wenige Sekunden schmolz Robin dahin. Hendrik war ein Romantiker! Doch dann sah Robin, dass über ihnen das dichte Laub einer Kastanie den Sternenhimmel verdeckte.

„Ja, Hendrik. Klar!"

„Ach, die paar Blätter. Der Gedanke zählt!"

„Nun komm, schmoll nicht. Es war ein toller erster Kuss. Mit dir ..." Robin wusste nicht, warum er das noch hinzufügte. Es war sein erster Kuss gewesen. Doch er ertrug den Gedanken nicht, dass Hendrik ihn für unerfahren hielt. Diese Blöße wollte sich Robin nicht geben.

Nun hielten sie Händchen und liefen ein Stück weiter, immer wieder unterbrochen von leidenschaftlichen Küssen. Robin war erstaunt, wie gut er sich orientieren konnte, obwohl er die Gegend überhaupt nicht kannte. Wenn sie um die nächste Ecke bogen, kamen sie wieder am ‚Alhambra' an. Also hielt er Hendrik fest und ließ sich mit in dessen Jacke einpacken. Ihre Küsse wurden immer fordernder und Hendriks Hände wanderten über die gesamte Rückseite von Robins Körper. Hätte ich nur nicht diesen beknackten Body an, ging es Robin durch den Kopf. Hendriks Hand wanderte den Rücken hinunter, arbeitete sich am Gürtel der Jeans entlang und stellte fest, dass sie durchgehend Stoff erfühlte. Hendrik stutzte.

„Es ist ein Body …“ Mehr konnte Robin nicht hervorbringen, da spürte er erneut Hendriks sanfte Lippen auf seinen. Er wollte sich revanchieren und ließ seinerseits die Hand auf Wanderschaft gehen. Allerdings eher auf der Vorderseite von Hendriks männlichem Oberkörper. So streichelte er über harte Nippel an den Brustwarzen und einen flachen Bauch, bevor er mit flinken Fingern den Gürtel von Hendriks Jeans öffnete und sich Einlass zu seiner Unterwäsche verschaffte. Robin knetete vorsichtig den Inhalt und ertastete ein vielversprechendes hartes Innenleben. Also umfasste er den sich präsentierenden Schaft und rieb hoch und runter. Währenddessen küssten sie sich so hingebungsvoll, dass ihnen fast die Luft wegblieb. Hendrik jaulte kurz auf und schon spürte Robin Schübe warmer Flüssigkeit, die nur einen Schluss zuließen.

Hendrik hatte dermaßen intensiv auf Robin reagiert, dass er gekommen war. Direkt auf Robins Hand.

„Boah, das hat noch keiner so mit mir gemacht.“ Hendriks Geständnis holte Robin schlagartig in die Wirklichkeit zurück. Was? Das hatte noch keiner mit ihm gemacht?! Hendrik, der so selbstsicher und erfahren wirkte, war noch Jungfrau? Na prima, und Robin gab sich alle Mühe, dass man ihm die Jungfrau nicht anmerkte. Das war ihm wohl exzellent gelungen.

„Ja, macht ja nichts. Hast du vielleicht ein Taschentuch?“ Hendrik kramte tatsächlich eines hervor und reichte es Robin. Er wischte sich die Spuren von der Hand und steckte es in die Jeanstasche. Bei der nächsten Gelegenheit musste er den Beweis der Leidenschaft entsorgen.

„Wollen wir wieder zurück und noch etwas tanzen?“ Auf die Schnelle war Robin nichts Besseres eingefallen, doch Hendrik schien die Idee gut zu finden.

Sie gingen zügig zurück ins ‚Alhambra‘, wobei Hendrik Robins Hand nicht losließ und ihn vor allen küsste. Robin war überrascht, ließ es sich jedoch gefallen.

René deutete die Zeichen für sich.

„Ah, ein frischverliebtes Pärchen?“ Die Augenbraue hob sich spöttisch, sodass Robin das Gefühl hatte, sich verteidigen zu müssen.

„Na ja, zumindest verknallt. Tanzen wir noch mal?“

Das ließ sich René nicht zweimal sagen und so zogen sie gemeinsam eine Show ab. Egal zu welchem Titel, sie bewegten sich im Einklang zu den unterschiedlichsten Tracks und hatten ihren Show-Höhepunkt, als der DJ Madonna mit ‚Vogue' spielte. Zum Rhythmus des Songs posten und tanzten sie wie Derwische über die Tanzfläche und ließen alle wissen, dass da etwas Neues zusammengefunden hatte. Die Thekenschlampen waren geboren!

Hendrik verabschiedete sich um kurz nach 2.00 Uhr. Sie tauschten Telefonnummern und einige intensive Küsse aus, sodass Robins Körper aus Schmetterlingen zu bestehen schien. Hendrik brauste auf seinem Motorroller davon und hinterließ bei Robin eine Lücke, die auch das Thekenschlampen-Duo nicht mehr vollständig zu füllen vermochte.

Uwe sammelte „seine" Jungs um 4.00 Uhr ein. Als René und Robin ihm zum Auto folgten, tauchten auch die anderen drei Typen, Marcel, Mirco und Tino auf. Letzterer angetrunken und sehr auf Nähe zu Robin bedacht. René hatte sich erneut den Vordersitz gesichert, sodass Robin alle Hände voll zu tun hatte, Tino von sich fernzuhalten, während Marcel und Mirco noch so aneinanderklebten wie am frühen Abend.

In Uwes Wohnung verkündete René, bei Uwe zu schlafen, Mirco und Marcel zogen sich in das Musikzimmer zurück, sodass Tino die Couch im Wohnzimmer bezog und Robin sich die zwei Sessel zusammenschieben durfte. Jeder bekam ein Kissen und eine Decke, anschließend war Nachtruhe angesagt. Robin traute Tino nicht über den Weg und wappnete sich gegen irgendwelche Übergriffe. Als sich die Schiebetür zum Musikzimmer öffnete und eine schmale Gestalt herausschlich, war Robin hellwach. Mirco stand neben seinem Kopf und klagte leise.

„Marcel ist völlig betrunken und hat mich geschlagen ..." Mehr musste Robin nicht hören und teilte die Sesselburg mit dem Kerlchen.

Später am Morgen, als Uwe allen Kaffee und Toast zum Frühstück servierte, war Robin völlig durch den Wind. René war so vertraut wie am vergangenen Abend, Tino ignorierte ihn völlig und schien verkatert zu sein. Marcel hing in den Seilen und versuchte Mirco dazu zu bewegen, wieder gut mit ihm zu sein. Robin trank den Kaffee und wünschte, er würde schon im Zug nach Hause sitzen. Er hatte tatsächlich Heimweh. Abgesehen davon musste er etwas erledigen. Sprichwörtlich über Nacht war die Einsicht in ihm gereift, dass er sich vor seinen Eltern und seiner Oma outen musste.

Lucky Love

Lucky love belongs in teenage heaven I know, I know
'Cause I've been there with you tonight
Lucky love belongs in teenage heaven I know, I know
'Cause I've been there with you tonight[4]

Seinen Plan hatte Robin unerschrocken durchgezogen. Noch am Sonntagabend hatte er einen Brief an seine Mutter geschrieben und ihn am Montagmorgen auf ihr Kopfkissen gelegt, bevor sie ihn zur Arbeit fuhr. Die Zeilen flossen nur so aus seinem Füller auf das Papier, und er erklärte, dass er sich seit fünf Jahren sicher war, schwul zu sein. Er hatte am Wochenende jemanden kennengelernt, und er wollte ihn nach Hause mitbringen, ohne zu lügen.

Tagsüber war er mit seinen Aufgaben in der Geldaufbereitung und der Telefonzentrale abgelenkt, dennoch malte sich Robin in den kleinsten Pausen immer wieder die verschiedenen Reaktionen auf seinen Brief aus. Er hatte festes Vertrauen, dass seine Mutter Verständnis zeigen würde. Was war mit Oma? Die größte Unbekannte in der Rechnung war allerdings sein Vater. Alles in allem rechnete Robin damit, ausziehen zu müssen. Was sollten bloß die Nachbarn denken, wenn zukünftig häufiger ein junger Mann zu ihnen nach Hause kam?!

Obwohl er hoffte, der Tag möge nie zu Ende gehen, wurde es 17.15 Uhr. Robin konnte den Feierabend nicht weiter hinauszögern. Seine Aufgaben hatte er unter dem wachsamen Blick von Frau Tannweg erledigt. Er war viel zu sehr mit sich selbst beschäftigt, als dass es ihm aufgefallen wäre. Sie verfolgte die Entwicklung dieses zunächst zurückhaltenden, aber immer mehr aufgeblühten, jungen Mannes seit dem 02. August jedoch mit Argusaugen. Nach seiner Einführungswoche in Stapelfeld war er plötzlich wieder so verschlossen und wirkte mitunter konzentriert wie im Fieberwahn. Er war immer höflich, zuvorkommend und für einen Spaß zu haben. Allerdings war es wie ein Schatten über seinem Gesicht, wenn er sich für eine Sekunde unbeobachtet fühlte. Er erzählte nie von Mädchen, vielleicht

---

[4] Quelle: Joker / Billy Steinberg

hatte er Liebeskummer. Sie würde das herausbekommen!

Mit zitternden Fingern öffnete Robin die Beifahrertür zum weißen Peugeot 205 seiner Mutter. Das Auto war mit seinem Panorama-Schiebedach und den sportlich karierten Sitzen ihr ganzer Stolz. Sie nannte ihn ‚Flotten Vogel', da er sogar 180 km/h auf der Autobahn brachte. Zwar nur mit Rückenwind und bergab, aber das war egal. Hauptsache, sie kam schnell von A nach B.

Robin setzte sich auf den Beifahrersitz, schloss die Tür und sah seine Mutter von der Seite an, ohne ein Wort zu sagen. Er sah, dass ihr eine Träne über die rechte Wange lief und unterdrückte den Impuls, sie wegzuwischen. Er war der Grund für ihren Kummer! Nun wurden seine Augen ebenfalls feucht. Doch im Blickfeld seiner Kollegen aus der Sparkasse, die ebenso um diese Uhrzeit Feierabend machten, wollte er nicht heulen. Wie sollte er das erklären?!

Seiner Mutter schien es ähnlich zu ergehen, denn sie straffte sich und wischte ruckartig die Tränen ab.

„Wollen wir ein Eis essen gehen? Nur wir zwei?" Sie lächelte ihr einziges Kind, das ihr offenbart hatte, fünf Jahre seine Gefühle vor ihr verborgen zu haben, unsicher an. Für diese Geste war Robin ihr von Herzen dankbar.

„Ja, das ist eine gute Idee." Also stiegen sie aus dem Wagen und liefen zügig zu ihrer Lieblingseisdiele in der Mitte der Fußgängerzone. Auf diese Weise hatte jeder Zeit, seine Gedanken zu sortieren.

Wie sie so dasaßen, kam Robin sich sehr erwachsen vor. In seiner Lieblingsseifenoper ‚Gute Zeiten – Schlechte Zeiten' saßen die Leute immer im Café herum und besprachen ihre Probleme. Und das tat er jetzt mit seiner Mutter. Dabei blieben ernsthafte Vorwürfe außen vor. Vielmehr machte ihr zu schaffen, dass er ihr nicht genug vertraut hatte, um sie gleich einzuweihen, und alles fünf Jahre allein mit sich ausgemacht hatte.

Dabei warf er das seinen Eltern und Großeltern nicht vor, sondern hatte nur erklärt, warum er in der Vergangenheit manchmal so unausstehlich war.

„Weiß Oma jetzt schon Bescheid?" Vor ihrer Reaktion hatte er große Angst. Sie hatten ein so enges Verhältnis zueinander, und da konnte er den Gedanken sie enttäuscht zu haben, kaum ertragen. Doch seine Mutter lächelte.

„Ja, weiß sie. Und sie empfindet es wie ich. Anzeichen waren da, und doch sieht man sein eigenes Kind oder Enkelkind niemals objektiv. Man wünscht ihm ein normales Leben. Das heißt nicht, dass wir dich jetzt weniger lieb hätten!"

Robin war erleichtert. Blieb nur sein Vater. Als hätte seine Mutter den Gedanken an seiner Stirn abgelesen, fuhr sie fort.

„Ich habe allerdings keine Ahnung, wie Papa reagiert."

„Auf der Rosa Disco habe ich einen Jungen kennengelernt und ich möchte, dass er morgen Nachmittag zu uns kommt."

Die Augen seiner Mutter wurden groß, doch sie sah die Entschlossenheit in seiner Miene. Sie nickte, während sie ihrem Sohn innerlich Respekt zollte. Seine geschriebenen Zeilen zeugten von einer enormen Entschlusskraft, und es war ihm scheinbar ernst. Dabei hatte sie keine Ahnung, wie und wann sie ihrem Mann reinen Wein einschenken sollte. Er war kein Unmensch, doch das Verhältnis zu seinem Sohn war nicht besonders innig. Mit dem Wissen, das sie durch den Brief und die Aussprache hatte, konnte sie viele Streitereien nachvollziehen und verzeihen. Das musste sie jetzt nur ihrem Göttergatten beibringen.

„Ja, er darf kommen. Wir werden das schon hinbekommen." Sie griff über den Tisch und drückte seine Hand.

Zu Hause angekommen, ergab sich die Gelegenheit, kurz mit Oma unter vier Augen zu reden. Es gab ein paar Tränen, viel Herzlichkeit und feste Umarmungen.

Am Morgen des 03. Oktober saßen sie alle beim Frühstück zusammen. Während das Radio im Hintergrund dudelte, erklärte Robins Vater, dass er die Schienen der LGB-Gartenbahn abbauen wolle. Der Garten müsse für den Herbst vorbereitet werden. Und im Winter würden die Schienen nur unnötig leiden. Er erwartete Robins Hilfe dabei. Den Gefallen wollte er seinem Vater gern tun. Er würde fast alles tun, damit der Tag so ablief, wie er es sich vorgestellt hatte. Seine Mutter hatte schon versprochen, dass sie ihn zum Bahnhof fahren würde, um Hendrik abzuholen. Also war es wichtig, jetzt alles für gute Stimmung zu tun. Robin war seiner Mutter dankbar, dass sie es auf sich nehmen wollte, seinem Vater alles zu erklären. Andererseits hatte er solche Angst vor der Reaktion, dass er im Geiste immer wieder seine Schränke durchging, um schnell das Nötigste zu packen, falls er ihn rausschmeißen sollte.

Nachdem er sich die Zähne geputzt hatte, zog er sich passende Klamotten für die Gartenarbeit an und ging in die Küche. Dort stand seine Oma und machte wilde Zeichen, er solle besser gleich rausgehen! Seine Mutter schien seinem Vater gerade die Situation beizubringen. Flink zog er sich Schuhe an und ging in den rückwärtigen Garten, um schon mal Schienen aufzunehmen. Es war besser, sich jetzt fleißig und hilfsbereit zu zeigen. Plötzlich stand sein Vater neben ihm und brummelte, er solle mit in die Garage kommen. Dort angekommen, erklärte auch sein Vater die Enttäuschung darüber, dass er ihnen nicht eher die Wahrheit gesagt hatte. Ansonsten sei es halt okay. Robin traute seinen Ohren kaum und war sehr dankbar. Unbeholfen hielt sich sein Vater dennoch zurück. Hendrik durfte kommen. Danach wurde die Eisenbahn abgebaut.

Als Robin am Bahnsteig auf den einfahrenden Zug wartete, schwebte er auf Wolke 7! Seine Eltern und seine Oma wussten Bescheid, er musste nicht ausziehen und nun kam sein Freund. Die Schmetterlinge rasten durch seinen Bauch, als Hendrik aus dem Zug stieg. Er trug die Jacke aus der Rosa-Nacht und Robin wurde heiß und kalt vor Erregung. Er konnte es nicht erwarten, Hendrik in seinem Zimmer zu haben.

Der bewies bei der Begrüßung von Robins Mutter beste Manieren und gab ihr lächelnd die Hand. Robin beobachtete die Reaktion seiner Mutter genau und konnte keine großen Vorbehalte erkennen. Anders sah es aus, als sie nach zehn Minuten Autofahrt zu Hause hielten. Sein Vater und seine Oma standen wie zufällig vor der Tür und rauchten. Hendrik gab auch ihnen höflich die Hand. Oma erwiderte die Geste freundlich lächelnd. Robins Vater gab Hendrik ebenfalls die Hand, drehte sich danach allerdings um und ging wortlos ins Haus. Am liebsten wäre Robin im Boden versunken, doch er hatte auch Verständnis. Es war alles ein wenig viel für einen Tag.

So zog er nach kurzer Rücksprache mit seiner Mutter Hendrik die Treppe hinauf in sein Zimmer. Für diese Art von Besuch hatten sie noch keine Regeln festgelegt. Also schloss Robin seine Zimmertür, verriegelte sie allerdings nicht. Er vertraute fest darauf, dass sie nicht gestört wurden. Vorsorglich hatte er schon mal Cola, Fanta und Sprite mit Gläsern in sein Zimmer gestellt. Während Hendrik seine Schuhe auszog und sich auf den

Bettrand setzte, stellte Robin seine Lieblingsmusik an. Als die ersten Takte vom Album ‚Crazysexycool' von TLC erklangen, setzte er sich neben Hendrik auf das Bett und sah ihm tief in die Augen. Wie magnetisch angezogen trafen sich ihre Münder und ihre Lippen verschmolzen. Ihre Zungen fanden sich, Hendrik drückte Robin nach hinten auf den Rücken und war mit einem Mal über ihm. Hendriks Gewicht, wohl dosiert an den wichtigsten Körperstellen auf sich zu spüren, war fantastisch. Das hätte er sich in seinen feuchtesten Träumen nicht so ausmalen können. Hendriks große Hände schoben sich unter Robins Pulli und erkundeten die weiche Haut seines Oberkörpers, die ihm mit dem Body in der Samstagnacht verwehrt geblieben war. Robin wiederum streichelte Hendriks Rücken und knetete dessen Po. Durch vier Schichten Stoff konnte Robin Hendriks knallharte Latte spüren, die dieser im zur Musik passenden Rhythmus an seiner Beule rieb.

Drei Songs später trennten sie sich völlig atemlos voneinander und tauschten die Rollen. Robin zog Hendrik das Sweatshirt über den Kopf und ließ seinen Pullover in einer fließenden Bewegung folgen. Haut an Haut rieben sie ihre Oberkörper, während sich ihre Lippen erneut zu heißen, feuchten Küssen miteinander verbanden und Hendrik seinen Unterkörper fest an Robins Jeans drückte. Dieses Spiel unterbrachen sie erst, als Robin auffiel, dass die Musik nicht mehr lief. Tatsächlich hatten sie eine Stunde lang durchgeknutscht. Widerwillig löste er sich von Hendrik und legte Madonnas Album ‚Bedtime Stories' in den CD-Player ein. Hendrik nutzte die Gelegenheit, um seine Jeans auszuziehen und einen Schluck zu trinken.

Robin betrachtete den Körper seines Freundes, während er ebenfalls einen Schluck trank. Mit feuchten Lippen machte er einen Schritt auf Hendrik zu und zog sich herausfordernd langsam die Hose aus. Als sich ihre Lippen erneut fanden, schmeckte Hendrik verlockend nach Cola. Zielsicher ging Robins rechte Hand auf Wanderschaft und umfasste die Spitze des Zeltes, das Hendrik mit seiner Latte in der Unterhose gebaut hatte. Unter der Berührung erschauerte Hendrik und bestätigte bereitwillig Robins Vorstoß in die interessantesten Gebiete seines Körpers. Robin hatte das Gefühl, vor Geilheit vergehen zu müssen, der Anblick von Hendriks weißer Haut, den vereinzelten Sommersprossen und rötlichen Haaren an Armen und Beinen machte ihn irrsinnig an. Dass er nur in Slip und schwarzen Socken vor ihm lag, gab ihm den letzten Kick. Robin griff in

Hendriks Unterhose und wollte den großen Freudenspender befreien, um ihn aus der Nähe zu betrachten. Da versteifte Hendriks Körper sich komplett und fing an zu zucken. Verwundert hielt Robin inne, doch noch bevor er fragen konnte, fühlte er die Bescherung erneut an seiner Hand. Das war ein ungeplantes Déjà-vu! Er hatte nicht mal angefangen! Doch der selige Blick seines Liebhabers versöhnte ihn augenblicklich. Zudem nun Hendrik aktiv wurde, um Robin über die Klippe der Lust zu treiben. Er küsste ihn so intensiv, dass Robin die Luft wegblieb und mit geschickter Faust revanchierte sich Hendrik für die ihm zuteilgewordene Freude.

Sie säuberten sich mit Taschentüchern, kuschelten noch eine Weile in der Löffelchenstellung und Robin genoss die von Hendrik ausgehende Wärme an seinem Rücken.

Träge streichelte dieser über Robins Brust und küsste seinen Nacken. Am liebsten wären beide für immer so liegen geblieben, doch die Zeit verging unbarmherzig schnell. Robin wollte Hendrik noch ein wenig von der Umgebung zeigen, also zogen sie sich an und gingen im Wald spazieren. Hendrik legte wie selbstverständlich seinen Arm um Robin. Er tat es allerdings immer nur dann, wenn sicher war, dass sie niemand sehen konnte. Dafür war Robin ihm dankbar. Es ging nun darum, Pläne zu schmieden.

„Wann sehen wir uns das nächste Mal?"

Robin atmete auf. Die Bestätigung tat ihm gut. Hendrik wollte ihn wiedersehen!

„Wie wäre es denn am Sonntag in Oldenburg? Wir könnten zum Café der Jugendgruppe gehen." Nur zu gern wollte Robin den Typen seinen neuen Freund unter die Nase reiben.

„Das geht leider nicht. Jetzt in den Herbstferien fahre ich eine Woche mit meinen Eltern weg. Wir kommen erst am 15. Oktober wieder."

Robins Enttäuschung war fast mit Händen greifbar.

„Was hältst du denn davon, wenn wir uns bei der nächsten Rosa wiedersehen? Und wir gehen danach in die Büroräume meiner Mutter über ihrem Laden in der Innenstadt. Das ist nur ein kurzer Fußweg vom ‚Alhambra'. Vielleicht ein Kilometer oder so."

Das war ein großes Trostpflaster! Besonders scharf war Robin eh nicht darauf, noch mal bei Uwe zu übernachten. Zumindest nicht, wenn er nicht das Sofa haben durfte.

Nachdem sie ihren Waldspaziergang beendet hatten, fuhr Mama Rita sie zum Bahnhof, wo sie sich am Bahnsteig mit einer festen Umarmung züchtig verabschiedeten. Sie verabredeten, nach der Ferienreise zu telefonieren und die Details für das Rosa-Wochenende zu klären.

Zu Hause war Robin kaum ansprechbar, und er genoss Hendriks Duft an seiner Bettwäsche, während er erneut den Soundtrack zu ihrem ersten Treffen hörte. Wie er so auf dem Bett lümmelte, schmiedete er Pläne für die Rosa Disco. Auf jeden Fall musste er mit Uwe telefonieren, damit er wieder eine Thekenschicht mit René übernehmen konnte. Allerdings musste er erstmal herausbekommen, ob René überhaupt an einer Wiederholung interessiert war. Und sie brauchten natürlich ein supercooles Mixtape für ihre Thekenschicht. Und welches Outfit sollte er bei der nächsten Rosa tragen? Es gab so viel zu planen und zu klären!

Vogue

When all else fails and you long to be
Something better than you are today
I know a place where you can get away
It's called a dance floor and here's what it's for so
Come on Vogue[5]

Im dritten Monat seiner Ausbildung hatte Robin den ersten innerbetrieblichen Unterricht in Oldenburg. Die Sparkasse hatte in einem Gebäude in der Innenstadt separate Schulungsräume für diesen Zweck eingerichtet. In Vorbereitung auf den Unterricht hatten sie eine Menge Fachbücher vom Sparkassenverlag bekommen. Scheinbar wurde von ihnen verlangt, dass sie sich in Eigenregie schon mal in die anstehenden Themen des betriebsinternen Unterrichts einlasen und ein Grundverständnis hatten.

Wichtiger war Robin indes, dass Karin und er einen lustigen Briefwechsel zwischen ihren jeweiligen Ausbildungsfilialen angefangen hatten. Auch Nicole hatte ihm geschrieben. Die engere Bindung hatte Robin jedoch zu Karin, die mit ihren ebenfalls 17 Jahren mehr auf seiner

[5] Quelle: Shep Pettibone / Madonna

Wellenlänge lag.

Sie schafften es sogar, im Unterricht nebeneinanderzusitzen. Natürlich in der letzten Bank. Vorne saßen die Streber und Langweiler aus ihrem Jahrgang. Die Unterrichtsinhalte interessierten Robin nicht. Cooler war, dass er nach Ende des Unterrichts Zeit hatte, in der City einkaufen zu gehen. Sein ansehnliches Ausbildungsgehalt investierte er in CDs, Klamotten, Schuhe und Eau de Toilette. Für die Rosa musste er nicht nur gut aussehen, Hendrik sollte ihn ebenfalls gut riechen können.

In der Filiale in Jever waren seine letzten zwei Wochen bei Frau Tannweg angebrochen, und in der Mittagspause gingen sie gemeinsam Schuhe einkaufen. Ihr machte es einen Riesenspaß zu sehen, dass es ihrem Schützling deutlich besser ging. Der Schatten auf seinem Gesicht war einem Strahlen gewichen, das auch anderen Kollegen aufgefallen war. Seit Kurzem stylte er seine Haare mit Gel und Haarspray nach oben. Das machte ihn gleich ein bisschen reifer als der Pony im Gesicht. Nun musste sie ihm nur noch die Comic-Krawatten austreiben.

Zunächst riet sie ihm allerdings zu dem Paar brauner Stiefel, die er in ihrem Lieblingsschuhladen gefunden hatte. Irgendwie hatte Robin von einer Party in Oldenburg erzählt, zu der er Ende des Monats fahren würde.

Robin war total happy. Die braunen Stiefel waren eine gute Mischung aus den beigen Wildlederhalbschuhen, die er bei der letzten Rosa getragen hatte, und den derzeit angesagten DocMartens. Die wirkten für ihn zu extrem! Die braunen Stiefel dagegen konnte er sowohl zu blauen Jeans als auch zu seiner geliebten braunen Jeans tragen. Und tanzen konnte er darin prima. Also mussten die 129 Mark wohl sein.

Auch Frau Herrweg war aufgefallen, dass der Azubi plötzlich ein Garant für gute Laune war. Wenn die Entenjagd auf NDR1 lief, stellte er freiwillig die Kleingeldmaschine aus. Das nahm ihn sehr für sie ein. Sollte er also, wie sie insgeheim vermutete, vom anderen Ufer sein, konnte sie ihm das gut nachsehen …

Am 21.10. fand das Betriebsfest der Filiale und den zugehörigen Geschäftsstellen in der Umgebung statt. Robin hatte seine ehemalige Klassenkameradin aus der Realschule gefragt, ob sie mit ihm hingehen würde, da man mit Partnern eingeladen war. Friederike und er hatten über das letzte Jahr hinweg immer weiter Kontakt gehalten. Manchmal waren sie gemeinsam ins ‚Dörp', der Dorf-Disco in Heidmühle, oder ins ‚Watt', der Großraum-Disco in Sande, gegangen. Da war weniger Paartanz angesagt. Schon in der Schulzeit hatte Robin in der örtlichen Tanzschule klassischen Paartanz bis zum Silberabzeichen gelernt. Dann war seine Tanzpartnerin desertiert, und allein war er auf fremde Tanzpartnerinnen angewiesen. Das war ihm zu blöd gewesen.

Nun kam ihm die Tanzerfahrung zugute, denn Friederike konnte er auf der Arbeit nebenbei als Freundin vorstellen und beim Betriebsfest einen guten Eindruck bei der Filialleitung machen. Allerdings waren die uralten Geschäftsstellenleiter so schnell betrunken, dass sie von seinen Tanzkünsten nicht viel mitbekamen. Friederike hatte ihren Spaß mit ihm, allerdings wusste sie nicht, dass Robin schwul war und er sie lediglich als Alibi präsentierte. Das hätte ihr wohl nicht so gut gefallen, dachte er.

Zumindest meinte Robin, er hätte nun erst mal genuggetan, um eventuelle Gerüchte oder Annahmen zu zerstreuen. Er war sich sicher, dass die Sparkasse nicht scharf auf einen schwulen Azubi war.

***

In der letzten Woche vor der Rosa Disco schwebte Robin nur auf Wolke 7. René hatte ihm recht schnell nach der September-Rosa einen netten Brief geschrieben und gefragt, ob sie nicht die gemeinsame Thekenschicht wiederholen wollten. Daraufhin hatte er für sich und René bei Uwe die erste Schicht im Plan reserviert und nebenher erklärt, dass er dieses Mal nicht bei Uwe übernachten würde. Robin war viel zu happy, um zu bemerken, dass Uwe etwas weniger redselig war als sonst. Er verstand auch nicht, dass seine Eltern von den beinahe täglichen Telefonaten am Abend nicht begeistert waren. Sie hatten schon ein längeres Telefonkabel besorgt, sodass der Apparat nun unter der Schiebetür ins Esszimmer mitgenommen werden konnte. Allerdings kosteten Ferngespräche ein kleines Vermögen, sodass Robin sich mit Uwe, René und insbesondere mit Hendrik kurzhalten musste. Die restliche Freizeit verbrachte Robin am Schreibtisch mit Kopfhörern auf den Ohren, um zu lernen (!) und nebenher seine neueste Lieblingsmusik zu hören. Thematisch passte ‚Lucky Love' von Ace of Base perfekt.

Es war wieder so weit. Der Rosa-Samstag war da. Robin dehnte seine Pflegerituale noch weiter aus, und während oben in seinem Zimmer MTV oder VIVA auf der Mattscheibe flimmerten, lag er stundenlang in der Badewanne im unteren Badezimmer und hörte Musik auf seinem Walkman.

Während Mama Rita ihm diese Zeit von Herzen gönnte, konnte Papa Bernhard nicht viel damit anfangen, dass sein Sohn sich so lange im Bad vor dem Spiegel herumdrückte.

Instinktiv zog Robin wieder einen unförmigen Pullover über sein eigentliches Ausgeh-Outfit, um seine Eltern nicht unnötig zu prüfen. Der schwarze Body war dieses Mal jedoch raus. Wenn er schon die braune Jeans ein zweites Mal tragen wollte, musste der Rest deutlich vom letzten Monat abweichen. So trug er ein enganliegendes, weißes Rippshirt mit kurzem Arm und Knopfleiste, das er dieses Mal über der Jeans trug. Die braunen Stiefel rundeten den Look mit der braunen Cordjacke ab. Den Pullover würde er schon im Zug nach Oldenburg ausziehen. Uwe hatte überraschenderweise zugesagt, ihn wieder am Bahnhof abzuholen, sodass Robin vor der Rosa bei ihm bleiben konnte. René würde direkt zur Rosa kommen. Mit Hendrik war verabredet, dass sie sich zur ersten Schicht dort treffen würden. Allerdings wollte Hendrik keinen Dienst übernehmen. Das überließ er René und Robin. Er war keine Thekenschlampe, wie er meinte. Manchmal war Hendrik regelrecht trampelig, fand Robin.

Uwe traute seinen Augen kaum. So verändert kam ihm Robin vor. Er hatte zwar noch den jugendlichen Charme, doch das Naive war in seiner Ausstrahlung verschwunden. Uwe hatte den kindlich wirkenden ungestylten Pony süß gefunden. Nun stand Robin von Kopf bis Fuß durchgestylt und mit gegelten Haaren vor ihm. Uwe fand es schade, wenn die Jungs vor seinen Augen so schnell erwachsen wurden.

„Hallo, Uwe." Robin schmiegte sich eng an die vertraute Gestalt in der schwarzen Lederjacke.

„Wie geht es dir?" Die Umarmung gefiel Uwe.

„Gut, und dir? Du hast dich ja richtig rausgeputzt heute."

„Danke. Mir geht es gut. Es ist Rosa-Zeit!!!" Wieder einmal entging Robin der Hauch von Enttäuschung, der über Uwes Gesicht zog. Der hatte es zu oft erlebt, dass er das Sprungbrett für die Jungs in die Szene war.

„Hendrik kommt heute auch?"

„Klar, nach der Rosa pennen wir im Büro seiner Mutter in der Innenstadt. Das wird bestimmt witzig …“

„Ich habe übrigens vergessen zu erzählen, dass Bettina heute bei mir ist. Also eigentlich Bertram.“

Robin machte große Augen. Er hatte sofort ein Bild von Lilo Wanders oder Olivia Jones vor Augen.

„Oh, das ist ja spannend!“

Bettina entpuppte sich jedoch als Enttäuschung. Da war nichts farbenfroh oder frech an ihr, also ihm, und Robin fühlte sich durch das unförmige, nussbraune Ensemble und die ebenso braune Perücke an eine jüngere, mopsige Version von Kollegin Czok aus der Personalabteilung erinnert. Schade, dass er das nicht Karin oder Nicole erzählen konnte. So hätte diese unsägliche Episode wenigstens etwas Gutes gehabt. Den Unterschied zwischen einem Transvestiten und einem Travestiekünstler kannte er da noch nicht, es hätte ihn auch nicht interessiert.

So kroch die Zeit dahin, und Robin ließ sich von Uwe auf der Couch den Nacken kraulen, während sie irgendeine Gitarrenmusik hörten, die Bettina/Bertram und Uwe mochten. Bettina meinte, sie müsse sich noch aufhübschen, bevor es losging. In Robin wuchs die Erwartung. Okay, vielleicht war der Nugatlook nur ihr Tagesoutfit und gleich ging die Post ab! Während er darüber nachdachte, fühlte er plötzlich Uwes Hände in Regionen, die eigentlich nur Hendrik vorbehalten waren und hatte auf einmal dessen Lippen an seinem Ohrläppchen.

Robin wollte nicht undankbar sein und ließ das Getue über sich ergehen, knetete konzentriert nur Uwes Knie, was er für harmlos hielt.

Es klingelte, und Robin dankte dem Universum für die Rettung aus der blöden Situation.

Uwe ging die Treppe hinunter und öffnete die Eingangstür. Robin hörte eine weitere männliche Stimme, konnte sie allerdings nicht einordnen. Uwe kam mit dem Besuch wieder nach oben und als Robin zur Tür sah, schob sich Sandro aus Varel herein. Erneut in seiner Lederhose, Boots und mit den Haaren hinter den Ohren.

„Oh, du bist hier?“ Das war fast offen feindselig. Was hatte Robin ihm bloß getan?!

„Wie du siehst …“

„Uwe, ich wollte nicht stören. Ich war nur so früh dran …“

„Du störst doch nicht. Bettina, also Bertram, ist auch da, nur gerade im Bad.“

Robin hatte den Eindruck, dass Uwe sich vor Sandro rechtfertigte und klarstellen wollte, es sei kein verabredetes Date zwischen ihnen. Warum hatte er es nötig, sich vor diesem Typen zu erklären?

Uwe setzte sich nicht wieder zu Robin auf die Couch. Vielmehr nahm er in einem der Sessel Platz und bot Sandro den anderen an.

„Möchtet ihr noch etwas trinken? Wasser? Oder ein Bier?“

Doch beide verneinten. In dem Augenblick kam Bettina aufgehübscht zur Tür rein und sah aus – wie vorher. Was hatte sie getan? Robin wusste es nicht. Also stand er auf und ging ins Bad, um seinen Look zu prüfen. Vielleicht sollte er es mal mit Puder versuchen wie René? So hätte er jetzt noch etwas zu tun gehabt. Er saß auf dem Badewannenrand und wartete, dass die Zeit verstrich. Als Sandro gegen die Tür klopfte und fragte, wann er gedenke, seine Schönheitsrituale abzuschließen, wusch Robin sich demonstrativ lange die Hände und verließ das Bad ohne ein Wort an Sandro.

***

„Na, da schau her, was der Wind so reinbläst!“ René jodelte quer durch das Café der Jugendgruppe, als er Robin sah. Der stellte sich übertrieben in Pose und grinste affektiert.

„Juhuuuuuu!“ René rannte auf ihn zu, und sie drückten sich herzlich.

„Mensch, meine Fresse, du siehst heute ja extrem muschi aus! Macht das die Liebe?“ René zog die Augenbraue hoch und machte einen Schmollmund.

„Ich habe gehört du bist jetzt fest vergeben. Und dann noch an Hendrik. Kinder, Kinder …“

„Wer erzählt denn so was? Mein Gott, er hat mir zweimal in die Hand gespritzt. Damit sind wir ja noch nicht verheiratet …“ Robin wusste nicht, warum er so abwertend über seine Beziehung zu Hendrik sprach, aber er war eine Thekenschlampe. Da durfte man nicht verheiratet tun …

„Aaaah-iiiieeeeh! Direkt in die Hand?! Das ist ja wiiiiiiiiderlich …“ René gackerte fies, auch Robin musste lachen.

„So, Schnecke, wir müssen mit den Vorbereitungen anfangen. Wenn die hier nicht pünktlich ihren Kaffee kriegen, werden wir gefistet. Und darauf habe ich gar keine Lust!“

Gefistet? Robin hatte keine Ahnung was das war, nahm sich jedoch vor, das mal unauffällig herauszufinden.

Zügig erledigten sie die Vorbereitungen, als hätten sie seit Jahren nichts anderes getan. Beide hatten sie ein Mixtape für die Schicht aufgenommen und verglichen schnell, welche Titel ihrer aktuellen Stimmung besser entsprachen. Sie beschlossen, erst die eine Kassettenseite von Robin durchlaufen zu lassen und im Anschluss die erste Seite von Renés Kassette.

„Wo ist denn dein Schatz? Wollte er nicht zum Schichtstart hier sein?“ Wie mit dem Zielfernrohr erwischte René genau den wunden Punkt. Robin hatte schon gedacht, wo Hendrik wohl blieb. Sonst hatte er keine Schlafmöglichkeit in Oldenburg.

„Ach, der kommt schon.“ Robin konnte sich mit einer Kaffeebestellung ablenken und ging nicht weiter auf die Frage ein.

„Hier, dein Kaffee. Brauchst du Milch und Zucker?“ Der Typ schüttelte den Kopf und reichte ihm einen 50-Mark-Schein.

„René?!!!!!“ Robin hob seine Stimme an. „Können wir auch 1.000er wechseln?“

Mit hochrotem Kopf langte der Kerl in sein Portemonnaie und legte ein 2-Mark-Stück auf den Tresen. Er riss Robin den Fünfziger aus der Hand, nahm seinen Kaffeebecher und drehte sich um. René rannte zu ihm rüber und schüttelte sich vor Lachen.

„Was war das denn? Da warst du ein böses Mädchen ...“

„Pff, was bildet sich der Typ denn ein? Einen Kaffee für 1,50 Mark mit einem Fünfziger zu bezahlen. Sind wir hier in der Sparkasse, oder was?!“

„Immerhin hast du jetzt 50 Pfennig Trinkgeld verdient. Geil!“

Im Nachhinein war die Aktion Robin etwas peinlich. Zumal das einige andere Gäste am Tresen verfolgt hatten. Wo blieb denn nur Hendrik?

Der erschien tatsächlich erst zum Schichtende und war gut drauf. Er drückte René so kurz, wie es sich gehört, wenn man mit dem neuen besten Freund zusammen ist. Das fand Robin schon wieder süß. Er bekam zur Begrüßung einen Mordsschmatzer – vor versammelter Mannschaft im Café. Die Schmetterlinge flogen wild in Robins Bauch auf und ab, was super zur Musik im Hintergrund passte. Mariah Carey schmetterte ‚Fantasy‘. Robin hatte das Musikvideo mit dem Rollercoaster-Take schon auf MTV gesehen und für extrem muschi befunden.

Nun fühlte er sich wie in der Achterbahn in Hendriks Armen. Es gefiel ihm, dass Hendrik so auf Macker machte.

„Lasst uns tanzen gehen!“ René übernahm das Kommando und zog Robin aus Hendriks Umarmung, der nur schnell seine Jacke in das Zimmer hinter der Theke schmiss und ihnen folgte.

In Robin war so viel aufgestaute Energie und René drehte so dermaßen auf, dass sie wie Derwische über die Tanzfläche fegten, wilde Moves hinlegten und immer wieder laut johlten.

Als der DJ ‚Vogue’ von Madonna spielte, gaben die zwei Thekenschlampen noch mehr Gas und lieferten eine astreine Show mit einem von ihnen kreierten Vogue-Move mit den Händen.

Währenddessen zog sich Hendrik zurück und beobachtete erst vom Rand der Tanzfläche aus, was sein Ex mit seinem aktuellen Freund veranstaltete, bevor er ohne ein Wort nach draußen ging, um sich anderweitig zu unterhalten.

Als der Song zu Ende ging, realisierte Robin, dass Hendrik nicht mehr da war, und er ging nah an Renés Ohr.

„Hendrik ist weg. Vermutlich draußen. Wollen wir mal raus?“

René nickte und sie verließen gemeinsam das ‚Alhambra‘. Ausgerechnet im Eingangsbereich begegnete ihnen der 1.000-Mark-Kaffee-Typ und schaute sie unverhohlen wütend an. Beide lasen sie eindeutig „Fotzen“ von seinen Lippen ab. Das ließ René sich nicht gefallen und drehte sich im Rausgehen noch mal um.

„Es heißt Thekenschlampen! Du ... Polin!“ Gackernd rannten sie raus und lachten sich draußen schlapp. Der Typ hatte seinen Spitznamen für alle Zeiten weg!

Robin sah Hendrik bei Uwe stehen und zog René mit hinüber.

„Ach, hallo, Uwe.“ Renés Begrüßung fiel recht einsilbig und wenig herzlich aus. Was war denn da los? Robin war erstaunt, konnte jedoch an Renés Miene erkennen, dass er in diesem Moment besser nichts dazu sagte. Irgendwie kam ihm seine zweite Rosa intensiver vor. War beim ersten Mal alles aufregend und neu gewesen, fühlte er die Situationen beim zweiten Mal deutlicher. Auch das Negative. Dass eben auch blöde Leute in der Szene waren. Oder dass es untereinander Spannungen gab. Und dass das ‚Alhambra superschäbig war. Wie gut, dass er gemeinsam mit René auf die

Toilette ging, denn die Tür zur einzigen Kabine war defekt. So konnten sie gegenseitig verhindern, dass sie jemand beim Pinkeln störte.

Um 2.00 Uhr drängelte Hendrik zum Aufbruch, und Robin freute sich, ungestört Zeit mit ihm verbringen zu können. Also verabschiedete er sich unter 1.000 Beteuerungen ‚die Tage' zu telefonieren von René, drückte Uwe ebenfalls mit dem Versprechen sich zu melden, schnappte sich seine Jacke und seinen Rucksack aus dem Café-Hinterzimmer und traf draußen wieder auf Hendrik.

Sie gingen nebeneinander durch die Nacht, ohne sich zu berühren, und unterhielten sich über dies und das. Hendrik hatte nicht zu viel versprochen, sie waren nicht lange unterwegs und hatten das Geschäft seiner Mutter in der Fußgängerzone bald erreicht.

Hendrik gab sich alle Mühe, die nüchternen Büroräume mit zwei Schlafsäcken und ein paar Decken in ein angenehmes Nachtlager für sie zu verwandeln. Er hatte sogar an Frühstücksbrötchen für den nächsten Tag gedacht.

Nachdem sie sich jeweils frisch gemacht und die Zähne geputzt hatten, standen sie in ihren Schlafsachen voreinander.

„Na, du." Hendrik, der Macker!

Robin stellte sich auf die Zehenspitzen und küsste ihn vorsichtig auf den Mund.

„Hmmm." Noch mehr Macker.

Robin war spitz wie Nachbars Lumpi auf diesen Kerl. Er zog Hendrik mit sich auf die Schlafwiese und genoss wieder das Gefühl von Hendriks Gewicht auf sich. Ihre Münder verschmolzen erneut zu einer feuchten Höhle der Leidenschaft und Hendriks Hände schienen überall auf Robins Körper zu sein. Er wiederum krallte seine Hände in die Haare an Hendriks Hinterkopf und drückte sich fest an ihn, sodass ihre harten Stäbe durch den weichen Stoff ihrer Schlafhosen miteinander kämpften. Robin sog Hendriks Duft tief ein und wurde immer geiler. Er wollte diesem Kerl heute beweisen, wie sehr er ihn mochte. Also kämpfte er sich in ihrem lustvollen Ringen nach oben und kniete sich zwischen Hendriks Beine.

Vorsichtig zog er den Stoff der Shorts nach unten und sah im Dämmerlicht der vor dem Fenster leuchtenden Neon-Reklame, das rötliche Schamhaar rings um Hendriks Männlichkeit, die von der Hose befreit direkt nach oben schnellte. Robin senkte den Kopf, streichelte mit der einen Hand über Hendriks Brust und Bauch nach unten und öffnete den Mund. Vorsichtig leckte er von den zwei behaarten Kugeln unter dem harten Schaft nach oben bis zur Spitze, genoss das samtige Gefühl der empfindsamen Kuppe an seiner Zunge, als er ihn in den Mund nahm und spürte, wie Hendrik kam. Schwall um Schwall. In seinen Mund. Ohne Vorwarnung.

Robin wusste nicht, ob er lachen, weinen oder kotzen sollte. Also schluckte er erst mal vorsichtig den salzigen Saft und redete sich dabei fest ein, dass er geschmeichelt sein sollte, wenn ein Mann so schnell unter seiner Berührung kam. Als er sicher war, dass ihm nicht wieder alles hochkam, legte er sich zu Hendrik, der zufrieden dalag und Robin fest an sich zog.

„Das war toll!"

Toll, dachte Robin. Das war doch nicht toll! Das war zu kurz! Ihm dämmerte, dass Hendrik vielleicht keine Vergleichsmöglichkeiten hatte und für ihn seine schnelle Reaktion völlig normal war.

Von all seinen Gedanken und Gefühlen überwältigt, schlief Robin ein und wachte am späten Sonntagvormittag wieder auf. Hendrik hielt ihn fest in der Löffelchenstellung an sich gedrückt, was nett war, denn er spürte seine Morgenlatte am Hintern. Auf eine Wiederholung der nächtlichen Aktion hatte Robin allerdings keine Lust, sodass er sich entschuldigend ins Bad verzog und sich dort gleich für die Rückfahrt fertigmachte.

Hendrik hatte in der Zwischenzeit Kaffee gekocht und die Brötchen auf den Tisch gelegt. Aufschnitt wäre nett gewesen, dachte Robin. Aber Hendrik war halt ein Macker. Also aß er ein trockenes Brötchen und trank schwarzen Kaffee, bevor sie sich auf den Weg zum Bahnhof machten.

Hendrik bestand darauf, ihn bis zum Bahnsteig an den Zug zu begleiten, und er wartete sogar ein paar Minuten, da der Zug Verspätung hatte. Seinen Roller hatte er am Geschäft seiner Mutter stehen lassen und wollte anschließend zurücklaufen, um damit nach Hause zu fahren.

Sie verabredeten sich für ein kurzes Telefonat am Abend (die Kosten!) und peilten an, am Wochenende vor der November-Rosa sonntags zum Jugendgruppen-Treffen ins Hempels zu gehen. Als der Zug anhielt und sich die Türen öffneten, um eine Vielzahl von Reisenden auszuspucken, umarmte Hendrik Robin fest und drückte ihm anschließend einen langen Kuss direkt auf den Mund.

Dafür, dass Robin jetzt in den Zug steigen musste, fand er die Aktion ziemlich daneben. Auf der anderen Seite war es romantisch gewesen. Engelchen und Teufelchen hatten bis Jever Zeit, sich eine Meinung zu bilden. Damit ihn niemand blöd anmachte, suchte er sich ein leeres Abteil und stöpselte augenblicklich die Ohrhörer seines Walkmans ein. Er startete die Kassette und La Bouche gaben den Dance-Mix von ‚Falling in love' zum Besten. Das versöhnte Robin mit der Situation, und er entspannte sich. Und als der Zug sich langsam in Bewegung setzte, vermisste er seinen Macker schon wieder. Und mit jedem Kilometer mehr ...

Justify my love

Poor is the man, Whose pleasures depend
On the permission of another
Love me, that's right, love me, I want to be your baby
Wanting, needing, waiting
For you to justify my love[6]

Seine Probezeit in der Sparkasse hatte Robin erfolgreich hinter sich gebracht. Nun durfte er am Firmenkunden-Schalter der Filiale arbeiten und hatte zum ersten Mal Kundenkontakt. Das machte ihm Spaß und es gab mit den Kolleginnen, die ihn nun ausbildeten, viel zu lachen.

Als er eigenständig die ersten Vorgänge bearbeiten konnte, gefiel ihm der neue Bereich erst recht gut, und er begriff, dass er durchaus ehrgeizig sein konnte.

Tagsüber konnte sich Robin erfolgreich darüber hinwegtrösten, dass er Hendrik vermisste. So oft wie gedacht konnten sie nicht telefonieren. Hendrik hatte viele Aktivitäten neben dem Gymnasium laufen, und auf Klausuren musste er sich ebenfalls vorbereiten. Leider hatte er nicht so den Drall wie René, dass sie sich gegenseitig Briefe schrieben. Mittwochs hatte Robin schon immer um 16.15 Uhr frei. Diese zusätzliche Stunde Freizeit nutzte er, um René auf dessen Briefe vom Wochenende zu antworten. Renés Vater war scheinbar ebenso streng wie sein eigener Vater, daher konnten sie nur

---

[6] Quelle: Madonna / L. Kravitz / I. J. Chavez / J. H. Iii Boxley / C. Ridenhour / E. Sadler

selten telefonieren und schrieben sich regelmäßig Briefe.

Robin hatte in seinem Brief nach der Rosa erst mal hinterfragt, warum René so zurückhaltend gegenüber Uwe war. Und was René ihm geantwortet hatte, war kaum zu glauben. Uwe hatte sich bei Robins erster Rosa an René herangemacht, als dieser bei ihm im Schlafzimmer geschlafen hatte. Daraufhin hat René den Kontakt auf das Nötigste zurückgefahren. Das konnte Robin verstehen, fragte sich allerdings zeitgleich, warum er selbst nicht so empfindlich auf den Annäherungsversuch von Uwe auf der Couch reagiert hatte. Er beschloss, dass es okay war, sich für Uwes Gastfreundschaft und Fahrdienste mit ein wenig Gekuschel und Gefummel zu revanchieren. Hey, zu einer echten Thekenschlampe passte das doch gut!

Für die nächste Rosa verabredeten sie erneut eine gemeinsame Thekenschicht. René wollte mit seinem Computer sogar kleine Plakate drucken, die sie als Werbung an die Scheiben des Cafés zum Eingang hin aufhängen konnten.

Mit Hendrik verabredete sich Robin für Sonntag, den 19.11., dem Treffen der Jugendgruppe im Hempels. Hendrik würde wieder mit seinem Roller fahren. Robin hatte nach dem letzten innerbetrieblichen Unterricht den pünktlichen Feierabend genutzt und war die Strecke von der Fußgängerzone zum Hempels gelaufen. So wusste er genau, wie er vom Bahnhof gehen musste und war jetzt zumindest dafür unabhängig von Uwe.

Wie auf Wolken schwebte Robin die noch verbleibende Zeit bis zum Treffen, auf der Arbeit wie zu Hause. Die friedliche Stimmung, die damit einherging, genossen seine Eltern und ließen Robin weitestgehend in Ruhe. Mama Ritas Angebot, ihn zum Bahnhof zu fahren, lehnte Robin allerdings ab. Hendriks Freigeist färbte auf ihn ab, und so wollte er die drei Kilometer zum Bahnhof lieber mit dem Rad fahren. Ihren vorsichtigen Einwand, dass es November und dementsprechend kalt war, bügelte Robin ab und fuhr mit dem Fahrrad zum Bahnhof. Es war mittags trocken, und so konnte er erzählen, dass er selbstständig unterwegs war.

In der Regionalbahn war ihm zu warm und er zog sich schnell die Jacke aus. Unvermeidlich war das Einstöpseln seiner Ohrhörer vom Walkman. Dieses Mal dröhnten La Bouche mit ‚I love to love' so laut heraus, dass sogar der Schaffner die Musik hörte und stirnrunzelnd die Fahrkarte des Jungen mit den roten Wangen und dem entrückten Lächeln entwertete.

Robins Herz schlug freudig in seiner Brust, er konnte es kaum erwarten, Hendrik wiederzusehen und seine Lippen zu spüren. Er war so verknallt, dass es fast schon zu kitschig war.

In Oldenburg angekommen, sprang er voller Elan aus dem Zug und machte sich auf den Weg durch den Bahnhof, über den Vorplatz in Richtung Hempels. Unterwegs malte Robin sich genau aus, wie Hendrik ihn in die Arme schließen würde. Sie hatten sich für 15.00 Uhr verabredet. Da Hendrik mit seinem Roller wesentlich flexibler war, konnte er pünktlicher sein als Robin. Zumindest ging er fest davon aus, dass Hendrik auf ihn warten würde, wenn er ankam. Das Wetter war weiterhin trocken, doch der Wind blies ihm heftig ins Gesicht.

Am Hempels angekommen, war von Hendriks Roller nichts zu sehen. Seine Armbanduhr zeigte 15.02 Uhr. Er war zwei Minuten zu spät. Robin ging zum Nebeneingang und öffnete nervös die Tür. War Hendrik doch mit dem Zug gekommen? Dann fiel ihm ein, dass sie in dem Fall im gleichen Zug nach Oldenburg gekommen wären und er schalt sich in Gedanken einen Idioten. Seine Laune sank wie das Laub im Herbst, nur dass seine Laune nicht in den schönsten Farben strahlte ... Wo war Hendrik? Allein hatte er auf die Gruppe keine Lust. Hinter der Tür kam Uwe auf ihn zu und lächelte.

„Hi, das ist ja eine Überraschung! Du heute hier?“ Robin fiel ein, dass er Uwe nichts von seinem Besuch erzählt hatte, um selbstständig vom Bahnhof zum Hempels zu laufen.

„Hallo, Uwe. Das war eine spontane Aktion. Ich wusste nicht, ob es klappt.“ Sie drückten sich, Uwe ihn ein wenig fester als umgekehrt.

„Hauptsache du bist da!“ Dabei kraulte Uwe Robins Nacken, was wohlige Schauer über seinen Rücken jagte und ihn beruhigte.

„Wer ist denn sonst schon da?“ Robin versuchte unschuldig zu klingen, so, als würde er nicht nur wissen wollen, ob sein Freund da war, während er seine Jacke von den Schultern streifte.

„Maja ist da und arbeitet im Büro. Piet wollte kommen. Und Sandro hat sich angekündigt. Beide sind noch nicht da.“ Uwe konnte sehr wohl eins und eins zusammenzählen.

„Wartest du auf jemand bestimmten?“ Dabei grinste er schelmisch.

„Na ja, Hendrik wollte um 15.00 Uhr da sein ...“ Weiter konnte Robin nicht sprechen, da ihn eine ihm wohlbekannte Stimme unterbrach.

„Ach, da isser ja!" Robin wirbelte herum, sodass Uwe eng hinter ihm stand und seine Hand auf Robins Schulter liegen blieb. Er setzte zu einem Lächeln an, hielt jedoch enttäuscht inne. Es war Sandro, sein persönlicher Erzfeind.

„Sorry, ich wollte die Turteltauben nicht stören! Tädäääää!" Sandro machte einen Schritt ins Haus und trat schnell zur Seite, sodass Hendrik reinkommen konnte. Der schaute irritiert von Sandro zu Robin und Uwe, registrierte mit hochgezogenen Augenbrauen die Verbindung zwischen Sandros unverschämter Äußerung und Uwes Hand in vertrautem Kontakt mit Robins Schultern.

„Hallo." Das war mal eine frostige Begrüßung! Robins Traum einer romantischen Wiedersehensbegrüßung zerplatzte im Bruchteil einer Sekunde, und er hätte sich selbst dafür schlagen können. Andererseits war er sich keiner Schuld bewusst. Uwe war ein Freund, warum sollte er da nicht nah bei ihm stehen. Sandro war so ein dummes Stück!

Robin machte einen Schritt auf Hendrik zu und wollte ihn zur Begrüßung küssen, doch der wich kaum wahrnehmbar zurück.

„Hendrik, hi!" Robin versuchte es mit einem strahlenden Lächeln und ging nicht weiter auf Sandros Bemerkung ein. Hendrik schaute so unnahbar, dass Robin keinen zweiten Versuch einer körperlichen Annäherung machte.

„Lass uns doch kurz um den Block gehen. Ich möchte raus." Hendrik ließ wieder den Macker raushängen, und irgendwie gefiel es Robin. Er drehte sich zu Uwe um, zuckte mit den Schultern und folgte Hendrik nach draußen. Uwes Stirnrunzeln gefiel ihm nicht. War er zu unterwürfig?

Als er am künstlich grinsenden Sandro vorbeilief, hielt Robin kurz inne und formte mit den Lippen einen besonders freundlichen, stummen Gruß. Sandro war indes des Lippenlesens mächtig.

„Arschloch!"

Robin konnte kaum mit Hendrik schritthalten, während der ihm voraus stapfte.

„Hendrik, nun warte doch mal bitte."

Doch Hendrik lief im gleichbleibenden Tempo auf dem Bürgersteig der Seitenstraße weiter.

„Was hast du denn?"

Hendrik fuhr herum.

„Was ich habe? Was hast du denn? Mit Uwe?!“

„Was meinst du?“

„Was hat Sandro denn mit Turteltauben gemeint? Und du stehst da eng umschlungen mit Uwe!“

Sie gingen weiter den Bürgersteig entlang und versuchten, ihre Lautstärke zu dämpfen.

„Willst du mich verarschen?! Ich bin fünf Minuten vor euch angekommen, hatte meine Jacke ausgezogen und Uwe zur Begrüßung gedrückt. Und er hat wie immer meinen Nacken gekrault. Da ist doch nichts dabei! Ich hatte ihn gefragt, ob du bereits da bist. Und in dem Augenblick seid ihr reingekommen!“

„Soso, dein Nacken wird also immer gekrault. Und hatten wir nicht verabredet, uns vor dem Hempels zu treffen? Konntest du nicht kurz warten? Du latschst gleich rein, um erst mal mit Uwe rumzumachen.“

Robin fühlte sich wie angeschossen, war allerdings zu stolz, um klein beizugeben.

„Was heißt denn hier rummachen? Du hast René auf der Rosa auch zur Begrüßung umarmt. Da bin ich nicht gleich ausgerastet vor Eifersucht. Was glaubst du eigentlich von mir? Dass ich mit jedem rummache, zu dem ich freundlich bin?“

„Na ja, als Thekenschlampe musst du deinem Ruf ja gerecht werden. Oder?“ Der verächtliche Ausdruck in Hendriks sonst so schalkhaftem Gesicht verunsicherte Robin.

„Das ist doch nur so ein Spaß zwischen René und mir. Du weißt doch, dass ich sonst anders bin.“ Da schoss es Robin wie Lichtblitze durch den Kopf. Das Rummachen am Abend der ersten Rosa nach ihrem ersten gemeinsamen Kuss, wie Hendrik und er am Tag der Deutschen Einheit auf seinem Bett rumgemacht hatten und die Nacht im Büro seiner Mutter. Robin blieb stehen. Hendrik hielt ihn tatsächlich für eine Schlampe! So zuckte er nur mit den Schultern und sagte nichts.

„Vielen Dank, Hendrik. Jetzt weiß ich ja, wie du über mich denkst. Mir wird kalt, ich gehe zurück.“

Dieses Mal ging Robin so schnell zurück, dass Hendrik zurückblieb. Mit jedem Schritt wurde Robin klarer, dass er ihm vermutlich gar nicht folgen wollte. Das war wie ein Schlag in die Magengrube. Vor dem Nebeneingang blieb er kurz stehen, um sich zu sammeln. Vor der versammelten

Meute im Hempels würde Robin sich bestimmt nichts anmerken lassen. Er straffte seinen Körper, öffnete ruckartig die Tür und platzte mitten in eine hitzige Diskussion über offene Beziehungen. Na toll, dass immer über irgendeinen Scheiß diskutiert werden musste! Mit versteinerter Miene ging Robin zur Kaffeemaschine, nahm sich einen Becher Kaffee und setzte sich wortlos gegenüber von Sandro an den Tisch. Mit hochgezogener Augenbraue nickte Robin ihm zu. Sandro verstand ihn ohne Worte und ließ ihn in Ruhe. Uwe war es, der die Diskussion beendete und Robin freundlich bat, doch kurz mit vor die Tür zu kommen.

Als sie aus dem Nebeneingang traten, brauste vorne an der Straße Hendrik auf seinem Roller davon. Uwe zündete sich eine Zigarette an.

„Uwe, es tut mir leid, dass ich so reingeplatzt bin."

Uwe legte seinen freien Arm um Robin und zog ihn an sich.

„Liebeskummer, Kleiner?"

„Ach, Hendrik hat sich da etwas zusammengesponnen. Und Sandro, der blöde Idiot hat mit seiner Bemerkung vorhin noch Öl ins Feuer gegossen."

„Dafür habe ich ihm schon die Leviten gelesen, keine Sorge."

„Danke. Ich hasse ihn!"

Uwe lächelte milde.

„Hassen ist ein starkes Wort."

„Ja, gut. Ich finde ihn zum Kotzen."

Uwe lachte.

„Das ist ja viel weniger schlimm ..." Damit brachte er auch Robin zum Lachen, der sich nicht wie ein trotziges Kind aufführen wollte.

„Was meinst du, wollen wir zu mir fahren? Maja kann nachher abschließen, und wir quatschen in Ruhe."

Nichts war Robin lieber, als der Situation zu entkommen, also willigte er nickend ein.

„Gern. Allerdings weiß ich nicht, wie ich von dir zum Bahnhof komme. Und um 17.30 Uhr geht mein Zug nach Hause."

„Gar kein Problem. Ich bringe dich nachher zum Bahnhof, Kleiner!"

Sie verabschiedeten sich schnell von den anderen Leuten im Hempels. Robin nickte Sandro nur hämisch grinsend zu, als dieser mitbekam, wohin Robin jetzt mit Uwe ging.

Soll er sich doch denken, was er wollte, dieser Idiot.

Noch nie war Robin allein mit Uwe in dessen Wohnung gewesen. Umso mehr genoss er die volle Aufmerksamkeit. Uwe gab sich alle Mühe, seinen jungen Schützling abzulenken.

„Magst du Musik anmachen? Wir setzen uns ins Musikzimmer.“ Musikzimmer ist gut, dachte Robin und sah sich in der Erweiterung des Wohnzimmers hinter einer alten faltbaren Schiebetür um. Hier hatte er mit René am Abend seiner ersten Rosa gesessen und coole Musik auf Kassette gehört. Im trüben Licht des bedeckten Nachmittags taten Robin die alten Zimmerpflanzen leid. Es sah staubig aus. Und Uwes Musikgeschmack war scheinbar dem von Papa Bernhard sehr ähnlich. In den Platten, die neben der Anlage aufgereiht standen, etwas zu finden, was ihm gefiel, schien aussichtslos.

„Ich hole uns etwas zu trinken. Was möchtest du?“

Robin wusste um Uwes anspruchslosen Lebensstil und fragte besser nicht nach Cola light.

„Hast du schwarzen Tee? Dann nehme ich einen Becher.“

Uwe strahlte. Den Wunsch konnte er erfüllen.

Während Uwe mit dem Tee beschäftigt war, drückte Robin an der Musikanlage herum und wühlte in verschiedenen Tape-Sammlungen herum. Er fand eine Kassette, bei der er schwören konnte, dass René sie beschriftet hatte: „Best of Madonna“. Flink legte er die Kassette ein, ließ sie zurückspulen und drückte auf Wiedergabe. Madonna sang sich durch ‚Secret‘. Robin konnte sein Glück kaum fassen.

Uwe kam mit zwei Bechern Tee in das Musikzimmer gelaufen und lächelte. Er setzte sich neben Robin auf den Boden und kraulte ihm wieder den Nacken.

„Möchtest du dich jetzt noch mal über Hendrik oder Sandro auslassen?“

„Nein, kein Bedarf. Danke.“

Robin pustete in seinen Teebecher und genoss den beruhigenden Duft. In kleinen Schlucken trank er das von Uwe großzügig gesüßte Getränk und stellte den Becher anschließend vorsichtig zur Seite. Uwe trank ebenfalls vom Tee und lächelte Robin fortwährend an. Plötzlich beugte er sich zu Robin hinüber. Ihre Lippen trafen sich in einem ersten etwas unbeholfenen Kuss. Robin war erschrocken, doch die Mischung aus Uwes Aftershave, dem kalten Rauch an seiner Kleidung und dem süßen Tee an den Lippen gefiel ihm. Also ließ er sich ein zweites Mal von Uwe küssen, dieses Mal etwas fordernder, was ihre Zungen einschloss. Beim dritten Kuss zog Uwe Robin auf seinen Schoß und packte ihn fest im Nacken und am unteren Rücken. Robin saß auf seinen Knien über Uwes Beule und ließ sich fallen. Ihre Münder ließen nicht voneinander ab, während sie sich gegenseitig aus ihrem Hemd und Pulli befreiten. Uwes Oberkörper war behaart und damit ein extremer Kontrast zu Hendrik. Ihre Statur war ebenfalls nicht vergleichbar, Uwe war schon Mitte 30. Sein Teil war hart wie Stein. Das gefiel Robin! Er knetete und drückte die Beule in Uwes Slip und genoss, dass dem Spiel nicht gleich ein frühes Ende beschert war. Uwe hatte anscheinend Stehvermögen.

Mittlerweile war Madonna zu ‚Justify my love' übergegangen. Robins Schmunzeln über den perfekten Soundtrack verstand Uwe falsch und packte Robins Hinterkopf, um ihn über sein Lustzentrum zu dirigieren. Für einen kurzen Augenblick war Robin überrascht und fragte sich, ob er das jetzt für Uwe tun wollte. Er zuckte innerlich mit den Schultern und machte sich mit vollem Einsatz über sein neues Spielzeug her. Immerhin wollte Uwe ihn auch zum Bahnhof fahren ... Im Rhythmus der Musik erledigte Robin seinen Job zu Uwes vollster Zufriedenheit ausdauernd und enthusiastisch. Als Uwe nicht mehr konnte, warnte er Robin deutlich vor und zog dessen Kopf von seiner Spitze zurück. Vor seinen Augen explodierte der harte Riemen und hinterließ eine Menge Spuren auf Uwes Bauch.

Mit einem Taschentuch wischte sich Uwe sauber und rollte sich auf Robin.

„Und jetzt bist du dran, Kleiner."

Doch Robin hatte keine Lust mehr. Nachdem Uwe gekommen war, gab es keinen Reiz mehr. Jetzt ging ihm plötzlich Hendrik durch den Kopf, und dass sie nicht im Guten auseinandergegangen waren.

„Sorry, Uwe. Mein Zug geht bald. Wir müssen los zum Bahnhof." Als er Uwes Enttäuschung sah, tat es ihm leid. „Ein anderes Mal – versprochen!" Dabei zauste er durch Uwes Haare und drückte ihm einen Kuss auf die wundgeknutschten Lippen.

Das Versprechen schien ihn zu besänftigen, denn er gab Robins Hintern einen Klaps.

„Na gut, auf zum Bahnhof, Kleiner. Und dem widme ich mich ein anderes Mal."

Robin fragte sich, ob er Uwe zu viel versprochen hatte. Nun gab es kein Zurück mehr. Eine Nacht in seinem Schlafzimmer bei der nächsten Rosa war besser, als wieder auf den zusammengeschobenen Sesseln schlafen zu müssen. Alles eine Frage der Betrachtungsweise, fand Robin.

Schon auf dem Weg zum Bahnhof setzte Regen ein und Robin fand, dass das Wetter perfekt zu seiner Stimmung passte. Uwe blieb im Auto sitzen und ließ Robin in zweiter Reihe bei den Taxis aussteigen, jedoch nicht ohne ihn noch einmal fordernd zu küssen und seine Lippen auf Robins zu drücken.

Robin hetzte durch den Regenschauer und dachte missmutig an den Weg vom Bahnhof in Jever zurück nach Hause. Drei Kilometer im strömenden Regen, das war seine Strafe für den Streit mit Hendrik und sein kleines Abenteuer mit Uwe.

Nach einer langweiligen Zugfahrt und andauerndem Regen radelte Robin nach Hause und wurde dabei klitschnass. Selbst ein heißes Bad wärmte ihn nicht auf.

Seinen Eltern konnte Robin weder vom Streit mit Hendrik noch von dem Sex mit Uwe erzählen, also zog er sich nach dem Abendessen in sein Zimmer zurück und schaute MTV.

***

Die Woche über kämpfte Robin sich jeden Tag tapfer zur Arbeit, obwohl er sich einen fiesen Schnupfen eingefangen hatte. Er glaubte nicht an das Ammenmärchen, dass man von einem kalten Guss gleich eine Erkältung bekam. Robin überlegte fieberhaft, ob Uwe vielleicht Anzeichen einer Erkältung gezeigt hatte. Es war scheinbar seine Strafe dafür, dass er Hendrik fremdgegangen war. Allerdings hatte sich Hendrik nicht mehr gemeldet. Waren sie noch zusammen?

Als Robin sich eingestehen musste, dass er zu krank war, um am Samstag zur Rosa zu fahren, rief er kurz bei René an, um sich bei ihm abzumelden.

„Schnecke, was machst du denn für Sachen?! Jetzt habe ich die Plakate schon gedruckt." Robin bekam ein schlechtes Gewissen. An ihre Pläne mit der Werbung hatte er gar nicht mehr gedacht.

„Oh sorry, es geht wirklich nicht. Meine Mutter rastet aus, wenn ich am Wochenende feiern gehe und Montag nicht zur Arbeit kann. Außerdem sehe ich aus wie Scheiße!!“

„Na gut, recyceln wir die Dinger eben auf der nächsten Rosa.“ Robin hielt es für keine gute Idee René mitzuteilen, dass die nächste Rosa im Dezember auf den Geburtstag seiner Mutter fiel und damit eine Teilnahme ebenfalls ausgeschlossen war. Also bestätigte er ihn nur zaghaft.

„Ja, wenn das geht, ist es doch super. Ich wünsche dir auch ohne mich viel Spaß! Und schreib mir anschließend!“

„Das mache ich, du krankes Huhn! Gute Besserung und bis bald!“

Nach dem Gespräch mit René stand der Anruf bei Uwe wegen der Thekenschicht aus.

Dieser hatte gleich ein tierisch schlechtes Gewissen, denn er hatte Robin vermutlich angesteckt. Er war die Woche vor dem Sonntagstreffen krank gewesen und hatte die letzten Symptome seiner Erkältung mit Schmerzmitteln unterdrückt. Dass er Robin damit die Rosa verdorben hatte, ließ ihn gar nicht groß an seinen eigenen Verlust denken, denn der Kleine hätte ja bei ihm im Schlafzimmer übernachten sollen.

„Pfleg dich, Kleiner. Wir werden für René schon eine Unterstützung bei der Schicht auftreiben.“

„Danke Uwe, bis bald! Ich melde mich wieder.“

Anschließend fiel Robin fast um vor Erschöpfung und ging ins Bett. Den Anruf bei Hendrik konnte er so nicht durchstehen. Und wenn er es recht bedachte, hatten sie sich aufgrund des Vorfalls beim Sonntagscafé nicht in verabredet. Sollte sich Hendrik zum Teufel scheren! Wie gut, dass Robin sich in der letzten Woche das neueste Madonna-Album ‚Something to remember‘ gekauft hatte. So konnte er den supertraurigen Song ‚You'll see‘ in Dauerschleife hören. In der „BRAVO“ hatte er gelesen, dass das die Fortsetzung zu ‚Take a bow‘ war. Den Song hatte er schon stark gefunden, der neue Titel passte noch mehr zu seinem Herzschmerz.

Spät am Samstagabend wurde Robin klar, dass Hendrik sich nicht mehr melden würde. Da heulte er wie ein Schlosshund. Zum Glück konnte er seine Tränen mit Kopfschmerzen erklären, denn Mama Rita war in Habachtstellung. Ein verliebter Teenager im Haus, der sich nicht mit dem

Freund treffen konnte, war eine Katastrophe, die sie noch nicht oft durchlebt hatte. Da wollte sie keinen Fehler machen und war besonders aufmerksam. Robin hatte Hendrik in der vergangenen Woche nicht einmal angerufen. Allerdings war er abends immer früh ins Bett gegangen, um die Arbeitswoche durchzustehen. Und vielleicht hatten sie heute über Tag telefoniert, als sie im Kiosk arbeiten war.

Einzig die traurige Musik blieb ohne Erklärung. Und diese CD dudelte schon seit 7 Tagen am frühen Morgen und Abend in Dauerschleife! Es konnte nur besser werden!

Am 29.11. rief René abends an und zickte rum. Wie Robin den armen Hendrik bloß so mies behandeln konnte. Und warum er ihm nichts von dem Streit beim Sonntagscafé erzählt hatte.

„Und was zum Henker läuft da mit Uwe und dir?" Robin hatte die Erkältung und den größten Liebeskummer überstanden. Da konnte er sich wehren.

„Da läuft gar nichts! Mein Gott, wir hatten an dem Sonntag Sex ..." René rastete aus.

„Ihr hattet WAS?!"

„Ja, wir hatten Sex. Ich habe ihm einen geblasen. Da ist doch nichts bei!" Robin verstand nicht, warum René sich so aufspulte.

„Und ich glaube, wir hatten es zu einem Mixtape von dir gemacht. Vermisst du eine Kassette mit Madonna-Songs?"

René schnappte nach Luft.

„Ja, das tue ich. Nun gut. Die kann ich wohl abschreiben. Dir ist klar, dass Uwe es bei jedem versucht?"

„Das ist mir klar. Meine Fresse, erst hackt Hendrik auf mir rum und meldet sich nicht mehr. Und nun machst du mich zur Minna. Vielen Dank!" Robin wollte am liebsten auflegen. Es hatte eh keinen Sinn, mit René zu streiten.

„Zu deiner Information: Hendrik hat sich Sorgen um dich gemacht, weil du nicht auf der Rosa aufgetaucht bist. Und er hat für dich bei der Thekenschicht ausgeholfen."

„Und warum meldet er sich nicht bei mir? Er ist doch am Sonntag so abgerauscht! Schneller als er je gekommen ist ..." Robin biss sich auf die Lippe. Das wollte er René nun gerade nicht erzählen.

„Hä? Schneller als er je gekommen ist?!"

„Nun sag mir nicht, dass er bei dir nicht wie ein Geysir gespritzt hat, sobald du ihn berührt hast!"

René brauchte einen kurzen Moment.

„Also müssen wir ihn jetzt Hendrik-Schnellschuss taufen?"

Robin musste lachen. Sein Groll auf René verpuffte.

„Ja, wenn wir weiter befreundet sein wollen, heißt er ab sofort nur noch Hendrik-Schnellschuss. Und wir finden beide doof, dass er sich nicht bei mir gemeldet hat. Dafür finde ich doof, dass ich ihn nicht angerufen habe. Ist dann wieder alles gut?"

„Ja, dann ist wieder alles muschi!" Sie gackerten so laut, dass Mama Rita den Kopf durch die Schiebetür steckte, um für Ruhe zu sorgen. Robin signalisierte sofort ein stummes „Sorry!".

„René, ich muss leider auflegen. Wir schreiben uns, okay?"

„Klar, bis bald!"

Robin war erleichtert, dass mit René wieder alles im Lot war. Das hätte ihn noch mehr geschmerzt als die Geschichte mit Hendrik. Da war er sich sicher. Also setzte er sich in seinem Zimmer an den Schreibtisch und schrieb sich alles von der Seele. Und er beichtete René vorsorglich, dass im Dezember an eine Rosa Disco nicht zu denken sei.

Sie konnten allerdings Pläne für das neue Jahr machen. In 1996 würden sie es erst recht krachen lassen.

Eine aufregende Sache stand noch im alten Jahr an: Im Dezember würde die Berufsschule in Wilhelmshaven starten. Das konnte spannend werden!

Experience Pearls

And so I've made up my mind, I'm gonna be yours this time,
I'm gonna give what I've got, and get your love in return.
And so I've made up my mind, I'm gonna be yours this time,
I'm gonna teach you to trust, and learn how to burn.[7]

---

[7] Quelle: Jenny Berggren

„Herzlich willkommen in der berufsbildenden Schule hier in Heppens. Mein Name ist Heiken. Ich bin für die nächsten Jahre euer Klassenlehrer in dieser Bankenklasse für die Sparkasse und unterrichte neben Rechnungswesen auch Sport."

Robin war spontan verliebt in diesen gutaussehenden Mann Ende 30/Anfang 40 – das konnte er so genau nicht sagen – mit dem kurz geschorenen Schnäuzer. Diese Geschmacksverirrung würde er ihm verzeihen. Allerdings machte Herr Heiken zu seinem größten Bedauern den heterosexuellsten Eindruck, den er sich vorstellen konnte, also konnte er da einen Haken machen und sich mehr auf seine Mitschüler konzentrieren. Im Klassenraum saßen sie in einem großen U.

Marco, seinen Mitauszubildenden aus Zetel, kannte Robin schon. Sie hatten sich nebeneinandergesetzt. Die restlichen Klassenkameraden, ob männlich oder weiblich, kamen von der Sparkasse in Wilhelmshaven. Da gab es den 20 Jahre alten Morten, der ihn immer an eine etwas kräftigere Version des Rappers von 2 Unlimited erinnerte, also sehr gut aussah und einen sehr netten ersten Eindruck machte. Er saß Robin im U gegenüber. Und neben Steffen, der nach ersten Informationen ein erfolgreicher Schwimmer im Sportverein war. Allerdings war er erst 16 Jahre alt und fiel damit voll aus Robins Beuteschema heraus, trotz der enorm guten Schwimmerfigur. Neben Steffen saß Kristina, die mit ihrer gebräunten Haut, den dunkelbraunen hüftlangen Haaren und dem auffälligen Make-up wie der Inbegriff einer Tussi aussah. Robin gefiel, dass sie sich überhaupt nicht so benahm! Etwas schwerer tat er sich dagegen mit Stefanie, die auch Sport im Verein trieb. Mit Handball konnte Robin nichts anfangen. Und Stefanie war so cool und aalglatt, dass er sich anfangs nicht vorstellen konnte, mit ihr warm zu werden. Das nächste Extrem war Sabine, die ihn optisch an Donna aus Beverly Hills 90210 erinnerte, nur wesentlich hübscher! Neben ihr saß Heidi, die mit ihren hellbraunen schulterlangen glatten Haaren und dem braven Pony viel langweiliger wirkte, als sie eigentlich war. Das machte sie sehr sympathisch. Marius saß in der Mitte des U. Robin und er konnten sich gut im Unterricht anschauen. Marius war Robin spontan am liebsten, denn er trug einen Ohrring (Skandal!) zu seinen kurzen schwarzen Haaren, die er ähnlich wie Robin im Ponybereich hochgestylt hatte. Auch Marius' Outfit gefiel Robin. Es hätte perfekt in das Sonntagscafé der Jugendgruppe gepasst. Allerdings erzählte Marius häufiger von

Unternehmungen mit verschiedenen Nadines, da konnte Robin sich mit seiner Vermutung vertun.

Innerhalb einer Woche war die Klasse wie zusammengeschweißt. Die Lehrer waren im Grunde alle nett. Robin war angenehm überrascht, wie leicht ihm der Lernstoff in der Berufsschule zufiel. Das sah im innerbetrieblichen Unterricht der Sparkasse anders aus. Aber es konnte schon ein Unterschied sein, dass sie in der Berufsschule Privatklamotten trugen und Robin sich nicht immer vom Hemdkragen gewürgt fühlte.

Den schnellsten Zugang fand Robin zu Marius, Sabine, Heidi und Steffen. Dem folgte Kristina. Und in ihrem Fahrwasser Stefanie und Morten. Die beiden gaben schnell Stoff für Vermutungen, ob sie sich besser als gut verstanden. Kristina war in festen Händen einer On-Off-Beziehung, die sie offen vor allen in den Pausen diskutierte. Sabine und Heidi waren schon fest vergeben und wirkten mit ihren 19 Jahren reif und erwachsen. Mit Steffen und Marius stand Robin am meisten in den Pausen herum. Sie waren die Jüngsten in ihrer Klasse, da konnte man genug Gemeinsamkeiten entdecken.

Schnell war klar, dass Sportfreak Steffen etwas ins Abseits geriet, wenn Marius und Robin sich über die neueste Musik, Party machen und Outfits unterhielten. So planten sie, noch vor Weihnachten einmal gemeinsam in die Fußgängerzone in Wilhelmshaven zu gehen und ihr Weihnachtsgeld auszugeben. Robin plünderte Karstadt und entdeckte eine karierte Stoffhose, die er prima zur Rosa Disco im Januar anziehen konnte. Dazu noch weiße und orangefarbene enganliegende T-Shirts mit V-Ausschnitt, einen passenden Pullover und DocMartens mit Landkartenmotiv in Orange. Wie durch ein Wunder waren ihm die Schuhe nicht mehr zu extrem!

Im Januar 1996 setzten Marius und Robin ihre freundschaftlichen Bande ohne Schwierigkeiten fort und berichteten sich gegenseitig vom Jahreswechsel mit ihren Familien. Marius‘ Mutter musste ein furchteinflößendes Brechmittel sein, da wusste Robin seine eigene Mutter sehr zu schätzen, auch wenn sie nicht immer auf der gleichen Wellenlänge waren. Immer häufiger verabredeten sie sich für den Nachmittag und machten die Innenstadt unsicher.

Mit René hatte Robin vereinbart, dass sie die erste Schicht im Café der

Jugendgruppe auf der Januar-Rosa übernahmen. René würde einen neuen Freund aus Bremen mitbringen, Bertram. Er würde perfekt zu ihnen passen, meinte René und Robin organisierte, dass sie zu dritt die Schicht im Alhambra-Café übernehmen konnten. Wenn er nicht die Nachmittage mit Marius in Wilhelmshaven oder mit Lernen verbrachte, schrieb Robin Briefe an René oder telefonierte mit Uwe.

Robin fing sogar der Schulsport an Spaß zu machen. Und das lag nicht nur daran, dass er seine Mitschüler beim Umziehen sehen konnte. Vielmehr unterrichtete Herr Heiken so mitreißend, dass Robin ein unerwartetes Talent für Squash entdeckte.

Alles in allem lief es wie am Schnürchen, und Robin fand endlich die Zeit, sich um seinen Führerschein zu kümmern. Doch der theoretische Unterricht war öde und in der Fahrschule kannte Robin niemanden. Das war ziemlich ätzend.

Umso mehr freute er sich auf das letzte Wochenende im Januar. René hatte nämlich etwas Besonderes organisiert. Sie würden alle schon am Freitagabend anreisen und in den 'Schwarzen Bären' gehen, eine angeblich coole Schwulendisco in Oldenburg. Zetel-Martin, den Robin bei seinem ersten Sonntagscafé im September kennengelernt hatte, wollte kommen und würde sie fahren. Robin klärte mit Uwe, dass sie alle (René, Bertram, Martin und er) bei ihm von Freitag bis Sonntag unterkommen konnten.

Schwer beschäftigt verflogen die Tage im Januar. Es schneite sogar, und Robin befürchtete, dass seine Eltern seinen Ausflug nicht mehr erlauben würden. Zu seiner Überraschung änderten sie ihre Meinung nicht! Am Freitag ging Robin schon aufgebrezelt zur Berufsschule. Er trug seinen schwarzen Body unter der braunen Jeans mit den passenden braunen Stiefeln und hatte einen orangefarbenen Pullover darüber.

Im Rucksack waren keine Schulsachen, sondern seine DocMartens, die karierte Hose, verschiedene Shirts, Unterwäsche, vor allem sein neuester Duft. ‚Xeryus Rouge‘ von Givenchy. Der sollte ihm an diesem Wochenende Glück bringen. Marius war schwer beeindruckt, dass Robin nach der Berufsschule mit dem Zug nach Oldenburg fuhr. Er nahm Robins Schultasche mit und verwahrte sie bis Montag.

Robin wollte dieses Mal mit dem Bus zu Uwe fahren und schon mal ein wenig Zeit mit ihm verbringen. Die anderen sollten später nach und nach dazukommen. Uwe erschien Robin im letzten Telefonat maulig, da wollte er insbesondere bei ihm für gute Stimmung sorgen.

Alles lief wie am Schnürchen und Robin kam um 16.30 Uhr bei Uwe an. Der war in komischer Stimmung, doch Robin konnte nicht einordnen, woran das lag. Da er Uwes Musiksammlung kannte, brachte er sein derzeitiges Lieblingsalbum ‚The Bridge' von Ace of Base mit. Wenn sie schon Sex hatten, wenigstens zu Musik, die Robin gefiel. Robin richtete sich schnell bei Uwe ein, zog seine Stiefel aus und setzte sich zu Uwe auf das Sofa. Der ging gleich aufs Ganze und drückte Robin fest in die Sofapolster.

Uwe schien mehr als zwei Arme zu haben und berührte Robin fast überall gleichzeitig. Da Uwe sich besonders um seinen empfindlichen Nacken kümmerte und ihn zart liebkoste, ließ Robin sich fallen und genoss die Zärtlichkeiten. Uwes Küsse schmeckten allerdings nicht so geil, überhaupt roch die Wohnung merkwürdig. Als hätte Uwe plötzlich ein Faible für Räucherstäbchen entwickelt. Im Laufe ihrer Leidenschaft lag Robin mit dem Bauch auf dem Sofa und Uwe auf ihm. Die Richtung war eindeutig, also war es Zeit, sich ein wenig zurückzuhalten, entschied Robin. So eindeutig musste es zwischen ihnen nicht werden. Er dachte kurz an Hendrik, mit dem er zu diesem Schritt nicht gekommen war und den er jetzt gern aufsparen würde.

„Uwe, ich stecke schon den gesamten Tag in diesen Klamotten. Wollen wir erstmal duschen?"

Uwe sprang begeistert auf.

„Das ist eine großartige Idee. Ich ficke dich in der Dusche!"

Wie vom Donner gerührt starrte Robin Uwe hinterher, der bereits ins Bad verschwunden war. Zögernd folgte Robin ihm ins Bad und sah Uwe schon hinter dem Duschvorhang stehen.

„Wo bleibst du denn? Na, komm schon."

„Sofort. Ich muss mich noch ausziehen. Ach, ich muss auch noch mein Handtuch aus dem Rucksack holen." Uwe schaute hinter dem Vorhang hervor.

„Quatsch, wir ficken gleich. Da können wir uns ein frisches Badetuch teilen. Da liegt es doch schon!" Robin sah das flauschige Handtuch und wünschte sich, bereits darin eingewickelt zu sein. Plötzlich war er absolut ungeil. Doch er wollte auf keinen Fall eine Zimperliese sein, also zog er seine Jeans und den Body aus, streifte die Socken von den Füßen und schob den Duschvorhang bei Seite.

Uwe stand unter dem warmen Wasserstrahl und sein Penis ragte hart wie Stein nach oben. So groß war er Robin nicht vorgekommen, als sie im Musikzimmer herumgemacht hatten. Uwe half ihm in die Badewanne zu steigen und zog ihn zu sich unter den Wasserstrahl. Er zauberte ein Stück Seife hervor und begann Robin von Kopf bis Fuß einzuseifen, überall. Absolut überall! Ein vorwitziger seifiger Finger steckte plötzlich in Robin drin. Doch während ein Teil von ihm noch immer so weit weg wie möglich wollte, fand der andere Teil gefallen an der verrückten Situation. Er entzog sich dem Finger, seifte Uwe ebenfalls von Kopf bis Fuß ein und spülte anschließend den Schaum von seinem Gegenüber ab. Er ging auf die Knie und widmete sich intensiv Uwes steinharter Stange. Er würdigte diese Behandlung mit lautem Stöhnen und Keuchen und griff immer fester in Robins nasse Haare.

Als Robin schon dachte, er hätte ihn über den Point of no return katapultiert, zog Uwe ihn auf die Beine und drängte ihn mit dem Gesicht an die Wand. Robin hörte, wie Plastik raschelte und spürte kurze Zeit später einen Finger mit kaltem Gel zwischen seinen Backen. Dem Finger folgte rasch Uwes steinharte und in einem Kondom steckende Männlichkeit, die sich zielstrebig den Weg in sein Innerstes bahnte. Und dem Gefühl, gepfählt zu werden und nicht mehr atmen zu können, folgte umgehend eine unerklärliche Lust und der Wunsch nie wieder damit aufzuhören. Robin war froh, diese Erfahrung mit jemandem zu machen, den er nicht liebte. Er bettelte, Uwe möge härter, schneller, tiefer machen, wand sich keuchend auf dem Schwanz seines Liebhabers und wollte immer weiter gefickt werden. Das war viel zu schmutzig, um es mit jemandem zu erleben, den man liebte, dachte er. Uwe machte härter, schneller und tiefer, jagte den jungen schlanken Körper von Lustwelle zu Lustwelle. Er bescherte ihm unglaubliche Leidenschaft, während er in die herausfordernde Enge hineinstieß. Er fühlte den Höhepunkt nahen und bedauerte, dass er es nicht länger aushielt. Der noch so untrainierte Muskel massierte ihn so geil, dass es nur noch eine Sache von wenigen Stößen sein konnte, bevor es ihn vor Lust zerriss. Nach dem nächsten Stoß zog er sich vollständig aus Robin zurück und riss sich das Gummi von der spritzbereiten Latte. Mit der anderen Hand riss er seinen jungen Freund herum. Dessen Knie waren vor Geilheit weich und so sank er wie von selbst auf den Boden der Badewanne. Dabei streifte er das Duschradio und schaltete es versehentlich ein. Und während er von oben mit heißer, salziger Flüssigkeit mitten ins Gesicht getauft wurde, hörte er Glocken. Robin meinte sich zu irren, doch die darauffolgende Melodie kam ihm vertraut vor. Es sollte nicht mehr dazu kommen, dass auch er sich entladen konnte: Frieda und Anneliese von Radio FFN hatten Probleme mit ihrer Kiwi-Barracuda-Buttercreme!

Lachend lagen sie sich in den Armen und duschten anschließend entspannt Uwes klebrige Spuren der Lust voneinander ab.

Als sie wieder ordentlich zurechtgemacht waren, spendierte Uwe Tee und Toast, den er im Wohnzimmer auf der Couch servierte. Im Hintergrund lief noch das Ace of Base-Album in Endlosschleife. Nur kam Robin die Stimmung wesentlich entspannter vor als vor der Badezimmer-Einlage.

Sie mampften friedlich den Toast und spülten ihn mit dem gesüßten Tee herunter. Die Gedanken rasten in Robins Kopf. Er war hochoffiziell keine Jungfrau mehr und meinte, er hätte eine Auszeichnung verdient. Und Uwe würde er am liebsten ebenfalls einen Preis für seine Leistung verleihen. Der hatte ihn richtig durchgefickt! In seinem Bauch stoben die Schmetterlinge herum, als wäre er verliebt. Doch das war keine Liebe – nur Lust. Das gefiel Robin. Niemals könnte er mit dem älteren Mann eine ernsthafte Beziehung führen. Und wenn er die Wahl gehabt hätte, wäre es heute so nicht zum Sex gekommen. Im Nachhinein empfand er es als größten Glücksfall. Er wusste nur nicht, wie René reagieren würde, wenn er es ihm erzählte. Vielleicht mussten sie nicht alles miteinander teilen? Ein paar Geheimnisse musste es vermutlich zwischen allen Menschen geben. Nach dem Essen setzte Uwe sich in die eine Ecke des Sofas und zog Robin mit dessen Rücken an seine Brust. So aneinander gekuschelt saßen sie im Halbdunkel und lauschten der Musik, während Uwe sich um Robins Nacken kümmerte. Wenn Robin gekonnt hätte, er hätte geschnurrt. Zumindest rekelte er sich wie eine Katze auf Uwes Schoß, doch ohne die Zärtlichkeiten erneut intensiver werden zu lassen. Sie wussten beide, dass über kurz oder lang die anderen eintreffen würden.

Gegen 21.00 Uhr trafen René und Bertram ein. Das brachte Leben in die Bude! René hatte seinen Zwist mit Uwe noch immer nicht verwunden und gab sich für Robins Geschmack zu unnahbar, wo er doch anstandslos

Unterschlupf für dieses Wochenende gefunden hatte. Bertram war Robin sofort sympathisch. Er gab sich Mühe, die angespannte Stimmung positiv zu beeinflussen und beantwortete artig die hirnlosen Fragen, die Robin ihm stellte. Als Martin kurze Zeit später eintraf, zogen sich René und Robin ins Badezimmer zurück.

„Oh Gott, wie ätzend ist der denn heute drauf?!" René gab gleich Vollgas.

„Was meinst du? Uwe? Der war heute erst ein wenig komisch, aber ... im Laufe der Zeit... wurde es besser." Robin hätte sich fast verplappert und kontrollierte übertrieben sein Haarstyling.

„Wie lange bist du denn schon hier?"

„Och, seit 16.30 Uhr oder so..."

„Und was habt ihr die ganze Zeit getrieben? Schön einen auf Happy-Family gemacht?!" René schaute Robin streng an und drückte seine Zunge rhythmisch von innen gegen seine linke Wange.

„Hör mal René, ich bin Uwe dankbar dafür, dass wir dieses Wochenende hierbleiben dürfen. Ich möchte auch gern in Zukunft herkommen dürfen. Und was ist schon dabei? Er ist nett und aufmerksam."

„Oh ja, darauf wette ich. Bestimmt sehr aufmerksam!"

„Du könntest dich Uwe gegenüber zumindest etwas netter verhalten!"

„Och, das überlasse ich lieber dir." René grinste frech.

„So, und jetzt wollen wir uns mal für den 'Schwarzen Bären' aufbrezeln, was?!"

Robin ging auf die erste Bemerkung nicht weiter ein und kramte sein Outfit für den Abend hervor.

„Na, was meinst du?"

„Karos – du Verrückte! Und die Boots sind der Hammer!"

So plauderten sie weiter und zogen sich um. René legte eine dicke Schicht Make-up auf, um einige Pickel zu verdecken.

Anschließend marschierten sie ins Wohnzimmer und ließen Bertram und danach Martin ins Bad, bevor sie aufbrachen. Martin hatte seinen Führerschein noch nicht allzu lange. Und sein kleiner uralter Ford Fiesta wirkte zudem nicht besonders vertrauenerweckend. Allerdings war es immer noch besser, als bei dem Winterwetter zu laufen, und so machten sie das Beste aus der Fahrt.

Ohne Zwischenfälle erreichten sie das Ziel, und schon vor der geschlossenen Eingangstür konnte Robin den dumpfen Bass aus dem Club im Bauch spüren.

Als sie ihre Jacken an der Garderobe abgegeben hatten und endlich drinnen waren, seufzte Robin erleichtert. Seit der Enttäuschung bei seinem ersten Besuch der Rosa-Disco waren seine Erwartungen an schwule Clubs nicht hoch gewesen, doch der 'Schwarze Bär' gefiel ihm. Es gab eine ausreichend große Tanzfläche, zwei Bars und daneben einige Sitzgelegenheiten. Die Light-Show war gut, und der DJ legte coole Musik auf. Zunächst versorgten sie sich mit Getränken und saßen neben der Tanzfläche auf ein paar Barhockern an einem runden Tisch. Sie waren eindeutig zu früh, denn im Club waren noch nicht viele Gäste. Doch als der DJ ‚Children' von Robert Miles auflegte, hielt es René und Robin nicht mehr auf den Hockern. Sie stürmten die Tanzfläche und legten los. Das Schwarzlicht brachte Robins weißes Oberteil zum Leuchten und ihre Augen und Zähne sahen in dem Licht gespenstisch aus. Während ein Dance-Kracher nach dem anderen folgte, füllte sich die Tanzfläche, und es blieb ihnen immer weniger Platz für ihre übliche Show. Doch sie waren zufrieden, denn Aufmerksamkeit bekamen sie mehr als genug. Bertram tanzte viel zurückhaltender als sie. So kam er ihnen nicht in die Quere, dachte Robin. Wobei dieser schlaksige, große Typ mit den großen Augen und den roten Haaren in seinem komplett schwarzen Outfit in Robins Wahrnehmung keine Konkurrenz darstellte. Bei René sah das schon anders aus. Er zog wie Robin eine sehenswerte Show ab und konnte seinen schlanken Körper gut bewegen. Möglichst unauffällig taxierte Robin immer mal wieder die Typen am Rand der Tanzfläche, ob nicht ein netter Kerl dabei war, doch der größte Teil war wie die Statisten im Fernsehen: langweilig, zu alt, zu jung, zu huschig oder zu ledermäßig mit Bart.

Da fing sein Blick ein Paar stechendblauer Augen auf, und Robin hatte das Gefühl, die Musik sei für einen Wimpernschlag leiser geworden, quasi für diesen Augenblick zur Hintergrundmusik degradiert. Der Typ musterte ihn mit einem unverschämt verschmitzten Lächeln und suchte immer wieder Blickkontakt. Oder bildete Robin sich das nur ein? Er drehte sich einmal um die eigene Achse und kontrollierte, dass nicht gerade René hinter ihm tanzte. Nein, der Kerl musste ihn meinen!

„Hast du auch diesen heißen Typen im Blick?" René hatte ebenfalls

Witterung aufgenommen. Das konnte doch nicht wahr sein! Nun schrie er ihm über die Musik hinweg ins Ohr.

„Ja!“ Robin zog die Augenbraue hoch. „Endlich gutes Publikum!“ Er drehte sich grinsend weg. Zwei Songs tanzte er noch weiter, dann musste er eine kurze Pause machen und ging zu Martin, der nicht tanzte, an den Tisch, um etwas von seiner Cola light zu trinken. René folgte ihm sofort und war aufgeregt.

„Boah, der ist ja lecker. Auf der Rosa habe ich ihn noch nie gesehen!“

„Vor allem sieht er im Grunde aus wie ein Hetero. Vielleicht schaut er uns deswegen so interessiert zu?“ Robin war lieber vorsichtig. Der Kerl hatte kurze Haare, trug ein weißes Macker-Rippenshirt ohne Knopfleiste und hellblaue, weite Jeans mit Lederhalbschuhen. Darüber trug er seine helle Lederjacke. Zu geil, um wahr zu sein. René hatte andere Probleme.

„Uns? Du meinst er schaut auch zu dir?“

„Äh ... ja!! Definitiv.“ Das konnte René kaum glauben und band Bertram und Martin in die Diskussion mit ein.

„Was meint ihr? Dieser Typ da vorne an der Bar. Sieht der mehr zu Robin oder zu mir rüber?“

Doch Bertram und Martin waren nicht dumm. Sie äußerten da keine Meinung und zuckten mit den Schultern. Robin musste lächeln. Schlaue Burschen, dachte er. Man sah ja, wie hibbelig René wurde, wenn er Konkurrenz in den eigenen Reihen witterte.

„Also, ich werde ihm jetzt einen Zettel schreiben und ihm in die Hand drücken!“ René wollte also in die Offensive gehen. Robin schien das zu peinlich. Sie waren doch nicht in der Schule.

„Lass mich da bitte raus!“ Ich regle das auf meine Art, setzte er in Gedanken hinzu. Und das tat er, denn er setzte auf seinen Körpereinsatz auf der Tanzfläche. Sollte der Kerl doch ihn ansprechen. Aus den Augenwinkeln beobachtete Robin wie René mit einem Notizzettel zu dem Typen hinging, ihm das Papier in die Hand drückte und anschließend nach draußen verschwand.

Plötzlich bewegte sich der Traummann und folgte René nach draußen. Robins Herz sank, doch er tanzte weiter. So schnell würde er nicht aufgeben. Zwei Dance Tracks später saß der Kerl erneut an der Bar und beobachtete das Geschehen auf der Tanzfläche. Als René wieder an ihrem Tisch stand, ging Robin zu ihm und war auf den Bericht gespannt.

„Und? Was gab's? Hat er Frau und Kinder?"

„Quatsch. Er ist schwul. Und er heißt Jochen. Er wohnt hier in Oldenburg und ist Single. Genug Informationen?" Robin runzelte die Stirn. So viele Infos? René lag definitiv vorne in ihrem Wettstreit. Weitere Details gab er nicht preis, und als Robin zu Jochen hinübersah, grinste der frech zu ihnen rüber. Da begriff Robin, dass der Typ definitiv eine Nummer zu groß für ihn war und besann sich auf das, was er am besten im ‚Schwarzen Bären' tun konnte. Tanzen!

„Ich gebe auf. Der weiß genau, wie geil er ist. Wenn er Interesse hätte, würde er ja zu uns kommen."

Robin ging zurück auf die Tanzfläche und gab sich der Musik hin. Die harten Bässe wummerten in seinem Bauch und erinnerten ihn unwillkürlich an den harten Rhythmus, mit dem Uwe ihn unter der Dusche zum Kochen gebracht hatte. Plötzlich hatte er das Gefühl, noch mal den Nachmittag zu erleben und ließ sich von den Bässen bei seinen Bewegungen leiten. Immer wieder tanzten ihn verschiedene Typen an, indem sie sich hinter ihn stellten und versuchten ihre Bewegungen mit seinen zu synchronisieren. Je nachdem wie gut die Kerle aussahen, spielte Robin mehr oder weniger mit. Ein großgewachsener Mann mit dunklen kurzen Haaren und trainiertem Body kam von vorne auf Robin zu. Er drehte sich um und drückte seinen Hintern an die Vorderseite des Kerls. Der legte daraufhin seine Hände auf Robins Hüften, und sie verschmolzen in einem eindeutigen Rhythmus.

Noch bevor der Song vorbei war, stand René plötzlich vor Robin.

„Martin ist müde und möchte zu Uwe fahren." Erstaunt riss Robin die Augen auf und kam wieder in der Wirklichkeit an. Es war 4.20 Uhr. Sie hatten seit Stunden getanzt und er war nicht mal müde.

Doch die Vernunft siegte, und so folgte er René zum Tisch.

„Sorry, Leute. Ich habe total die Zeit vergessen. Wir können gern gehen!"

Dankbar nickten Martin und Bertram. Da fiel Robin auf, dass er Jochen vergessen hatte. Schade eigentlich. Das wäre die Krönung der Nacht gewesen...

Think Twice

Don't think I can't feel that there's something wrong
You've been the sweetest part of my life for so long
I look in your eyes, there's a distant light
And you and I know there'll be a storm tonight
This is getting seriousAre you thinking 'bout you or us?[8]

Sie kamen bei Uwes Haus an und Robin fiel ein, dass er nicht an einen Schlüssel gedacht hatte. Um diese Uhrzeit konnten sie Uwe doch nicht aus dem Bett klingeln! Doch Martin blieb cool.

„Ich habe einen Schlüssel eingesteckt, als ich die Kissen und Decken für uns zusammengelegt habe."

Leise schloss er die Tür auf, und sie schauten sich schnüffelnd an.

„Wonach riecht das denn hier?" René flüsterte für Robins Geschmack zu laut, so antwortete er betont leise.

„Ach, das wird ein Räucherstäbchen sein. So roch es schon, als ich gestern angekommen bin."

Martin schüttelte den Kopf.

„Das ist Hasch!"

Drogen?! Entsetzt sahen sie sich an. In dem Augenblick ging oben die Tür zum Schlafzimmer auf, und Uwe brüllte.

„Was macht ihr da so laut?! Haltet die Klappe! Sind wir hier im Hotel, oder was?" Sie schauten sich an wie aufgeschreckte Hühner und konnten kein Wort sagen. Martin fand als Erster die Sprache wieder.

„Alles gut, Uwe. Sorry, ist später geworden. Wir legen uns hier unten im Büro hin. Ich hole nur die Kissen und Decken." Er gab den anderen Jungs Zeichen, dass sie in die Büroräume gehen sollten, und machte sich mutig an den Aufstieg ins Obergeschoss.

Im Büro schnatterten sie wild durcheinander.

„Was ist denn bloß mit Uwe los?"

„Ist der immer so?"

„Oh Gott, was machen wir denn nun?"

Martin betrat mit dem Bettzeug den Raum, und sie fuhren herum.

---

[8] Quelle: Andrew Gerard Hill, Peter John Sinfield

„Ach, du bist es."

„Ist Uwe noch oben?"

„Können wir uns hier einschließen?"

Martin verbreitete Zuversicht.

„Uwe hat sich wieder ins Schlafzimmer verzogen. Er kifft ab und an, und heute ist er davon wohl schlecht drauf. Lasst uns jetzt hinlegen, und nachher sehen wir weiter."

So bauten sie sich Schlaflager auf dem Büroboden, zogen sich die Schuhe aus und legten sich in ihren Ausgehoutfits aufs Ohr. All ihre Rucksäcke waren oben im Wohnzimmer, und es wollte niemand nach oben gehen.

Im hellen Tageslicht sah die Situation besser aus. Robin hielt es nicht mehr aus und musste dringend pinkeln. Also ging er möglichst leise die Treppe hinauf, nahm seinen Rucksack aus dem Wohnzimmer und verschwand im Bad. Einmal dort angekommen, duschte er. Sollte Uwe doch die Tür eintreten. Er würde ihm schon die Leviten lesen. Frisch geduscht, mit geputzten Zähnen und umgezogen, fühlte Robin sich wie ein neuer Mensch. Als er aus dem Bad kam, roch er Kaffeeduft. Uwe war dabei, im Wohnzimmer für das Frühstück einzudecken.

„Guten Morgen, Uwe." Schuldbewusst schaute Uwe zu Robin.

„Guten Morgen." Er stand unsicher da und wusste nicht, was er tun sollte. Robin ging auf ihn zu, drückte ihn und gab ihm einen Kuss auf die Wange.

„Kann ich helfen?" Uwe nickte dankbar. So stellten sie beide das bescheidene Frühstück auf dem Wohnzimmertisch bereit. Robin sah auf die Uhr und erschrak. Es war 15.00 Uhr. Als nächstes erschien René im Obergeschoss und lugte vorsichtig um die Ecke.

„Guten Morgen. Ich brauche Kaffee!"

„Na, dann komm mal ran." René sah herrlich zerzaust aus.

„Ich mach mich schnell zurecht. Bin gleich da! Halt mir einen Platz frei."

Das tat Robin gern. Uwe setzte in der Küche neuen Kaffee auf. Aus der Musikanlage lief Radiomusik. Die Wintersonne schien hell durch die Fenster im Musikzimmer, und der staubige und leicht schäbige Charme der Einrichtung gab Robin wieder ein gutes Gefühl. Die Vorkommnisse der

Nacht wollte er nicht bei Uwe ansprechen. Lieber wieder gute Stimmung verbreiten, war die Devise.

„Martin ist gefahren." Bertram stand mit der erstaunlichen Information in der Wohnzimmertür. Er wirkte hilflos wie ein kleiner Vogel, der aus dem Nest gefallen war. Uwe hob die Arme in einer entschuldigenden Geste.

„Es tut mir leid, was heute Nacht passiert ist."

Robin war René für sein Auftauchen noch nie so dankbar.

„Wo bleibt denn der Kaffee?"

Geschäftig eilte Uwe mit dem Kaffee heran und schenkte René ein. So saßen sie alle etwas unbeholfen beieinander und aßen Toast mit Butter und Marmelade.

„René, ich habe noch gar nicht die Plakate gesehen! Zeig doch mal her." René stieg auf Robins Versuch, ein Gespräch in Gang zu bringen, voll ein.

„Ja, warte. Hier. Dass da keine Flecken draufkommen! Die sind doch voll muschi geworden, oder?"

„Extrem muschi!" Sie gackerten erleichtert.

„Und was ziehst du heute Abend an? Die Karo-Hose steht dir super!!"

„Danke, ja, ich werde heute den schwarzen Body dazu tragen."

„Mach mir die Keusche, was?" Und wieder lachten sie.

Sie verabredeten, vor der Rosa Disco zu McDonalds zu gehen. Uwe wollte da nicht mit hin, also würden sie ihn später im ‚Alhambra treffen.

Über Chicken Nuggets und Cola light gebeugt, überlegten insbesondere René und Robin, ob dieser Jochen aus dem ‚Schwarzen Bären' auf der Rosa Disco auftauchen würde. Beide hatten die Hoffnung noch nicht aufgegeben, und Bertram hielt sich erneut aus der Diskussion heraus.

Bei den winterlichen Temperaturen waren zu der späten Uhrzeit in der Oldenburger Innenstadt kaum Menschen unterwegs, als sie den Weg zum ‚Alhambra einschlugen. Robin kannte den Weg, da er ihn mit Hendrik nach seiner zweiten Rosa gegangen war. Sie kamen durchgefroren im ‚Alhambra' an, ließen sich am Eingang den wichtigen Stempel verpassen und marschierten direkt in das Café der Jugendgruppe. Als erstes hängten sie die von René erstellten Plakate in den Eingangsbereich, um Werbung für ihre erste Thekenschicht zu machen.

Während sie die notwendigen Vorbereitungen abarbeiteten und ihre eigene Musik aus den Boxen dröhnte, stand plötzlich Hendrik am Tresen und sah zu Robin herüber. Er konnte es kaum fassen. Just in dem Augenblick lief Madonna mit ‚You'll see'. Sein musikalisches Trostpflaster für den Liebeskummer, den Hendrik verursacht hatte.

Also Kopf hoch, dachte Robin und ging auf Hendrik zu.

„Hallo."

„Hallo, Robin." Unbeholfen standen sie voreinander, unsicher ob und wie sie sich umarmen sollten.

Letztlich ließen sie es bleiben.

„Wie geht es dir?"

„Gut, Hendrik. Mir geht es gut. Und dir? Wie ich sehe, lebst du noch."

Hendrik sah etwas betreten drein. Er wandte sich zum Gehen.

„Mach's gut."

„Ja, du auch!" Robin lief wieder hinter den Tresen und war dankbar, dass Kundschaft wartete.

Als er Renés prüfenden Blick bemerkte, zog er eine Augenbraue hoch.

„Was?"

„Och, nichts."

„Ja, ich weiß. Ich kann das nicht so gut wie du! Also mit ihm befreundet bleiben. Er hat mich verletzt!"

René hob beschwichtigend die Hände.

„Ist ja gut. Ich finde nur, dass es nett von ihm war, zu dir zu kommen."

Robin hätte schreien können. Es war sogar sehr nett! Doch Hendrik zu sehen, tat noch erstaunlich weh. Und bevor er sich auch nur einen Hauch von Schwäche anmerken ließ, schnappte er um sich, wie ein verwundeter Hund.

Es tummelten sich erstaunlich viele Leute auf der Januar-Rosa! Vermutlich waren sie froh, im Winter für ein paar heiße Stunden sorgen zu können. René und Robin zogen mit Bertram eine coole Show hinter der Theke ab und versuchten, ihrem selbstauferlegten Image als Thekenschlampen gerecht zu werden.

Kurz vor Schichtende machte Robins Herz zum zweiten Mal an dem Abend einen großen Sprung. Vor ihm am Tresen stand Jochen, der Typ aus dem ‚Schwarzen Bären' und bestellte einen Kaffee. Dabei grinste er so selbstgefällig wie am Vortag und redete nicht ein Wort mehr als nötig.

Robin konnte gar nicht sagen, was er so geil an dem Kerl fand. Es war der Gesamteindruck, der dafür sorgte, dass er sich am liebsten vor ihn knien würde …

Die Crew der nächsten Schicht holte ihn aus seinem Traum, und so liefen René und er schnurstracks zur Tanzfläche. Bertram folgte ihnen wie ein Hündchen. Das tat Robin beinahe ein wenig leid. René war dagegen hoch motiviert.

„Jochen ist da."

„Ja, er hat einen Kaffee bei mir geordert."

„Und weiter?"

„Nichts weiter. Ich weiß gar nicht, was so geil an ihm ist. Er hat keinen Ton von sich gegeben."

„Er hat einfach eine geile Fresse …" Damit stürzte René sich ins Getümmel auf die volle Tanzfläche und erarbeitete sich einen Bereich, in dem er aufmerksamkeitsheischend tanzen konnte. Robin blieb neben ihm, und zu ihrer großen Freude wurde mal wieder ‚Vogue' von Madonna gespielt. Da waren sie ein eingespieltes Team und zogen ihre große Show ab.

Zwischenzeitlich bemerkte Robin Jochen am Rand der Tanzfläche, der ihnen wie am Vorabend zusah. Ihn selbst hatte er noch nicht tanzen sehen. Was war da nur los?

Viel Zeit zum Überlegen blieb Robin nicht, denn René forderte vollen Einsatz für ihr Tanzduett. So heizten sie sich durch die nächsten Songs, bis sie sich beide einig waren, mal an die frische Luft zu gehen. Draußen stand Uwe und rauchte. Robin freute sich, ihn zu sehen und ging zu ihm. René drehte ab und lief zu einer Gruppe von Bremern, die er flüchtig kannte.

Robin gesellte sich nach wenigen Minuten Unterhaltung mit Uwe hinzu und bekam nur noch mit, wie René sich bedankte und 3.00 Uhr als Zeitpunkt für die Abfahrt verabredete. Auf seinen fragenden Blick bekam er eine überraschende Antwort.

„Ach, Bertram und ich können mit den Typen mitfahren. Ich bleibe nicht noch eine Nacht bei Uwe."

Das kam für Robin wie aus dem Nichts.

„Prima, dann bin ich allein mit ihm?"

„Schläft nicht sonst noch irgendeine Tranfunzel bei ihm?"

„Nicht, dass ich wüsste." Robin sah auf die Uhr und stellte fest, dass es schon 2.30 Uhr war.

„Wir sollten uns schon mal verabschieden. Ihr müsst ja gleich los."

„Ja, mach es gut. Wir schreiben uns wieder!" Sie drückten sich, und Robin kam sich völlig verlassen vor. Uwe würde nicht vor 5.00 Uhr nach Hause fahren, also musste er noch zweieinhalb Stunden rumkriegen. Allein auf der Rosa.

Er seufzte und ging auf die Tanzfläche, um sich dort auszutoben. Zu seiner Freude spielte der DJ ‚Children' von Robert Miles.

Auf einmal wurde er von der Seite her geschnappt und herzlich begrüßt. Empört wollte er sich zur Wehr setzen, als er Thomas aus Leer erkannte. Der Sonnyboy verströmte auch jetzt allerbeste Laune.

„Schön, dich mal wieder zu sehen!" Ja, zum zweiten Mal überhaupt, dachte Robin. Allerdings freute er sich darüber, von jemand Nettem angesprochen worden zu sein.

„Ja, endlich mal wieder hier. Wie geht es dir?"

„Och, recht gut. Eigentlich bin ich auf dem Sprung. Ein paar Oldenburger wollen gleich auf einen Absacker in den ‚Schwarzen Bären' gehen." Thomas zeigte auf die Oldenburger, und Robin erstarrte. Jochen gehörte dazu.

„Möchtest du mitkommen? Einen Platz im Auto haben wir noch." Robins Gedanken rasten.

„Ach, ich übernachte bei Uwe. Wie soll ich vom ‚Schwarzen Bären' denn später zu Uwe kommen?"

„Das überlass mal mir. Wir kriegen dich schon zu Uwe. Und ewig lang wird es nicht gehen. Der Club macht eher zu als das ‚Alhambra'. Da bist du gar nicht lange weg."

Zögernd willigte Robin ein.

„Ich hole nur schnell meine Jacke. Treffen wir uns draußen?"

Thomas nickte.

Bis sich Robin zum Hinterzimmer des Cafés gearbeitet hatte und wieder zurück zum Eingang gegangen war, stand die Gruppe vor dem ‚Alhambra' und wartete auf ihn. Robin konnte noch Uwe informieren, dass er kurz weg wäre und wiederkommen würde.

„Na, da bist du ja." Der große dunkelhaarige Typ vom Engtanz im ‚Schwarzen Bären' gehörte ebenfalls zu der Gruppe. Er hieß Tobias. Daneben stand Jochen und nickte knapp.

Thomas rettete die Situation.

„Das ist Robin aus Jever. Er würde gern mit in den ‚Schwarzen Bären' kommen." Jochen war kurz angebunden.

„Wie alt bist du?"

Robin wäre am liebsten im Erdboden versunken. Das war doch alles eine Schnapsidee. Die Typen waren alle eine Nummer zu groß. Er würde sich nur blamieren.

„Fast 18." Das klang besser als 17 Jahre.

„Soso. Fast 18." Jochen schmunzelte. „Na, dann komm mal."

Tobias fuhr den Mercedes, Jochen saß auf dem Beifahrersitz. Hinter Tobias saß ein Typ, dessen Namen Robin gleich wieder vergessen hatte. Thomas saß in der Mitte der Rückbank und Robin quetschte sich so gut es ging daneben. Die Fahrt schien ihm endlos, denn Tobias machte immer wieder dumme Sprüche, und Thomas ergriff immer wieder Partei für Robin und milderte die Spitzen ab.

Im ‚Schwarzen Bären' angekommen, wurde die Situation noch ernüchternder. Der Barkeeper wollte gerade schließen und gewährte ihnen nur noch eine Runde Getränke. Und das nur, weil Tobias anscheinend eine große Nummer in der Oldenburger Szene war.

„Was möchtest du denn trinken?" Jochen schaute Robin tief in die Augen.

„Eine Cola light bitte." Tobias bezahlte für alle und jeder erhielt sein Glas. Jochen trank ein Bier. Thomas war schwer mit dem Namenlosen aus der Gruppe beschäftigt, sie knutschten wild herum. Tobias hielt sich daher mit der Unterhaltung an Jochen. Robin stand stumm daneben. Durch die Musik bekam er nur Gesprächsfetzen mit. Tobias beugte sich irgendwann näher zu Robin.

„Willst du mit zu Jochen?" Er traute seinen Ohren nicht und runzelte die Stirn. Tobias hakte erneut nach.

„Möchtest du noch mit zu Jochen fahren?" Anscheinend wollten sie mehr trinken, und da der Club gleich schloss, sollte es zu Jochen gehen. Da er auf sie angewiesen war, nickte Robin. Tobias grinste und sah Jochen an. Dieser schien gar nicht so erfreut zu sein, ein persönliches Groupie mitzunehmen. Er wandte sich todesmutig an Jochen.

„Ihr könnt mich auch am ‚Alhambra' rauslassen."

Jochen schüttelte den Kopf.

„Passt schon, Kleiner."

Dass immer alle den Kleinen in ihm sahen! Andererseits gefiel ihm dieser Spitzname.

Die Fahrt zu Jochen dauerte nicht lange. Als Jochen und Robin ausstiegen, blieb der Rest sitzen. Robin schaute in den Wagen zurück und Tobias feixte.

„So, viel Spaß euch beiden. Ich sehe mal zu, was mit den Turteltauben da hinten noch läuft."

Er fuhr rückwärts vom Parkplatz herunter und ließ Robin verdattert neben Jochen zurück. Was sollte das denn jetzt, ging es Robin durch den Kopf.

„Na, nun komm mal mit hoch."

Sie hatten noch keine drei richtigen Sätze miteinander geredet, und nun folgte Robin dem ihm völlig fremden Mann in seine Wohnung. Das war ein völlig verrückter Trip!

Es waren zwei Stockwerke zu Jochens Wohnung durch ein typisches Mehrfamilien-Treppenhaus mit hellem Stein und riesigen Fensterflächen. Es strahlte keinerlei eigene Persönlichkeit aus.

Robin versuchte, so leise wie möglich zu sein und kam sich in seinem Outfit absolut lächerlich vor. Die karierte Hose und die DocMartens mit dem Landkartenmuster waren absolut zu viel für dieses Treppenhaus!

Jochen öffnete seine Wohnungstür und lief Robin voraus, um das Licht anzumachen. Links hinter der Wohnungstür stand eine Tür offen, und Robin erkannte im Halbdunkel eine Dusche. Rechts neben der Wohnungstür war gleich eine Wand, sodass man nur weiter nach vorne gehen konnte. Mit dem nächsten Schritt begann gleich an der linken Seite eine Mini-Küchenzeile, an deren Ende sich das Wohnzimmer nach links um zwei Meter verbreiterte. An der linken Wand standen Jochens Bett und daneben ein monströser Käfig. Wer wohnte denn da drin? Geradeaus vor den einzigen Fenstern stand ein schmales Zweiersofa mit einem kleinen quadratischen Tisch davor. An der rechten Wand befand sich ein halbhohes Regal mit Musikanlage und Fernseher. Bis auf den letzten Winkel war es mit CDs und anderem Kram vollgestopft.

„Tja, das ist mein kleines Reich. Okay, unser Reich. Die Chinchillas sind ja auch da." Jochen grinste sein schmales, leicht überheblich wirkendes Lächeln. Robin lächelte unsicher zurück. Wer konnte so leben? Was war Jochen für ein Mensch? Er war fasziniert, dass jemand so wohnen konnte! Auf dem Sofatisch stapelten sich Zeitschriften, und ein Aschenbecher quoll vor Zigarettenstummeln über. Die Schmetterlinge in seinem Bauch störte das Chaos nicht!

„Setz dich doch. Was magst du trinken?" Robin zog seine Jacke aus und setzte sich vorsichtig auf die linke Seite des schmalen Sofas. Jochen nahm ihm die Jacke ab und warf sie auf sein Bett.

„Trinken?" Robin räusperte sich.

„Ja. Möchtest du ein Wasser?" Sonst war er recht schlagfertig. Dieser Typ machte ihn völlig fertig. Was war nur los? Möglicherweise lag es an Jochen selber, denn nachdem der seinem Gast ein Glas Wasser eingeschenkt hatte, zog er sich nicht nur Schuhe und Oberteil aus, sondern entledigte sich ebenfalls seiner Jeans, bevor er sich neben Robin auf das Sofa fläzte und entspannt eine Zigarette anzündete. Nebenher schaffte er es noch, seine Musikanlage zu starten.

„Ich hoffe, du magst Kuschelrock."

Robin nickte. Es war klar wie Kloßbrühe. Jochen war ein Macker wie aus dem Bilderbuch. Und das ging Robin unter die Haut. Diese natürliche Männlichkeit, ohne übertrieben zu wirken. Jochen wusste genau, wer er war und strahlte das aus jeder Pore aus. Robin traute sich kaum zu atmen, denn Jochen war so was von eine Nummer zu groß für ihn, dass er sich von Minute zu Minute schlechter fühlte.

„Ich müsste mal kurz ins Bad."

„Klar, du wirst ahnen wo es ist. Licht ist innen, gleich neben der Tür."

Robin sprang fast vom Sofa auf und ging ins Bad. Auf dem Küchenfußboden aus Vinyl hallten seine Schritte laut.

„Ist es okay, wenn ich die Schuhe ausziehe?"

„Zieh aus, was du magst, Kleiner."

Robin lächelte gequält und zog sich die Stiefel aus. Auf Socken trat er ins Bad ein und verschloss die Tür. Auf dem Toilettendeckel sitzend atmete er ein paar Mal tief ein und aus. Er trat vor den Spiegel über dem Waschbecken und sah sein Spiegelbild an.

Was machst du hier, fragte er sich immer wieder. Bist du völlig irre? Er versuchte, sich mit Jochens Augen zu sehen und zog erst mal seinen orangefarbenen Pullover aus. Die Wohnung war gut geheizt, er hielt es wohl mit T-Shirt aus. Die Hose blieb auf jeden Fall an, er wollte keine falschen Signale senden. Da er nicht einschätzen konnte, wohin die Sache führte, pinkelte er noch schnell und wusch sich die Hände. Mit dem Pullover in der

Hand kam er aus dem Bad und schaute zu Jochen, warf seinen Pulli so lässig wie möglich auf das Bett und wollte sich wieder auf die Couch setzen. Allerdings lag Jochen da schon quer hindrapiert und trug nicht mal mehr Socken. Er hatte nur noch einen knappsitzenden Slip an, der deutlich offenbarte, was Robin vielleicht im Verlauf der Nacht erwartete.

„Setz dich doch." Jochen lächelte ihn schelmisch an, und Robin zögerte nur kurz. „Ich beiße dich schon nicht. Setz dich."

Also sank Robin vor Jochens Beinen auf die Couch und nahm einen Schluck Wasser.

„Siehst du, ist doch besser so. Hm? Und du hast es dir ja ebenfalls bequemer gemacht."

Robin nickte und lächelte.

„Gefällt dir die Musik?" Robin kannte den Titel aus den MTV-European-Top-20 aus 1994, hatte sonst mit der Künstlerin nichts am Hut.

„Das ist Celine Dion mit ‚Think Twice'. Das ist mein absolutes Lieblingslied." Die Gute hatte sich krachend durch das Finale gesungen, da drückte Jochen schnell auf die Fernbedienung auf dem Sofatisch und schon startete der Song von vorne. Robin hätte ihm eher etwas von Rammstein oder so zugetraut. Nicht solch eine Schnulze. Wobei ihm das Lied gefiel.

Jochen streichelte über Robins Rücken, verharrte an seinem Nacken und zog ihn mit festem Griff zu sich runter, sodass sich ihre Münder für einen ersten zarten Kuss trafen. Jochen hatte schmalere Lippen als Robin, so einen richtig männlichen Mund. Und nun berührten sie sich so zart, als würde eine Feder über Robins Lippen streichen. Jochen gab ihn frei, und Robin setzte sich auf. Jochen lächelte. In Robin brannte es. Auch seine Wangen brannten. Jochen war nicht der erste Mann, der ihn geküsst hatte. Hendrik war ungestüm und jugendlich wild gewesen. Uwe war ein forscher und bestimmender Küsser. Bei Jochen war es um Robin geschehen! Sein dritter Küsser – und der machte ihn mit den zartesten Küssen völlig hilflos und wehrlos. Er war verknallt in diesen Mann, der halb nackt neben ihm lag und so selbstsicher tat, was er eben tat. Robin wollte nichts Falsches tun, nichts Dummes oder Lächerliches sagen. Also sagte und tat er nichts, sondern saß nur da und schaute Jochen in das feingemeißelte Gesicht, während immer und immer wieder derselbe Titel aus den Boxen klang.

Mit einem Feingefühl, das Robin niemals vermutet hätte, entlockte Jochen ihm nach und nach verschiedene Details aus seinem Leben bis hin zu den Umständen seines Aufenthalts in Oldenburg und der Tatsache, dass er vor der Rückfahrt nach Jever noch seine Sachen bei Uwe holen musste. Auch Robin erfuhr ein paar Dinge von ihm, zum Beispiel dass er 25 Jahre alt war, als Kellner in einem beliebten Lokal in Oldenburg arbeitete und aus Emden stammte.

Jochen zog Robin eng an seinen muskulösen Körper, und sie kuschelten sich auf dem Sofa aneinander. Robin war überrascht, wie unbequem so ein Sixpack bei einem Mann sein konnte. Hendrik war da deutlich bequemer gewesen. Doch Jochens Haut, die an seinen Fingerspitzen brannte, fühlte sich samtig und weich an. Robin schwebte im siebten Himmel und fühlte sich gleichzeitig wie im zeitlosen Fegefeuer gefangen.

Nach einer gefühlten Ewigkeit stand Jochen auf und hinterließ eine unangenehme Leere auf dem Sofa. Robin setzte sich auf, verfolgte Jochens Schritte aufmerksam und stellte sich darauf ein, gleich gehen zu müssen. Als er auf die Uhr sah, rutschte ihm das Herz in die Hose. Es war 6.30 Uhr! Wie konnte die Zeit denn so schnell vergehen? Und wie oft lief jetzt schon dieser eine Song als Dauerschleife? Mittlerweile hielt Robin es für das schönste Lied der Welt und hatte in Gedanken schon geplant, gleich am Montagnachmittag mit Marius in die Musikabteilung von Karstadt zu gehen, um es dort zu kaufen. Doch was sollte er jetzt tun?!

Jochen kramte im Regal herum und besah sich einen zerknitterten Busfahrplan.

„Hier. Um 10.37 Uhr fährt ein Bus in die Innenstadt. Du musst einmal umsteigen und kommst so bis zu diesem Uwe. Dort holst du deine Sachen und nimmst den nächsten Bus zum Bahnhof. Du kannst um 13.30 Uhr in Jever sein. Was meinst du?“

Jochen grinste erneut überzeugt von sich. Robin war hoffnungslos verliebt. Jochen hatte alle seine Probleme in wenigen Sätzen gelöst.

„Prima. Danke.“ Und doch konnte er sich noch immer nicht entspannen. Was nun? Es waren noch vier Stunden, bis der Bus fuhr. Doch dafür hatte Jochen ebenfalls eine Idee. Er zog Robin vom Sofa hoch und küsste ihn erneut zart auf den Mund. Keine Zunge, kein Druck. Er streichelte nur sacht an seinen Armen entlang.

„Wir könnten uns jetzt schlafen legen. Ich stelle den Wecker auf 10.00 Uhr. Okay?“ Robin strahlte und nickte.

Jochen legte sich zuerst, nur mit seinem Slip bekleidet, auf sein Bett und hob den linken Arm einladend.

„Komm, leg dich zu mir." Robin ließ sich nicht zweimal bitten und kuschelte sich mit dem Rücken an Jochen. Er spürte seinen Atem im Nacken und während die nachtaktiven Käfigbewohner neugierig in ihrer Behausung umher huschten, schlief Robin fast augenblicklich selig ein.

Als der Wecker piepte, musste sich Robin kurz orientieren und fand sich in einer festen Umarmung von Jochen wieder, der seinen Körper überall fest an Robin presste. Das war sehr angenehm. Robin bedauerte nur, jetzt keine Zeit für ausgiebige Dankesbekundungen zu haben. Allerdings hatte Jochen auch keine eine Andeutung in Sachen Sex gemacht. Vielleicht wollte er nur freundlich sein und war froh, wenn er diesen Katastrophentypen aus seiner Wohnung bugsiert hatte.

„Guten Morgen." Jochen schien nicht begeistert davon zu sein, aufstehen zu müssen und dehnte sich ausgiebig. Robin konnte so noch mal deutlich sehen, was ihm entging. Er zog sich flink an, schnappte sich ein Kaugummi aus seinem Rucksack und hoffte, dass er nicht zu abgefuckt aussah, um am Sonntagvormittag einen Bus in die Innenstadt zu nehmen.

Bevor er sich verabschiedete, nahm er all seinen Mut zusammen.

„Sehen wir uns wieder? Darf ich dich anrufen?"

Jochen schaute ohne Regung im Gesicht auf Robin runter und küsste ihn zart auf den Mund. Danach nickte er, lächelte sein breitestes Lächeln und schrieb seine Telefonnummer für Robin auf.

An der Bushaltestelle angekommen, hatte sich die Nummer bereits in Robins Hirn eingebrannt.

Live to tell

A man can tell a thousand lies
I've learned my lesson well
Hope I live to tell
The secret I have learned, 'til then
It will burn inside of me[9]

---

[9] Quelle: Madonna Ciccone / Patrick Leonard

Montagmorgen fuhr Robin mit seinem Vater nach Wilhelmshaven. So war er bereits um 7.00 Uhr dort und musste noch die gesamte Bismarckstraße hochlaufen bis zur Berufsschule in Heppens. Das waren gute 3 Kilometer. Mit seinem Walkman bewaffnet war das keine große Strecke, außerdem gefiel Robin das Training für seinen Hintern, der so hart wurde, dass es eine wahre Freude war.

Kaum hatte er das Klassenzimmer betreten, bestürmte Marius ihn mit Fragen zum vergangenen Wochenende und gab ihm seine Schultasche zurück.

„Wie war dein Wochenende in Oldenburg? Hast du es krachen lassen? Wo bist du überall gewesen?" Robin musste lachen, wie Marius auf ihn einredete, ohne Luft zu holen.

„Es war spitze. Und ja, ich habe es krachen lassen. Lieben Dank, dass du meine Tasche aufbewahrt hast. Ich berichte dir ausführlich in der großen Pause, okay? Ich muss dir nämlich eine Menge erzählen." Marius machte große Augen, und Robin dachte bei sich, dass sein Plan funktionieren würde.

In der letzten Zeit hatten Marius und er einen Eiertanz veranstaltet, denn Robin vermutete stark, dass Marius ebenfalls schwul war. Und bei ihm müsste man es doch sofort sehen, dachte er. Wie verrückt sollte er sich denn noch kleiden? Allerdings rannten die heterosexuellsten Raver in den verrücktesten Outfits herum.

Als die große Pause gekommen war, sorgte Robin dafür, dass sie ungestört quatschen konnten. Er bat Marius sogar um eine Zigarette. Die Beichte war so heiß, dass sie ein wenig Qualm vertragen konnte. Robin erzählte Marius alles. Dass er heimlich zu seiner ersten Rosa gefahren war, wie er dort Hendrik kennengelernt hatte, sich das allerdings schnell erledigt hatte und er am Wochenende Sex mit Uwe gehabt hatte. Er schloss mit dem Bericht zu Jochen ab und schlug vor, dass sie am Nachmittag das Album von Celine Dion kaufen gingen.

„Du verrücktes Huhn. Du hättest das alles schon viel eher erzählen können! Ich bin doch auch schwul!"

Robin fiel ein Stein vom Herzen. Er hatte sich nicht verschätzt. Marius schien ebenfalls erfreut.

„Das ist toll! Jetzt können wir es Heidi und Sabine erzählen. Denen habe ich es schon von mir erzählt." Robin lachte.

„Na, dann erzählen wir es allen in der Klasse. Keine Geheimnisse! Oder glaubst du, dass Papa Schlumpf Angst in der Umkleide beim Sport hat?“

Marius jodelte auf. Papa Schlumpf hatten sie Morten getauft, denn er trug scheußliche, gestrickte Kapuzenpullis und sah mit seinem Goatee-Bärtchen und den Klamotten aus wie Papa Schlumpf.

„Ach, der wird nicht gefragt. Da müssen sie alle durch!“ Robin war beeindruckt. So zurückhaltend Marius sonst war, nun taute er vor seinen Augen auf und wuchs ihm sofort ein Stück näher ans Herz.

Schon in der nächsten Pause weihten sie ihre Mitschüler in der Klasse ein. Marco reagierte zurückhaltend. Die Mädels jubelten, gleich zwei schwule Mitschüler versprachen wohl den doppelten Spaß, den sie sonst nur mit einem schwulen Freund haben konnten. Es war deutlich zu merken, dass sie gleich noch mehr auftauten und sogar Stefanie wurde wesentlich nahbarer gegenüber Robin. Jetzt wusste sie wohl, wie sie ihn und seine Sprüche einordnen musste.

Dass Robin jetzt rauchte, fiel dabei niemandem auf.

Marius ging am Nachmittag mit Robin einkaufen, und sie kauften ein, bis die Knete alle war. Das war Gott sei Dank vor 16.00 Uhr, denn um 16.30 Uhr musste Robin wieder bei der Firma sein, wo sein Vater beschäftigt war. Zu Hause angekommen, legte Robin gleich das komplette Album ‚The Colour of my love‘ von Celine Dion ein und hörte es von vorne bis hinten durch, nur um danach wieder von vorne anzufangen.

Mama Rita vermutete, dass es etwas mit einem Jungen zu tun haben musste, wollte jedoch nicht neugierig erscheinen. Sie genoss nur die friedliche Zeit, wo Robin so gute Laune hatte, dass er freiwillig seine Klamotten bügelte und sogar mit im Haushalt half.

Um 21.00 Uhr, als die Telefongebühren wieder niedriger waren, rief Robin bei Jochen an, um zu berichten, dass er gut nach Hause gekommen war und er das vollständige Album von Celine Dion gekauft hatte. Doch es meldete sich lediglich der Anrufbeantworter.

„Hallo, Jochen. Hier ist Robin aus Jever. Ich wollte nur Danke sagen. Ich bin gut zu Hause angekommen. Und ich habe mir heute tatsächlich das vollständige Album von Celine Dion gekauft. Das könnten wir doch mal gemeinsam hören! Wenn du magst, ruf an. Du erreichst mich unter .... Bis bald!“

Da er jetzt Telefonzeit gespart hatte, rief Robin schnell René an, dessen Telefonnummer er auswendig kannte. Robin hatte Glück. René war direkt am Apparat.

„Hi René, ich bin's. Robin."

„Ach, Schnecke. Das ist ja muschi von dir zu hören. Meine Eltern sind heute Abend weg, da können wir plaudern. Du bist heil nach Hause gekommen?"

„Ja, mit Umwegen! Halte dich fest, ich war bei diesem Jochen aus dem ‚Schwarzen Bären' zu Hause!"

„Nein! Wie hast du das denn angestellt?"

Robin berichtete von den merkwürdigen Umständen.

„Und was hat Uwe gesagt? Der war doch bestimmt total sauer!"

„Na ja, er war nicht begeistert und ich durfte selbst zum Bahnhof laufen. Jetzt bin ich gespannt wie ein Flitzebogen, was sich mit Jochen ergibt. Oh, er kann so gut küssen."

„Hui, du schwebst ja auf Wolke 7. Und ihr habt nicht rumgemacht? Nur geknutscht?"

„Nicht mal das! Er hat mich immer nur sanft auf den Mund geküsst. Damit konnte ich gar nicht umgehen. Deswegen bin ich jetzt verliebt wie ein dummer Teenager." Robin stutzte kurz. „Ach, das bin ich ja auch!"

Sie lachten, und für Robin schien die Welt noch nie so schön gewesen zu sein.

„Du, ich muss dir noch dringend von Marius, meinem Klassenkameraden in der Berufsschule erzählen. Er ist auch schwul. Wir haben uns heute erst gegenseitig vor uns und später vor der gesamten Klasse geoutet. Das war ein Highlight heute!"

So plauderten sie noch ein paar Minuten, bis der obligatorische 15-Minuten-Klopfer an der Holzschiebetür zum Esszimmer erfolgte.

René erzählte noch flink, dass er jetzt immer eine Mitfahrgelegenheit von der Rosa nach Hause hätte, sodass er nie wieder bei Uwe übernachten musste. Das fand Robin zwar schade, allerdings half es nichts, Marius und er würden bei der kommenden Rosa bei Uwe im Wohnzimmer nächtigen. Er freute sich so, dass er nun für Marius eine Art großer Bruder sein konnte.

Die restliche Woche konnte Robin es gar nicht abwarten von der Schule zurück nach Hause zu kommen. Also nahm er den Bus und rannte als

Erstes immer zum Anrufbeantworter, ob Jochen sich gemeldet hatte. Alternativ quetschte er Mama Rita oder seine Oma aus, ob sich jemand für ihn gemeldet hatte. Doch Jochen hatte sich bislang nicht gemeldet. Zwei Mal in der Woche quälte Robin sich abends zur Fahrschule und hatte sich als Belohnung für den Samstagabend mit Friederike für einen Besuch im ‚Dörp' verabredet. Für die Dorf-Disco hielt sich sein Aufbrezeln stark in Grenzen. Da waren die DocMartens etwas zu viel, also zog er nur die braunen Stiefel und seine braune Jeans zu seinem engen orangefarbenen Oberteil an. Als er perfekt vorbereitet war, wollte er die gute Stimmung und sein Selbstvertrauen nutzen und versuchte noch mal Jochen anzurufen. Die Nummer tippte Robin mittlerweile aus dem Kopf ein. Erneut meldete sich nur der Anrufbeantworter.

„Äh, hallo... Jochen. Hier ist noch mal Robin aus Jever. Du bist vermutlich arbeiten, was ruf ich auch so spät noch an?! Ich wollte mich mal gemeldet haben. Zur Vorsicht hier noch mal meine Telefonnummer ..."

Auch in der folgenden Woche meldete sich Jochen nicht, und Robins Laune verdüsterte sich dermaßen, dass sie perfekt zum Februarwetter passte. Während Marius in der Berufsschule auf seine erste Rosa Disco hin fieberte, hatte Robin keine Lust mehr, nach Oldenburg zu fahren. Wie sollte er denn reagieren, wenn Jochen ihm plötzlich gegenüberstand? Warum meldete er sich nicht? Mittlerweile rauchte Robin recht routiniert und brauchte eine Schachtel in der Woche.

Weiterhin fuhr er nachmittags direkt mit dem Bus nach Hause, hoffte auf eine Nachricht von Jochen und ging abends in die Fahrschule. Er versuchte zu lernen, doch er konnte sich nichts merken. Die CD von Celine Dion lief jeden Tag in Dauerschleife, sodass Mama Rita, die zunächst Gefallen an der Musik gefunden hatte, die Songs nicht mehr hören konnte. Es schmerzte sie zu sehen, dass ihr Sohn unglücklich war. Scheinbar hatte sich der Junge vom letzten Rosa-Wochenende nicht bei ihm gemeldet. Robin stocherte schon seit Tagen nur in seinem Essen herum und schien abgenommen zu haben. Sie hoffte, dass er auf der nächsten Rosa Ende Februar wieder mehr Spaß haben würde.

Montag stand wieder der Gang zur Arbeit an. Robin hatte keine Lust hinzugehen. Dabei mochte er die Arbeit mittlerweile gern. Insbesondere lag ihm der Kontakt zu den Kunden am Schalter, manchmal waren auch Azubis von verschiedenen Firmen als Boten am Schalter. Doch selbst die Aussicht auf das eine oder andere Sahneschnittchen konnte seine Laune nicht heben.

Dennoch raffte er sich zusammen und ging pflichtbewusst hin. Da in der Sparkasse sein Schwulsein überhaupt kein Thema war, konnte er sich überraschend gut mit der Arbeit ablenken. In der Berufsschule hatten ihn die Mädels aus seiner Klasse immer wieder nach dem gutaussehenden Typen vom Rosa-Wochenende gefragt und damit dummerweise an der noch nicht verheilten Wunde herumgekratzt. Am Firmenkunden-Schalter in der Sparkasse hatte er Wechsel, Schecks und Überweisungen zu bearbeiten. Da interessierte sich niemand für seine privaten Wehwehchen.

Als er zu Hause war, heulte er wieder wie ein Schlosshund, als er zum sechsten Mal in Folge ‚Think Twice' anhörte. Als Kontrastprogramm wollte er sich mit ‚Take a bow' und ‚You'll see' von Madonna Mut machen, doch das gelang ihm nicht. Es war leichter, in der Wunde zu stochern und sich vorzustellen, wie Jochen dieses Lied hörte. Und Robin spürte Jochens schmale Lippen so zart auf den seinen und war kurz im siebten Himmel. Bevor er schonungslos abstürzte und wieder heulen musste.

Donnerstags fiel ihm auf, dass sein Hosenbund lockerer saß und stellte sich spontan auf die Waage. Das war fast unglaublich. Er wog nur noch 62 Kilo! Das war für seine Verhältnisse wenig. Zum Ausbildungsbeginn waren es 68 Kilogramm gewesen und dann mal zwei Kilo mehr oder weniger. Ob das vom Rauchen kam? René rauchte mehr und war noch viel schlanker, dachte Robin.

Am Samstagnachmittag rief Marius an.

„Hallo, Robin. Wie schaut's?" Das war Marius' Standardfrage. Robin mochte das und merkte erst da, wie stark ihm Marius gefehlt hatte. Wo sie sonst jede Pause gemeinsam verbracht hatten, hörten sie sich zum ersten Mal in dieser Woche.

„Hallo, Marius! Schön, von dir zu hören! Hier geht es so ... und wie schaut's bei dir?"

„Ach, ich bin schon so aufgeregt wegen der Rosa Disco! Das wird bestimmt super! Was ist denn bei dir los? Stressen deine Eltern? Oder die Arbeit?"

„Nein, Jochen hat sich noch immer nicht gemeldet. Ich versteh das nicht! Er hätte mich doch einfach nach Hause schicken können und gut wäre es gewesen. Aber er hat mich geküsst. Und wir haben auf seinem Bett gelegen und aneinander gekuschelt geschlafen." Robin hielt inne, er wollte nicht vor Marius heulen. Der wiederum kannte seinen Klassenkameraden so nicht. Robin war entweder lustig drauf oder haute knallharte Sprüche raus. Verletzlich hatte er ihn bislang nicht erlebt.

„Mensch, lass den Kopf nicht hängen. Der hat dich gar nicht verdient!"

Robin musste lächeln. Marius war zu lieb für die Welt.

„Danke. Ach, ich will dir gar nicht die Ohren volljöseln. Es ist zum Kotzen im Moment. Tagsüber kann ich alles gut verdrängen, abends sitze ich entweder heulend in meinem Zimmer und frage mich immer wieder, was ich falsch gemacht habe? Warum er plötzlich nichts mehr mit mir zu tun haben möchte? Oder ob ich bestimmte Zeichen falsch verstanden habe? Und an den anderen Tagen geht mir die Fahrschule auf den Sender." Dafür erntete er ein belustigtes Schnauben von Marius.

„Immer noch so ätzend?"

„Noch schlimmer. Nur doofe Leute da. Wenn wir das gemeinsam machen könnten, das wäre witzig."

„Ja, doch dafür müsstest du nach Wilhelmshaven kommen. Und noch ein paar Monate warten."

„Ich weiß, das ist keine Option. Ich bekomme den Lappen schon nicht mehr rechtzeitig zu meinem 18. Geburtstag. Das ist deprimierend genug." Robin wollte Marius nicht weiter mit seinem Gejaule belasten.

„Was machst du eigentlich heute Abend?"

„Ach, ich gehe mit der kleinen Nadine ins ‚Palazzo'. Und du?"

„Ich bleibe heute schön zu Hause und pflege meine Depression. Mir ist nicht nach Tanzen zumute ..."

Da bekam Marius doch Angst. Robin liebte es zu tanzen.

„Kann deine Mutter dich nicht noch spontan ins ‚Dörp' fahren?"

„Ach, da wäre ich ja allein ... Nee, lieber nicht. Du Marius, sei mir nicht böse. Ich hau mich jetzt in die Badewanne. Ich wünsche dir einen schönen Abend. Lass es krachen!!"

Die Badewanne hatte Robin lediglich vorgeschoben. Vollends deprimiert legte er sich in sein Zimmer, vermisste Kitty mal wieder besonders, heulte vor sich hin und fühlte sich fürchterlich von Jochen verraten.

Montagmorgen hatte Robin solche Magenschmerzen, dass er nicht frühstücken wollte. Da reichte es Mama Rita.

„Du gehst jetzt zum Arzt. Du isst kaum noch vernünftig, stocherst nur in deinem Essen rum und wirst immer dünner. Und jetzt noch Magenschmerzen. Was ist denn bloß los?"

Robin verdrehte die Augen und schwieg. Er konnte und wollte ihr nichts von Jochen erzählen. Das hätte sie nicht verstanden. War sein Vater nicht ihr einziger Freund gewesen? Er hatte sie vom Kirchenchor nach Hause begleitet. Die gesamten 100 Meter von der Kirche zu seinen Großeltern nach Hause. Unfassbar. Und absolut undenkbar ihr von einem One-Night-Stand zu erzählen, der irgendwie nichts geworden war. Wenn Jochen ihn doch wenigstens gefickt hätte. Es wäre klar gewesen, dass es ihm nur um Sex ging. Diese Küsse mussten doch etwas bedeutet haben?!

Der Doktor, sein Arzt, seit er ein kleiner Junge war, diagnostizierte eine Magenschleimhautentzündung und fragte, ob er in letzter Zeit besonders viel Stress gehabt hätte. Robin verneinte das, denn ihm konnte er die wahre Ursache ebenfalls nicht erzählen. So schwafelte er drauf los.

„Na ja, die Ausbildung und die Fahrschule nebenher. Dann einige Klausuren in der Berufsschule, da kam einiges zusammen." Die Erklärung reichte dem Doc und er verschrieb ihm ein Medikament gegen innere Unruhe. Krankgeschrieben werden wollte Robin nicht. Damit hätte er noch mehr Zeit gehabt zu grübeln. Das wäre Gift!

Auf der Arbeit war er weiterhin tapfer und nahm artig diese Tabletten. Und irgendwie war ihm alles egal. Er machte sich keine Sorgen mehr vor der nächsten Rosa Disco. Marius wäre ja dabei. Und René ebenfalls. Einer spontanen Idee folgend, rief er am Abend bei René an, hatte zuerst seinen miesepetrigen Vater dran und konnte dann mit ihm sprechen.

„Hi René, wie geht's?"

„Hallo Robin, gut. Und bei dir?" Das klang jetzt nicht so überschwänglich wie sonst. Stand sein Vater noch neben ihm?

„Kannst du gerade schlecht reden?"

„Ach, das klingt ja gut!!" Oje, ein schlechtes Zeichen.

„Entschuldige, dass ich angerufen habe. Ich hatte heute auf der Arbeit nur die Idee, dass wir bei der nächsten Rosa wieder gemeinsam eine Thekenschicht schieben könnten! Marius könnte mithelfen und ebenfalls ohne Eintritt zu zahlen dabei sein. Bist du dabei?"

„Bertram hält das für eine gute Idee." Robin grinste. Renés Vater war wohl sehr hartnäckig ... was glaubte er denn zu hören? Dass sie sich gegenseitig ihre Schwänze beschrieben?!

„Okay, ich rufe Uwe an und kläre das für uns vier. Wollen wir uns vor der Rosa in Oldenburg treffen? Marius und ich nehmen unsere Sachen mit zur Rosa und fahren von dort aus mit zu Uwe. So haben wir Zeit zum Quatschen. Und das ohne Uwe!"

René seufzte hörbar auf.

„Jetzt ist er weg. Puh, ich dachte, mein Vater geht gar nicht mehr aus dem Flur. Ja, das machen wir so. Bertram und ich kommen mit dem Zug. Ich schaue schon mal auf dem Plan nach. Moment. Ah ja, um 20.23 Uhr können wir in Oldenburg sein. Und wie sieht es bei euch aus?"

„Du, das machen wir passend. Ich muss erst noch mit Marius sprechen, wann er loskann. Seine Mutter hat wohl ihre Dauertage ..." Sie lachten ins Telefon.

„Die Ärmste ..." Robin tat das Gespräch gut. Jetzt hatte er wieder einen Plan. René und Marius treffen - und das auf der Rosa. Das konnte nur gut werden!

Er war so guter Laune, dass er nach dem Gespräch mit René sofort Uwe anrief, um das mit der Thekenschicht zu klären. Uwe zickte erst noch herum, weil vier Leute nicht für die Schicht gebraucht wurden, Robin setzte sich jedoch charmant durch.

„Ach Uwe, du regelst das doch bestimmt für uns. Bitte ..."

Da konnte Uwe nicht widerstehen. Robin hatte plötzlich Renés Stimme im Kopf. Dafür musst du bestimmt noch mal hinhalten ... und Robin lächelte. Als Thekenschlampe hat man keinen Liebeskummer, dachte er.

I'd rather be your lover

I could be your sister, I could be your mother
We could be friends, I'd even be your brother
But I'd rather be your lover

That's right, I'd rather be your lover[10]

Ihr Zug kam pünktlich in Oldenburg an, und Marius und Robin gingen in die Bahnhofshalle, wo sie mit René und Bertram verabredet waren. Der Zug aus Bremen war für ein paar Minuten später angesagt und so mussten sie nicht lange warten. Die an ihnen vorbeilaufenden Menschen trugen dicke Mäntel, lange Schals und warme Mützen. Die Februarkälte hatte Oldenburg fest im Griff.

Robin musterte die vorbeikommenden Menschen und hielt nach René Ausschau. Oder Bertram, der wäre mit seiner stattlichen Größe und den roten Haaren sicherlich leicht auszumachen.

„Hey, du Thekenschlampe!" René kreischte quer durch die Bahnhofshalle und Robin stieg voll drauf ein.

„Was willst du denn? Kannst du einen Tausender wechseln?" Sie fielen sich gackernd in die Arme, und auch Bertram und Marius wurden in die überschwängliche Begrüßung involviert und vorgestellt.

Dass sie eine Menge Blicke auf sich zogen, war ihnen nicht bewusst. Sie gingen auf den Vorplatz und liefen in Richtung Fußgängerzone.

„Also, auf zu McMade!"

„Ach Quatsch, das ist McDreck!"

„Hm, ich kannte das bislang als McDoof!" Sie überboten sich mit lustigen Bezeichnungen für den Fast-Food-Riesen und enterten das Restaurant bei Hochbetrieb.

Während Marius und Bertram den einzig leeren Tisch besetzten, bestellten René und Robin für sie alle.

„Hm, also ich nehme den 9er-Chicken-McNuggets mit der Barbecue-Soße ..."

„Findest du die Barbecue-Soße auch so muschi?!"

„Nein, sie ist recht lecker, doch die Curry-Soße ist so richtig pussy ... Man könnte sagen o-berst-pussy!" Die Bedienung schaute sie genervt an.

„Na, dann nehme ich noch Curry-Soße dazu. Und Pommes, unbedingt eine große Pommes. Und eine Cola light. Bitte."

„Und ich hätte gern noch einen Hamburger, die große Portion Fritten und eine Cola light."

---

[10] Quelle: Christopher H. Jasper / D. Hall / Madonna L Ciccone / Isley Bros.

Die Bedienung wollte die Bestellung zusammenstellen, da unterbrach Robin sie.

„Entschuldigung! Wir sind noch nicht fertig. Wir brauchen noch mal Chicken-McNuggets mit der Curry-Soße." René stieg drauf ein.

„Die ist nämlich o-berst-pussy!!" Sie lachten und die Bedienung hatte Schwierigkeiten, die beiden aufgerüschten Homos so sein zu lassen, wie sie nun mal waren. Ihr Lächeln verrutschte, als hätte sie einen Schlaganfall.

„Und noch zweimal Pommes, einen McRib, aber ohne Gurken und dazu noch Mayo. Auch zweimal."

Die Bedienung wartete kurz, ob noch etwas folgte. René machte eine abwinkende Handbewegung.

„Das wäre alles. Danke, gute Frau." Robin kringelte sich und drehte sich zu Marius und Bertram.

Es wurde immer klarer, dass sie gemeinsam wie Nitro und Glyzerin funktionierten. Robin fühlte sich großartig, als könnten sie die Welt beherrschen. So frotzelten sie vor sich hin, lästerten lautstark über andere Restaurantbesitzer.

„Schau mal! Der Proll und die magere Ische. Er den Burger und sie das Mineralwasser."

„Ja, sie bekommt nachher einen Eiweißshake ..." Großes Gejohle am Tisch. Der Bodybuilder hatte sie Gott sei Dank nicht gehört.

Pünktlich um 22.00 Uhr trafen sie am ‚Alhambra' ein und starteten im Café der Jugendgruppe mit ihren Vorbereitungen. Bertram kannte die nötigen Handgriffe bereits vom letzten Mal, und Marius stellte sich pfiffig an. Nachdem die ersten Gäste gekommen waren, merkten sie jedoch schnell, dass vier Leute zu viel hinter dem Tresen waren und so schickten René und Robin die zwei anderen nach vorne.

„Gehet hin und amüsiert euch!" So zogen beide von dannen, sodass Robin und René mehr Platz für sich und ihre übliche Show hatten.

„Du hast die Plakate vergessen!"

„Nein, du hast die Plakate vergessen!"

„Nein, du hast die Plakate vergessen!"

„Sorry, kann ich einen Kaffee kriegen?" Ein smarter Typ unterbrach unwissend ihren Dialog.

„Kann er einen Kaffee kriegen?"

„Ich weiß es nicht. Kann er einen Kaffee kriegen?"

„Kann er einen Kaffee von dir kriegen?"

„Kann er denn einen Kaffee von dir kriegen?"

„Wollt ihr mich verarschen?"

„Wollen wir ihn verarschen?"

„Ich weiß es nicht. Wollen wir ihn verarschen?" Der Typ drehte sich genervt weg und wollte gehen.

„Hey, sorry. Hier hast du einen Kaffee. Mit Milch und Zucker? Oder reicht meine Telefonnummer?" Robin konnte es nicht sein lassen und lächelte aufreizend. Er bekam ein Lächeln zurück. Er hatte kein Interesse an dem gelackten Kerl, doch das Hempels lebte von den Einnahmen aus solchen Veranstaltungen. Robin stellte Zucker und Milch hin und ging zur anderen Seite des Tresens. Dort stand Hendrik und sah ihn an.

„Hallo, Hendrik." Wieder wusste Robin nicht wie er reagieren sollte. Konnte Hendrik nicht über den Rand der Erde fallen und verschwinden? Sollte er ihn drücken oder nicht? Was hatten sie bloß das letzte Mal getan?

„Hallo, Robin." Hendrik machte keinerlei Anstalten ihn zu umarmen. Robin unterdrückte den kurzen Impuls ebenfalls.

„Was kann ich für dich tun?" Robins linke Augenbraue schnellte nach oben, und er machte einen leichten Schmollmund.

„Kann ich einen Kaffee kriegen?" Wie aus dem Nichts stand René plötzlich neben Robin.

„Kann Hendrik einen Kaffee kriegen?" Sie brachen in irres Gelächter aus und unterhielten damit die umstehenden Leute.

Viel zu schnell verging die Thekenschicht, und die Ablösung stand parat. Einerseits fanden sie es schade, dass die Zeit schon wieder um war. Andererseits konnten sie jetzt hemmungslos Party machen. Robin fiel erst da auf, dass Marius sich nicht wieder hatte blicken lassen. Wo steckte Marius bloß? Wie jedes Mal zog René Robin hinter sich her zur Tanzfläche, ihrem geheiligten Ort, wo sie mit ihrer Tanzdarbietung immer wieder die Kerle auf sich aufmerksam machen konnten. Unterwegs konnte Robin Marius nirgendwo finden. Schade, dachte er. Er hätte gern mal mit ihm getanzt.

Der DJ spielte eine bekannte Version von ‚Energy of light' von Magic Affair. Die konnten sich die zwei Thekenschlampen nicht entgehen lassen, also konzentrierte sich Robin voll auf das Tanzen und vergaß Marius erst mal. Der harte Beat ging ihm durch den gesamten Körper, und sie umkreisten einander immer wieder, ließen ihre Arme hochfliegen, reckten die Hände zum Himmel und stampften mit den Füßen zum harten Bass auf den Boden. Den Refrain grölten sie aus voller Lunge mit und waren vollkommen eins mit der Musik.

Nach über einer Stunde auf der Tanzfläche brauchten sie eine Pause, holten sich an der Bar etwas zu trinken und nahmen die Gläser mit nach draußen. René gab Robin sein Glas und fingerte sich aus der Gesäßtasche seine Zigaretten. Netterweise zündete er für Robin ebenfalls eine Zigarette an, steckte sie ihm zwischen die Lippen und nahm sein Glas wieder. Robin zog kräftig an der Zigarette und blies den Rauch kraftvoll zwischen seinen vollen Lippen aus.

„Na holla, Achtung. Gleich spritzt der Typ da ab." René nickte zu einem Typen hin, der an ihnen vorbeiging. Der wiederum schaute grimmig und grummelte etwas vor sich hin.

„Sachte Schwester, ich mag meine Nase. Der haut uns doch so um ..." Sie lachten.

„Du, ich muss jetzt mal Marius suchen gehen. Und Uwe. Den habe ich auch noch nicht gesehen heute."

„Das mach du mal. Ich sehe da hinten ein paar Bremer. Ich plaudere mit denen. Kommst du nachher wieder raus oder treffen wir uns drinnen?"

„Ich komme wieder raus. Kann ja nicht ewig dauern das ‚Alhambra' nach zwei Schwulen zu durchkämmen." Sie sahen sich an und lachten.

Robin staunte nicht schlecht, dass er Marius auf der Tanzfläche fand. Allerdings nicht allein, sondern in vertrauter Action mit einem nett anzusehenden jungen Mann. Die Backstreet Boys dröhnten mit ‚We've got it goin' on' aus den Boxen und der Rhythmus drängte Robin dazu, in gebührendem Abstand ebenfalls zu tanzen. Er ließ Marius und den Kerl im moderaten Skater Style und den schönen treuen Augen, der voll auf Marius fixiert schien, nicht aus den Augen. Sie bewegten sich so abgestimmt aufeinander, dass Robin neugierig war, woher sie sich wohl kannten. Der Typ schien bestimmt fünf Jahre älter als Marius zu sein.

Als der DJ den nächsten Titel spielte, tauchte plötzlich René neben Robin auf und ging total auf den Song ab. Robin erkannte nach ein paar Takten ‚Höha, schnella, weita' vom Rödelheim Hartreim Projekt und ging auf Renés Show ein. Marius wurde auf sie aufmerksam und tanzte mit dem fremden Kerl herüber. So tanzten sie einträchtig zu den derben Raps, und

Robin musterte möglichst unauffällig den Unbekannten. Die Thekenschlampe in ihm hatte Witterung aufgenommen. René beugte sich nah an Robins Ohr heran.

„Wer ist das? Sieht schick aus!" Sie zogen beide gleichzeitig ihre linke Augenbraue hoch.

„Ich habe keine Ahnung. Marius scheint ihn zu kennen." Robin zuckte mit den Schultern.

„Der ist ziemlich muschi." Sie grinsten über ihren identischen Männergeschmack. Doch Robin musste an Jochen denken und spürte einen Stich in der Magengrube. Gott sei Dank, dachte er, ist er nicht auf der Rosa aufgetaucht. Dieser Gedankengang genügte, um seine Libido augenblicklich abzukühlen.

„Ich suche mal Uwe." Achselzuckend nahm René diese Info auf und tanzte weiter. Robin schlängelte sich durch die Menschenmenge rund um die Tanzfläche und den Bars und ging in Richtung Café. Dort trank Uwe gern einen Kaffee und hatte so auch ein Auge auf die Jungs und Mädels, die die Thekenschicht absolvierten. Doch er hatte kein Glück. Also holte er sich erst mal Zigaretten aus seinem Rucksack im Hinterzimmer und schob sich durch das gesamte ‚Alhambra' zum Ausgang.

Vor der Tür zündete er sich eine Zigarette an und lief langsam zwischen den Leuten auf dem Vorplatz herum. Während er nach Uwe Ausschau hielt, stand Marius plötzlich vor ihm.

„Hey, da bist du ja! Wir haben dich schon überall gesucht." Marius strahlte.

„Das ist Fabian. Er ist heute zum ersten Mal auf der Rosa Disco dabei! Er kommt aus Cloppenburg!" Robin hob die Hand mit der Zigarette zwischen Zeige- und Mittelfinger zum Gruß.

„Hallo, Fabian!" Dabei lächelte er zurückhaltend.

„Hallo, Robin. Marius hat schon von dir erzählt."

Ach ja, dachte Robin, wie nett.

„Ja?" Robin zog die Augenbraue fast bis an seinen Haaransatz.

„Nur Gutes!" Marius beeilte sich, zu erklären.

„Also, dass du schon ein paar Mal hier warst und wir zusammen in der Berufsschule sind, weil wir beide unsere Ausbildung bei der Sparkasse machen, und du mich heute zum ersten Mal mitnimmst."

„Und was machst du, Fabian?" Doch Marius ging wieder dazwischen.

„Das glaubst du niemals. Er spielt in seiner Freizeit Fußball!" Robin stutzte. Das machte diesen Fabian noch viel interessanter!

„Woher kennt ihr euch eigentlich?" Robin war zu neugierig. Was Marius erzählt hatte, war ihm nicht plausibel.

„Wir haben uns vorhin an der Bar neben der Tanzfläche kennengelernt." Fabian schaute Robin mit festem Blick in die Augen.

„Und was machst du allein hier draußen?"

„Ach, ich suche Uwe. Bei ihm sollen wir heute übernachten. Doch ich habe ihn bislang noch nicht gesehen. Er lässt zur Rosa Disco immer ein paar Leute bei sich übernachten."

Mit der Zeit fing Robin zu frieren an und schlug vor, wieder ins ‚Alhambra' zu gehen. Ein Blick auf die Uhr zeigte ihm, dass es fast 3.00 Uhr war. René fuhr gewöhnlich um diese Zeit wieder nach Hause, also suchte Robin zielstrebig nach seinem besten Kumpel und hielt zeitgleich die Augen offen, ob ihm nicht Uwe begegnete.

René war auf der Tanzfläche zu finden, wo er sich routiniert zu ‚I'm every woman' von Whitney Houston bewegte. Robin mochte diesen Zeitpunkt der Rosa, wo der DJ nach Eurodance und Black Music nun Klassiker aus House und Dancemusic spielte. Robin sah René beim Tanzen zu und war fasziniert, dass er diesen Jungen so mochte, ohne ihn körperlich zu begehren. Der DJ spielte anschließend ‚A deeper love' von Aretha Franklin, und Robin sprintete geradezu auf die Tanzfläche und tanzte seinen Kumpel mit der Hüfte an. Sie grinsten und schmissen ihre Arme beim Tanzen hoch, stampften den Rhythmus des Songs mit und grölten den Refrain, egal ob sie die Töne trafen oder nicht.

Die Zeit blieb jedoch unbarmherzig, und René zog Robin mit zum Ausgang, damit sie noch kurz quatschen konnten.

„Zu blöd, dass wir jetzt gleich fahren müssen. Sonst bleibt nur der Zug und das halte ich heute nicht aus." René zündete sich eine Zigarette an und blies den Rauch aufreizend aus. Robin tat es ihm nach.

„Auf der Rosa qualme ich schlimmer als die Möse einer Nutte am Sonntagabend ..." Sie lachten über den obszönen Spruch und zogen wieder einige Blicke auf sich.

„Ist Uwe eigentlich da? Ich habe ihn noch nicht gesehen."

„Nein." Robin knirschte fast mit den Zähnen.

„Und dabei wollten wir ja bei ihm übernachten."

„Ach, fahrt doch mit dem ersten Zug Richtung Jever.“

„Du bist lustig. Der geht erst um kurz vor 7.00 Uhr! Denk dran, ich wohne am Arsch der Welt. Und wenn ich meine Eltern aus dem Bett klingele, werden die mir bestimmt was erzählen. Uwe darf ich nicht verpetzen, sonst kann ich nie wieder bei ihm bleiben.“

„Willst du das denn immer noch?“ René war empört, dass sein Freund so blauäugig bei diesem Typen war.

Robin zuckte mit den Schultern.

„Was soll ich denn machen? Solange ich noch keinen Führerschein habe, bleibt mir nichts anderes übrig.“

„Ach, da fällt uns schon was ein!“ René drückte Robin fest.

„Jetzt muss ich los. Bertram winkt da hinten schon hysterisch.“

„Komm gut nach Hause, wir schreiben uns, ja?!“

„Auf jeden Fall. Bis bald!!“

Als seine Zigarette zu Ende geraucht war, brach Robin auf, um Uwe ein letztes Mal im ‚Alhambra‘ zu suchen. Es dauerte einige Minuten, bis er sich durch die Besucher gequetscht hatte, um ins Café zu gelangen. Dort sah er Marius und Fabian an einem Tisch in der Ecke sitzen und verdrehte innerlich die Augen. Die waren frisch verliebt! Er gestand sich ein, etwas neidisch zu sein und suchte den Raum weiterhin nach Uwe ab. Doch er blieb verschollen. Die zwei Kerlchen hinter der Theke wussten nicht, wo Uwe abgeblieben war. Langsam beschlich ihn das Gefühl, dass Uwe ihm eine Retourkutsche verpassen wollte. Dafür, dass er bei der Januar-Rosa mit zu Jochen gegangen war.

Wieder fühlte er ein Stechen im Magen, sobald er an diese Nacht dachte. Doch er hatte drängendere Probleme, denn es ging ja nicht nur um ihn, sondern auch um Marius, wenn sie mutterseelenallein durch Oldenburg zum Bahnhof liefen und dort herumlungern mussten. Die Rosa war spätestens um 5.00 Uhr vorbei, und es war Resteficken angesagt, hatte René erzählt. Robin schüttelte sich. Da wollte er bestimmt nicht mehr vor Ort sein.

„Hey, möchtest du etwas trinken?“ Fabian stand plötzlich vor ihm und lächelte.

„Aus welchem Traum hab‘ ich dich denn geweckt?“ Robin lächelte schief.

„Wenn, dann aus einem Albtraum. Ich wollte euch zwei da hinten nicht stören. Sorry!“ Robin wandte sich zum Gehen, doch Fabian hielt ihn am Arm zurück.

„Was ist denn los?“

„Ach, ich kann Uwe nicht finden. Und weit und breit gibt es hier keine Telefonzelle. Dazu weiß ich gar nicht, wie man von hier aus zu ihm kommt.“ So ausgesprochen, klang ihre Situation noch verzweifelter, als sie Robin bislang vorgekommen war.

„Das macht doch nichts. Nehmt doch den ersten Zug nach Hause und lauft von hier direkt zum Bahnhof. Den Weg kennst du doch, oder?“ Robin wurde ungeduldig mit Fabian.

„Ja, Fabian. Den Weg kenne ich. Allerdings geht der erste Zug erst um kurz vor 7.00 Uhr. Und die Rosa ist in ungefähr 90 Minuten vorbei. Und dann laufen Marius und ich allein von hier zum Bahnhof und müssen noch länger als eine Stunde warten? Super Idee!“

„Wer sagt denn etwas von allein? Ich bleibe bei euch! So sind wir schon mal zu dritt.“

„Das würdest du tun?“ Robin staunte.

„Klar. Bleibt mir mehr Zeit mit Marius.“ Fabian lächelte selig, und Robin hätte ihm am liebsten vor das Schienbein getreten.

„Möchtest du jetzt noch etwas trinken? Ich lade euch ein.“

„Na, da hast du dir die Richtigen ausgesucht. Wir waren heute Thekenschlampen, also bekommen wir die Getränke gratis. Was möchtest du denn haben? Ich lade dich ein!“

Robin war wieder gefasst und entsprechend unnahbar. Er konnte nicht ahnen, wie sehr er damit Eindruck bei seinem Gegenüber gemacht hatte.

Um 7.45 Uhr rief Robin aus einer Telefonzelle vom Bahnhof in Sande bei sich zu Hause an und machte sich auf einen mächtigen Anschiss gefasst, als sich seine Mutter meldete.

„Mama? Ich bin’s. Robin.“ Noch bevor er weiterreden konnte, unterbrach sie ihn.

„Was ist passiert? Wo bist du?“

„Es ist nichts passiert. Marius und ich konnten nur nicht bei Uwe übernachten. Daher sind wir mit dem ersten Zug von Oldenburg Richtung Wilhelmshaven gefahren. Und Marius kann jetzt bis Wilhelmshaven weiterfahren. Doch nach Jever fährt erst in zwei Stunden ein Zug. Und so lange möchte ich ungern warten. Könnte mich jemand von euch abholen? Es tut mir leid, dass ich so früh anrufe."

Mama Rita fiel ein Stein vom Herzen. Sie konnte an Robins Stimme hören, dass es ihm ehrlich leidtat. Da musste etwas dahinterstecken. Das würde sie noch herausbekommen. Erstmal galt es, praktisch zu denken.

„Mach dir keine Gedanken. Es ist alles gut. Ich hole dich sofort ab. Es wird bestimmt eine halbe Stunde dauern, bis ich da bin. Geht das? Kannst du irgendwo sicher warten?"

„Ja, das geht. Danke!"

Robin ging in den Wartebereich des Bahnhofs, um dort vor dem Wetter geschützt zu sein. Er war der einzige Wartende und konnte so seinen Gedanken nachhängen. Fabian hatte Wort gehalten und mit ihnen gewartet, bis sie in ihren Zug stiegen. Er selbst musste noch eine halbe Stunde warten, um nach Cloppenburg zu fahren. Marius und er hatten sich wortreich und unter noch mehr Küssen voneinander verabschiedet. Robin dachte bei sich, dass die Verabschiedung filmreif gewesen war. Marius war ihm im Zug mit seiner Schwärmerei auf den Keks gegangen. Fabian hier, Fabian da, sodass Robin Mühe gehabt hatte, nicht auszuflippen. Doch er hatte sich beherrscht, denn ihm war klar gewesen, dass er nur neidisch war. Und das hatte Marius nicht verdient. Sollte er doch sein erstes Verliebtsein genießen.

Auf der Fahrt nach Jever stellte er sich im Auto tapfer dem Verhör durch seine Mutter und erklärte, dass Uwe nicht bei der Rosa aufgetaucht sei. Dass das jedoch für ihn ungewöhnlich sei und er erst mal herausbekommen musste, was passiert sei. Von seiner Vermutung, dass es sich um eine Retourkutsche handelte, berichtete er ihr nicht. Sonst wäre sie vermutlich geplatzt. Also nahm er Uwe wohl oder übel in Schutz.

Völlig erledigt legte sich Robin nach dem Frühstück ins Bett, schlief bis 17.00 Uhr und bereitete sich auf den folgenden Tag vor. Denn für ihn ging es erneut nach Oldenburg. Und das sechs Wochen am Stück! Mit einigen seiner Mitauszubildenden besuchte Robin drei Wochen am Stück den theoretischen Unterricht im Wertpapierbereich, um danach weitere drei Wochen in der Auslandsabteilung, der Wertpapierabteilung und der Depotbuchhaltung in der Hauptstelle in Oldenburg in der Praxis zu arbeiten. Einerseits freute er sich darauf, täglich in Oldenburg zu sein. Andererseits stand man in der Hauptstelle auch unter besonderer Beobachtung!

Upside down

I know you got charm and appeal
You always play the field
It's crazy to think you are all mine
As long as the sun continues to shine
That there's a place in my heart for you
That's the bottom line[11]

Die erste Woche seiner Zeit in Oldenburg war herum, und Robin saß in der Regionalbahn auf dem Weg zurück nach Jever. Bereits nach fünf Tagen fühlte er sich der Gruppe von täglichen Pendlern zugehörig. Da er bei den noch immer winterlichen Temperaturen nicht nur im Anzug herumlaufen konnte, hatte er sich auf Drängen von Mama Rita einen Mantel gekauft. Ein unförmiges Teil in Nugatbraun. Doch auch dieser hässliche Mantel konnte seine Zufriedenheit nicht schmälern. In der Gruppe der Azubis kam er gut klar. Marco aus Zetel war dabei, also konnten sie gemeinsam witzige Begebenheiten aus der Berufsschule erzählen. Marco stellte sich als feiner Kerl heraus, denn offensichtlich hatte er niemandem von Robins Outing in der Berufsschulklasse erzählt oder machte blöde Sprüche vor den anderen. Das fand Robin einen klasse Zug.

***

Auch als er an diesem Freitag zu Hause ankam, war er noch immer in Hochstimmung, sodass er spontan fragte, ob Mama Rita ihn und Friederike wohl ins ‚Dörp' fahren konnte. Zurück würden sie ein Taxi nehmen, denn vor 2.00 Uhr wollte Robin nicht nach Hause. Und das war für den Fahrdienst von Mama Rita eindeutig zu spät. Das verstand Robin gut. Er war schon froh, dass sie überhaupt noch um 23.00 Uhr aus dem Haus ging, um sie zumindest hinzufahren. Friederike hatte an diesem Freitag leider keine Zeit, jedoch verabredeten sie sich als Ersatz für den nächsten Samstag. Robin hatte sich allerdings so auf das Tanzen gefreut, dass er allein ging. Nachdem er ein für das ‚Dörp' noch so eben kompatibles Outfit

[11] Quelle: Richey Edwards, Sherill Rodgers

ausgewählt hatte, fuhr Mama Rita ihn hin.

Punkt 23.00 Uhr startete der DJ das übliche Programm aus Eurodance mit ‚Power of American Natives' von Dance 2 Trance. Der durchdringende Beat fuhr Robin in die Beine und er stellte sich an die Tanzfläche, um sofort mitzumachen, sobald ein paar Leute begannen zu tanzen. Um allein seine Show abzuziehen, fehlte ihm hier noch der Mut. Er musste jedoch nicht lange warten und der Tanzmarathon startete. Robin war überrascht, wie sehr das DJ-Set dem des ‚Schwarzen Bären' ähnelte. Wenn die Heten wüssten, dachte er, und musste grinsen. Irgendwann wechselte der DJ die Musikrichtung, und es wurde Black Music gespielt. Oft wechselten dann die Tänzer, da sie entweder die eine oder die andere Richtung bevorzugten, doch Robin fiel eine junge Frau auf, die ebenfalls den Wechsel von Dance auf Rap mitmachte und weiterhin enthusiastisch tanzte. Er hatte fast den Eindruck, beim Tanzen in den Spiegel zu sehen, da sich ihre Bewegungen absolut ähnelten. Sie glichen sich daneben im Outfit und ihrer Figur. Der größte Unterschied war ihr auffälliges Make-up und die halblangen blonden Haare, die im Kontrast zu Robins kurzen Haaren standen. Ihm imponierte insbesondere, dass sie so ein Durchhaltevermögen hatte und nicht nach drei Tracks wieder von der Tanzfläche verschwand.

Um 2.30 Uhr war es Zeit, langsam nach Hause zu fahren. Es war fraglich, ob direkt ein Taxi vor dem ‚Dörp' wartete, und er wollte die Geduld seiner Eltern nicht überbeanspruchen. Kurz ging ihm durch den Kopf sich von ‚ihr' zu verabschieden. Robin meinte, sie hatte ihn ebenfalls abgecheckt. Nicht, dass das irgendwohin führen würde, doch es fühlte sich nicht schlecht an. Bestätigung konnte man nie genug bekommen, dachte er, aber sie für ein „Tschüss" anzusprechen, schien ihm zu verrückt. So ging er ohne Verabschiedung und genoss das Gefühl, sich auf angenehme Art und Weise ausgepowert zu haben.

***

Montag war der 04. März, und wie Robin wusste, Jochens Geburtstag. Als er auf dem Rückweg am Oldenburger Bahnhof warten musste, überlegte er, mal eben schnell in der Telefonzelle Jochens Nummer zu wählen und ihm zu gratulieren. Eine Stimme in seinem Kopf hielt das für eine grandiose Idee. Jochen würde sich bestimmt freuen und sie könnten sich ja jetzt mal treffen, wo Robin eine Zeit lang in Oldenburg war. Eine pessimistische Stimme war der Meinung, dass es völlig verrückt war es überhaupt zu probieren, da Jochen bestimmt arbeiten musste und eh nicht ans Telefon gehen würde. Zudem lag die Nacht der Nächte bereits mehrere Wochen zurück, und er hatte sich nicht gemeldet. Deutlicher musste er doch nicht werden! Wie aus einem Traum erwachend, stand Robin plötzlich in der Telefonzelle und wählte Jochens Nummer.

„Hallo?“ Jochen meldete sich!

„Hallo, Jochen. Herzlichen Glückwunsch zum Geburtstag!“

„Wer ist denn da?“ Robin hätte sich am liebsten mit der flachen Hand gegen die Stirn geschlagen.

„Äh, hier ist Robin.“

„Welcher Robin?“ Das tat erneut überraschend weh.

„Robin aus Jever.“ Der kleine Idiot, der den One-Night-Stand mit dir versaut hat, dachte Robin.

„Ach so, ja.“ Jochen hätte genauso gut ein Messer in Robins Brust stechen können.

„Ich hatte mir gemerkt, dass du heute Geburtstag hast, und da ich am Bahnhof in Oldenburg stehe und auf den Zug nach Jever warte, dachte ich spontan, ich ruf kurz durch ...“

„Danke.“ Die pessimistische Stimme in Robins Kopf jaulte auf. Ich habe es ja gesagt! Robin musste sich zusammenreißen, um weiter zu atmen. Er hatte den Eindruck, dass alle wartenden Mitreisenden durch das Glas der Telefonzelle sahen, wie sehr er sich blamierte.

„Keine Ursache. Feier noch schön.“ Robin legte auf und stürmte aus der Telefonzelle heraus, als hätte der Telefonhörer plötzlich Feuer gefangen. Die Regionalbahn fuhr ein, und er konnte direkt in den Zug steigen und sich einen möglichst ruhigen Platz suchen.

Er schüttelte immer wieder den Kopf über seine eigene Blödheit. Wie konnte er geglaubt haben, dass dieser Anruf besser verlaufen würde?!

Zu Hause angekommen, zog er sich um und schmiss sich todunglücklich auf sein Bett. Zum Trost hörte er die Backstreet Boys mit ‚I'll never break your heart‘ in Dauerschleife. Sein Liebling in der Gruppe, Kevin, hatte eine flüchtige Ähnlichkeit mit Jochen und einen wichtigen Part in dem Song.

***

„Robin, Telefon!“

Wer konnte das denn sein, dachte Robin. Es war 20.35 Uhr. René und er schrieben sich meistens. Und wenn sie telefonierten, dann nach 21.00 Uhr, damit es nicht so teuer wurde. Marius dagegen rief oft schon um kurz nach 18.00 Uhr an. Mit ihm war es kein Ferngespräch, da war das nicht so dramatisch. Robin lief schnell die Treppe runter und sah seinen Vater fragend an.

„Irgendein Fabian.“ Robin hätte nicht überraschter sein können. Was wollte denn Fabian von ihm? Und woher hatte er seine Nummer?

„Hallo?“

„Hallo, Robin. Hier ist Fabian. Aus Cloppenburg.“ Robin lächelte. Wieder mal Name und Ortsangabe, wie immer bei der Vorstellung in Oldenburg.

„Hallo, Fabian. Jetzt bin ich platt. Woher hast du die Telefonnummer?“

„Marius hat sie mir gegeben. Mit ihm habe ich gestern telefoniert. Wie fast jeden zweiten Tag. Seine Mutter kann mich jetzt schon nicht leiden. Dabei lerne ich sie erst noch persönlich kennen.“

Robin staunte. Persönlich kennenlernen? Davon hatte Marius ihm noch nichts erzählt. Da fiel ihm auf, dass sie nach der Rosa nicht wieder telefoniert hatten.

„Ja, seine Mutter ist ein Mistgesicht.“ Was wollte er denn jetzt?

„Und wie geht es dir?“ Die Frage überraschte Robin. Wollte Fabian nur plaudern?

„Geht so. Heute war ein blöder Tag. Ach, das wird schon wieder. Und wie geht es dir?“

„Prima. Das kannst du dir sicherlich denken. Marius ist so toll. Und Mitte März fahre ich am Samstag hin. Was war denn heute bei dir los?“

„Ach, das ist total albern.“ Wie sollte Robin ihm denn die Wahrheit sagen? Sie kannten sich kaum. Doch Fabian ließ sich nicht beirren.

„Na, sag schon. Was war los?“

„Okay, ich versuche es kurz zu machen. Nach der Januar-Rosa bin ich noch mit zu einem Typen nach Hause gegangen. Er heißt Jochen. Und in der Nacht ist bis auf ein paar zarte Küsse nichts passiert. Wir haben auf seinem Bett gelegen und haben aneinander gekuschelt geschlafen. Sonst ist nichts passiert. Dabei haben wir die gesamte Zeit nur ein Lied – ,Think Twice' von Celine Dion - gehört. Wir haben uns nicht mal mit Zunge geküsst! Es war sooo romantisch. Tja, und seither hat er sich nicht mehr gemeldet, obwohl ich ihm zweimal auf den AB gesprochen habe. Und ich habe mir sogar das Album mit dem Song gekauft und rauf und runter gehört. Das ist auch das einzig Positive daran. Die Musik liebe ich. Ach, egal. Ich wusste von ihm, dass er heute Geburtstag hat. Also habe ich heute Nachmittag aus einer Telefonzelle am Bahnhof in Oldenburg bei ihm angerufen. Und da war er total abweisend. Ich habe mich völlig zum Idioten gemacht!"

Obwohl Robin fest damit rechnete, lachte Fabian nicht.

„Wolltest du ihn als Überraschung besuchen? Oder warum warst du in Oldenburg?"

„Ach so, nein! Ich bin im Moment täglich in Oldenburg. Wegen der Arbeit."

„Ah, okay. Es war doch nett, dass du ihn angerufen hast."

„Ja, doch er denkt jetzt bestimmt, dass ich armselig bin und ihm hinterherlaufe."

„Ich denke, es war aufmerksam von dir. Und da die Nacht aus deiner Sicht so toll war, muss er sich doch geschmeichelt fühlen. Also mach dir keine Gedanken. Er ist es allerdings scheinbar nicht wert, dass du dir solche Gedanken machst und dich schlecht fühlst."

Robin konnte es kaum fassen. Fabian war supernett! Wieder meldete sich das zarte Gefühl von Neid. Doch das unterdrückte Robin sofort, denn er gönnte Marius das Glück der ersten Liebe. Da würde er ihm bestimmt nicht dazwischenfunken! Als er an Marius dachte, fiel ihm wieder ein, dass Fabian nicht angerufen hatte, um über seinen Liebeskummer zu plaudern.

„Danke, Fabian. Lieb, dass du das sagst. Weswegen rufst du eigentlich an?"

„Ach, ich würde Marius gern etwas mitbringen, wenn ich ihn besuche. Hast du eine Idee?"

Und die hatte Robin in der Tat.

„Ich hätte eine Idee. Das neue Album vom Rödelheim Hartreim Projekt. Das hat er definitiv noch nicht. Ihr mögt doch beide dieses Rap-Zeug."

„Ja, das ist eine Spitzenidee! Dazu haben wir doch alle bei der Rosa getanzt! Du magst die Musik also auch!" Dass er sich daran erinnerte!

„Na ja, ich tanze gern dazu. Ansonsten bin ich doch eher der Dance- oder Pop-Typ."

„Verstehe. Vielen Dank für den Tipp. Ich kaufe ihm das Album! Bitte verrate ihm nichts, es soll eine Überraschung werden."

„Klar. Keine Sorge. Nun muss ich dich allerdings abwürgen. In ungefähr 10 Sekunden werden meine Eltern gegen die Tür klopfen, weil die Telefonzeit abgelaufen ist. Ich wünsche euch viel Spaß zusammen! Wir sehen uns doch bestimmt zur Rosa. Bis dahin mach es gut!"

„Okay, nochmals Danke und bis bald!"

Robin ging wie auf Wolken zurück in sein Zimmer. Ohne dass Marius ihm immer auf der Pelle hing, war Fabian außergewöhnlich nett gewesen!

Samstag war Robin so guter Dinge, dass er sich sogar die karierte Hose für die Nacht im ‚Dörp' erlaubte. Er sah gut aus, befand Robin beim Blick in den Spiegel. Mama Rita fuhr ihn und Friederike bis vor die Disco und wünschte ihnen viel Spaß. Robin sah die lange Schlange vor dem Eingang und wunderte sich.

„Was ist denn da los? Um diese Uhrzeit ist doch sonst noch nicht so viel vor dem Eingang los."

Friederike wand sich.

„Na ja, es könnte daran liegen, dass ... also es ist heute ..." Doch da waren sie schon an der Tür angekommen. Das Schild war eindeutig: „Heute: Singleparty!"

„Hast du gewusst, dass heute Singleparty ist?!" Robin war stinkig. Heten bei der üblichen Balz zu beobachten war schon schlimm genug, doch bei der Singleparty wurden zusätzlich doofe Spiele veranstaltet, die das Tanzvergnügen empfindlich einschränkten. Darauf hatte Robin keine Lust.

„Ja, und ich dachte, es würde lustig werden." Sein Groll ebbte umgehend ab. Friederike hatte seines Wissens noch nie einen Freund gehabt. Und da er sich ihr gegenüber noch immer nicht geoutet hatte, durfte er jetzt kein Spielverderber sein.

An der Kasse bekam jeder ein selbstklebendes Papierschild mit einer Nummer auf die Brust gedrückt. Männer bekamen ein hellblaues Schild und die Frauen eines in Rosa. Am liebsten hätte Robin gefragt, ob er ein rosafarbenes Schild bekommen könnte. Tapfer ließ er sich die „210" an die

Brust drücken.

„Was hat es mit den Nummern auf sich?"

„Oh, ein Frischling." Das Mädel an der Kasse grinste hämisch. „Man kann Nachrichten schreiben und sie mit der Nummer versehen beim DJ abgeben. Er ruft die Nummern auf, und man kann sich seine Nachricht abholen. Das ist witzig!"

Oh ja, dachte Robin, richtig witzig. Ich lache mich schon kaputt. Er tröstete sich damit, dass er eh keine Nachrichten erhalten würde. Jetzt waren sie schon mal da, dann konnten sie zumindest tanzen. Soweit das bei all dem Singlegetue möglich war.

Friederike trug ihre Nummer stolz an der Brust und hoffte offensichtlich auf Nachrichten. Robin drückte ihr in Gedanken die Daumen. An diesem Abend würde er gern zurückstecken. Wie schon bei der letzten Rosa, ging es ihm durch den Kopf.

Bevor es ans Tanzen ging, erklärte der DJ noch mal die Vorgehensweise mit den Nummern und ermunterte die anwesenden Singles, sich gegenseitig Nachrichten zu schreiben. In regelmäßigen Abständen würden die Empfänger von Nachrichten über die Verkündung ihrer Nummern benachrichtigt. Bis dahin sollten sie es ordentlich krachen lassen.

Das musste der DJ Robin nicht zwei Mal sagen und als ‚Can't stop raving' von Dune gespielt wurde, legte Robin so richtig los. Wie angestachelt wollte er seinen Frust über die Singleparty wegtanzen und legte fast eine Show wie bei der Rosa Disco hin. Mitten im Song sah er ungefähr zwei Meter von sich entfernt die Unbekannte vom vergangenen Freitag tanzen. Sie trug erneut das coole Make-up zu ihren blonden, kinnlangen Haaren. Dieses Mal hatte sie eine weiße Bluse an, die Robin stark an eines seiner Arbeitshemden erinnerte. Darüber trug sie einen Gürtel, sodass es wie ein kurzes Kleid aussah, unter dem sie allerdings noch eine schwarze enge Hose und schwarze hohe Plateauschuhe anhatte. Sie lächelte kurz rüber und konzentrierte sich wieder auf die Musik. Als Nächstes dröhnte der Beat von ‚Herz an Herz' von Blümchen aus den Boxen, und immer wieder hatte Robin Blickkontakt zur Unbekannten, bis sie plötzlich verschwunden war.

„So Leute, es liegen die ersten Nachrichten vor. Freuen dürfen sich die 174, die 328, die 120 und die 210. Holt euch schnell eure Nachrichten ab!!!" Damit übergab der DJ an Captain Jack, der mit ‚Drill Instructor' loslegte. Robin stand wie erstarrt auf der Tanzfläche. Friederike starrte ihn an.

Er sah auf seine Brust herunter und wollte am liebsten auf der Stelle im Erdboden versinken. Friederike gab ihm einen Schubs.

„Du hast eine Nachricht!" Sie grinste ihn an.

„Ja, toll." Sein Jubel war verhalten, und sie gab ihm einen weiteren Schubs.

Robin marschierte unter dem Gejohle der Anwesenden mit drei anderen Leuten zum DJ.

„Hier soll eine Nachricht für mich sein. Die 210."

„Die habe ich dir doch gerade gegeben..." Verwirrt sah der DJ ihn an.

„Ich habe die 210. Und habe noch keine Nachricht bekommen."

„Tut mir leid Kumpel. Habe ich wohl verwechselt." Na toll, dachte Robin, ging wieder zur Tanzfläche zurück und gesellte sich achselzuckend wieder zu Friederike. Er beugte sich zu ihr rüber.

„Er hat einem anderen Typen meine Nachricht gegeben."

Robin hakte die Sache ab. Es hätte ja eh nirgendwo hingeführt. Irgendwann sah er sich im Abstand von ein paar Metern der Unbekannten gegenüber, die zur Musik abging und ihn immer wieder aus ihren großen strahlendblauen Augen ansah. Robin hielt ihrem Blick stand und bewegte sich wie gewohnt sehr routiniert zu den Dance Tracks, die der DJ so spielte. Mit der Zeit wechselte das Publikum auf der Tanzfläche, doch Robin und die Unbekannte hielten weiter durch. Zwischenzeitlich wurden weitere Nummern aufgerufen, für die neue Nachrichten vorlagen. Robins Nummer war Gott sei Dank nicht noch mal dabei. Friederike ging etwas trinken, doch Robin wollte noch den laufenden Titel zu Ende bringen. Kaum war Friederike verschwunden, stand SIE direkt vor ihm. Vielmehr tanzte sie vor ihm. Sie war annähernd so groß wie Robin und schaute ihm mit einem süffisanten Lächeln tief in die Augen. Als der letzte Takt des laufenden Songs verklungen war, beugte sie sich vor und sprach in sein rechtes Ohr.

„Was sagst du zu meiner Nachricht?" Der nächste Song begann, und sie bewegten sich weiter.

„Ich habe leider keine Nachricht bekommen. Der trottelige DJ hat sie einem anderen Typen gegeben." Robin verdrehte die Augen. „Sie war von dir?" Jetzt lächelte er. Und sie nickte.

„Ich bin Marina. Und ich hatte geschrieben, dass mir dein Tanzstil gut gefällt." Robin verbeugte sich übertrieben.

„Danke. Ich bin Robin. Ich finde deine Tanzbewegungen ebenfalls stark. Wir tanzen, glaube ich, ähnlich." Sie nickte lächelnd.

„Wollen wir gleich mal pausieren und was trinken? Oder musst du zu deiner Freundin rüber?" Sie deutete mit dem Kopf zu Friederike hinüber, die am Rand der Tanzfläche stand und neugierig beobachte, was vor sich ging.

„Nein. Sie ist eine gute Freundin und hat mich heute mit der Singleparty übers Ohr gehauen. Ich schwöre, ich wusste es nicht."

„Na, dann lass uns was trinken." Marina ging Robin voran zum hinteren Teil der Disco und übernahm auch bei der Getränkebestellung die Regie.

„Was möchtest du trinken?"

„Cola light, bitte." Sie schaute erwartungsvoll.

„Mit was drin?"

„Gern mit Eis."

„Sonst nichts?" Robin schüttelte den Kopf und sie lächelte.

„Keinen Alkohol?"

„Nein! Ich trinke beim Weggehen nichts."

„Wie alt bist du?"

„17. Und du?"

„16. In ein paar Tagen." Sie grinste. Robin zog die linke Augenbraue hoch.

„Das ist jetzt nett gemeint, aber du wirkst älter." Sie lachte.

„Danke. Woher kommst du?"

„Ich wohne in Jever. Und du?"

„Ich komme aus Leer. Letzte Woche bin ich spontan mit Freunden hergekommen. Und sie haben mich heute noch mal überredet mitzufahren. Ah, da sind sie ja."

Ein gutaussehender Typ und offensichtlich seine Freundin kamen gut gelaunt auf sie zu.

„Hey Leute, das ist Robin. Robin, das sind Martin und Mareike."

Sie begrüßten sich freundlich und gaben sich förmlich die Hand. Danach gingen sie an die Bar und überließen Marina und Robin sich selbst.

„Gehst du noch zur Schule?"

„Nein, ich mache eine Ausbildung bei der Sparkasse."

„Bei der Sparkasse? Und privat trägst du solche Outfits?" Nun zog sie die linke Augenbraue hoch.

„Klar. Wir haben manchmal Ausgang ... Und was machst du so?"

„Ich gehe auf das Wirtschaftsgymnasium. 9. Klasse. Ätzend." Ihre freche Art gefiel Robin. Er fühlte sich ihr auf eine unbeschreibliche Art verbunden. Sie waren sich sehr ähnlich. Und scheinbar beide Widder. Das musste die magische Verbindung sein!

Sie tranken aus und gingen wieder zurück zur Tanzfläche. Dort trafen sie auf Friederike, und Robin stellte Marina und sie einander vor. Friederike war überraschend spröde und fand die Story, dass sie trotz der verwechselten Nachricht zueinander gefunden hatten, nicht besonders spannend.

Robin überlegte kurz ob sie eifersüchtig sein konnte, kam jedoch zu dem Ergebnis, dass sie sich definitiv niemals so nah gewesen waren.

Der DJ rief zum Singleparty-Spiel Nr. 1 auf und erklärte, dass jetzt die Paare, die sich bislang gefunden hatten, gegeneinander spielen würden. Er rief die Nummern auf, die Nachrichten geschrieben hatten. Marina präsentierte Robin und sich als Paar und sie waren dabei. Neben ihnen hatten sich noch vier weitere Pärchen gefunden, die Lust hatten mitzuspielen.

Zuerst mussten sie zusammen tanzen, was Robin und Marina nicht schwerfiel. Der DJ spielte für sie einen Ausschnitt aus dem Housemix von ‚Falling in Love' von La Bouche und sie tanzten eng und sexy miteinander, ohne sich zu genieren.

Als alle fünf Paare getanzt hatten, durfte das Publikum mit Applaus entscheiden, wer weiter mit dabei sein sollte. Da sie den stärksten Beifall erhielten, waren sie sicher in der nächsten Runde. Hier mussten sie Rücken an Rücken stehen und Fragen des DJs beantworten. Die drei Paare mit den meisten Übereinstimmungen sollten ins Finale kommen. Bei einer Frage waren sie nicht einer Meinung und kamen dennoch in das Finale. Der DJ stellte in Aussicht, dass das Gewinnerpaar für ein paar Tage nach Venedig reisen durfte. Und das zweitplatzierte Paar bekam einen Gutschein für ein Restaurant in Heidmühle im Wert von 150 Mark. Für den dritten Platz gab es einen Verzehrgutschein im Wert von 100 Mark im ‚Dörp'.

Robin und Marina waren sich einig, dass sie gern den zweiten Platz machen würden.

Die finale Aufgabe bestand darin, sich überzeugend zu küssen. Anschließend durfte das Publikum entscheiden, wer wohl die heißeste Performance hingelegt hatte und das Siegerpaar wählen.

Zur Musik von ‚Sex Machine' der 20 Fingers & Katrina legte das erste

Paar los, doch sie tanzten mehr, als dass sie sich küssten. Das Publikum applaudierte höflich, danach waren Robin und Marina dran und sie traten eng voreinander hin und legten ihre Lippen aufeinander. Marinas Lippen waren zart, und Robin war überrascht, wie gut es sich anfühlte. Also erhöhte er den Druck und zog sie dabei nah an sich heran. Marina stieg voll drauf ein, und ihre Zungenspitze kitzelte seine Lippen und begehrte Einlass. Sie bewegten sich rhythmisch zur Musik und küssten sich leidenschaftlich. Robin wusste nicht, wie ihm geschah. Tausend Gedanken rasten durch seinen Kopf. Er hatte sich ein halbes Jahr zuvor vor seinen Eltern geoutet, und jetzt knutschte er mit einem Mädchen auf einer Singleparty herum. Das Schlimmste war, dass es ihm gefiel. Er war froh, dass er die karierte Hose trug. Sie war etwas weiter geschnitten, da konnte das Publikum nicht sehen, wie gut es ihm gefiel. Erst als tosender Applaus einsetzte, kehrte Robin in die Wirklichkeit zurück und sah Marina tief in die Augen. Sie hingen noch immer Lippe an Lippe, doch mussten sie beide grinsen. Und so lösten sie sich letztlich voneinander.

Paar 3 war an der Reihe, doch während er immer wieder versuchte sie zu küssen, wand sie sich in seinen Armen und wich ihm aus. Das Publikum johlte und klatschte Beifall für diese unfreiwillig komische Darbietung. Der Applaus übertraf sogar noch den für Marina und Robin, sodass sie auf dem zweiten Platz landeten. Sie hätten nicht glücklicher darüber sein können. Sie bekamen den Gutschein und verabredeten sich gleich wieder für den nächsten Freitag zum Essen gehen. Marina würde Martin und Mareike mitbringen. So hätten sie ein cooles Doppeldate. Weiterhin tauschten sie Adressen und Telefonnummern aus, und die drei fuhren nach Leer zurück. Mittlerweile war es 3.00 Uhr durch und sie würden noch ungefähr eine Dreiviertelstunde unterwegs sein. Marina und Robin küssten sich noch einmal, jedoch wieder etwas keuscher als auf der Tanzfläche.

Als Robin Friederike zum Aufbruch bewegen wollte, zickte sie rum, dass sie noch bleiben wolle. Er fragte noch mal vorsichtig nach, weil er nun fahren musste, da er eh schon die Zeit überzogen hatte, doch sie verneinte nochmals. Also verabschiedete er sich von Friederike und ging zum Taxistand.

Mit dem nach einem Discobesuch üblichen Piepen im Ohr lag Robin in seinem Bett wach und dachte an den Abend und die überraschenden

Ereignisse. Was war nur passiert? Und warum musste es ausgerechnet ihm passieren? Was sollte er seinen Eltern erzählen? Was sollte er Marius, René und überhaupt allen erzählen? Und wie sollte es mit Marina weitergehen?

Seinen Eltern und Oma erzählte Robin es am nächsten Tag besonders witzig und mit übertriebener Darstellung aller Fakten, sodass klar war, es war irgendwie passiert und dabei nur ein Spaß. Er würde seine sexuelle Orientierung dafür nicht überdenken. Allerdings müsse man sich auf jeden Fall wiedersehen, da der Gutschein nun einmal gewonnen war. Sollte Mama Rita sich Hoffnungen machen, ließ sie es sich nicht anmerken.

Sonntagabend rief Fabian an und wollte hören, wie Robins Woche gelaufen war.

„Hallo, Fabian. Das ist ja eine Überraschung. Gut war die Woche! Du glaubst gar nicht, was mir passiert ist." Robin erzählte die Geschichte mit der Singleparty.

„Mann, du erlebst Sachen!"

„Ja, verrückt, oder? Und wie sieht es bei dir aus? Bist du schon nervös wegen kommendem Wochenende? Ihr trefft euch doch Samstag, oder?"

„Richtig. Ich habe das Album für Marius gekauft. Wir freuen uns. Hauptsache, seine Mutter bleibt entspannt."

„Wenn die Gute ihre Dauertage hat, wird das kein Spaß!"

Als sie aufgelegt hatten, war Robin verwirrt. Warum hatte Fabian angerufen? Wollte er nur wissen, wie seine Woche gewesen war? Um auf andere Gedanken zu kommen, und weil sie gerade über ihn gesprochen hatten, rief Robin bei Marius an und drückte sich die Daumen, dass nicht seine Mutter am Telefon war.

„Hallo?"

„Marius! Hi, hier ist Robin!"

„Ach, hallo Robin. Wie schaut's bei dir?"

„Total verrückt. Das erzähle ich dir gleich, aber wie geht es dir?"

„Super. Fabian kommt am Wochenende. Und wir gehen in die Stadt. Das wird bestimmt schön. Wir telefonieren fast täglich miteinander. Er ist so nett! Hatte er sich eigentlich noch bei dir gemeldet? Er hat mich nach deiner Nummer gefragt, jedoch nicht verraten, wofür er sie haben wollte." Robin überlegte fieberhaft. Was könnte eine plausible Erklärung sein? Er durfte Marius ja nichts verraten!

„Ach, das war witzig. Er wollte nur sichergehen, dass ich mich am Sonntagmorgen in Oldenburg nicht ausgegrenzt gefühlt habe. Sprich ihn bitte nicht drauf an. Er ein lieber Kerl. Du hast so ein Glück!!" Anschließend lenkte Robin das Gespräch auf seine Erlebnisse bei der Singleparty, und das Thema war abgehakt. Marius war verblüfft und beeindruckt zugleich, dass Robin das so mitgemacht hatte.

„Bist du denn nun schwul oder bi? Das verstehe ich nicht." Robin wusste es selber nicht.

„Ach Marius, das ist doch alles halb so wild. Und zur Not: Ein bisschen bi schadet nie ..."

***

Was passiert nur mit mir, dachte Robin nach dem Date mit Marina und ihren Freunden am nächsten Freitag, und wie soll das weitergehen? Einen Abend lang die Hete geben war ja noch witzig gewesen, nun hatten sie bei dem erneuten Treffen wieder herumgeknutscht, und er hatte deutlich körperlich reagiert. War sein Outing und die schwule Szene in Oldenburg nur eine kurze Episode gewesen? Würde er ernsthaft mit Marina zusammen sein können? Robin schüttelte sich, wie um die Gedanken aus seinem Kopf zu vertreiben und versuchte zu schlafen.

Blooming 18

Reality is always such a drag,
For barely blooming eighteens
The barely blooming eighteen,
Wants to know,
What's hiding in the shadow[12]

Robin schlug die Augen auf und konnte es kaum fassen. Sein 18. Geburtstag! Nun war er volljährig und konnte tun und lassen, was er wollte. Mehr oder weniger, dachte er. Wohl eher weniger. Immerhin hatten seine Eltern

[12] Quelle: Billy Steinberg / Jonas Berggren

klare Regeln, und sofern er nicht auszog, musste er sich daranhalten. Und im Job würde sich ebenfalls nichts weiter ändern. Außer, dass er nicht mehr unter das Jugendschutzgesetz fiel und komische Pausenzeiten einhalten musste.

Er seufzte. Seinen Führerschein hatte er nicht mehr rechtzeitig bekommen. Die theoretische Prüfung stand in zwei Wochen an. Also war da ebenfalls nichts mit der großen Freiheit.

Dann erinnerte er sich an das Päckchen, das am Vortag für ihn angekommen war und sprang aus dem Bett, um es hervorzuholen. Es war von Fabian aus Cloppenburg, und er hatte groß drauf geschrieben, dass es erst am 05. April geöffnet werden durfte. Robin hielt es in den Händen und überlegte, wie verrückt die vergangenen drei Wochen gewesen waren.

Marina hatte Wort gehalten und ihm einen Brief nach dem anderen geschrieben, und da Robin immer direkt geantwortet hatte, war ein ordentlicher Haufen Briefe in kürzester Zeit entstanden. Zu ihrem 16. Geburtstag am 22. März hatte Robin eine witzige Karte geschickt, und sie hatten auch telefoniert. Sie waren auf das Thema Expartner gekommen, da Marina ihren letzten Freund zu ihrem Geburtstag eingeladen hatte, Robin allerdings nicht kommen konnte.

Daraufhin hatte sie Witze gemacht, sie hätte gern eine detaillierte Aufstellung aller Exen von Robin. Und er hatte sich einen Spaß daraus gemacht, ehrlich zu antworten und ihr geschrieben, mit welchen Jungs er vor ihr etwas gehabt hatte. Ihre Reaktion hatte Robin nicht korrekt vorausgesehen, denn er hatte angenommen, damit wäre ihre Freundschaft beendet. Marina hatte allerdings begeistert reagiert, sie hätte also doch richtig gelegen mit ihrer Vermutung, dass er bisexuell war. Sie fand das wohl schick. Robin war es recht, denn durch ihren Briefwechsel war sie ihm schnell ans Herz gewachsen. Abgesehen davon konnte er ihr ehrlich sagen, wo er am letzten Wochenende im März auf Tour ging – der Rosa Disco.

Die war allerdings eine Katastrophe gewesen. Marius hatte sich fürchterlich mit Fabian verkracht, sodass es zwischen ihnen aus war. Robin stand da zwischen den Stühlen, denn Fabian hatte sich schon vor der Rosa Disco ungefähr alle drei Tage gemeldet, und sie hatten kurzweilige Gespräche geführt. Robin hatte Fabian die weitere Entwicklung mit Marina berichtet, und dieser hatte angekündigt, bei der Rosa genau hinzuschauen, wie heterosexuell Robin wirkte. René hatte die Marina-Geschichte erst während ihrer gemeinsamen Thekenschicht erfahren. Er hatte den Dienst für sie organisiert, da Robin nach Uwes miesem Verhalten bei der Februar-Rosa keinen Bock gehabt hatte ihn anzurufen.

„Was? Du stehst jetzt auf Pussies? Das ist ja gar nicht muschi!"

„Na ja, da wird die Auswahl größer. Außerdem ist sie eine echte Granate. So wie ich, nur weiblich!"

René hatte gegackert.

„Dann bring die Gute mal zur Begutachtung mit. Oder wäre ihr das unangenehm?"

„Im Gegenteil! Sie weiß, dass ich bislang nur Kerle hatte. Vielleicht gefällt ihr ja die Vorstellung, mir ans richtige Ufer zu helfen ..."

Das verblüffte René.

„Sie weiß das alles?" René hatte eine ausladende Geste mit den Armen gemacht. Robin hatte sie übertrieben wiederholt.

„Ja, sie weiß das alles. Ich finde, ihre Reaktion spricht für sie!"

Im Anschluss hatten sie wie gewohnt die Tanzfläche erobert und stundenlang getanzt. Später hatte erst Marius Robin erzählt, dass er sich von Fabian getrennt habe. Kurz darauf hatte auch Fabian gemeint, dass er wegen des Streits mit Marius gehen würde, sie sich ja die Tage hören könnten und Robin zum Abschied zum ersten Mal gedrückt.

Aus „die Tage" wurde nichts, denn Fabian hatte bereits am Sonntagabend angerufen.

„Hi, Robin. Wie geht's dir?"

„Hallo Fabian, mir geht es so weit gut. Marius ist ein wenig durch den Wind. Und wie geht es dir?"

„Soweit gut. Was hat Marius denn?"

„Er versteht nicht, was plötzlich zwischen euch los war. Als du ihn besucht hattest, war doch alles prima. Sagt zumindest Marius."

„Ja, es war auch prima. Allerdings ist mir in den zwei Wochen bis zur Rosa Disco aufgegangen, dass Marius in vielen Bereichen noch sehr jung ist."

„Was meinst du mit jung? Unerfahren?" Robin hatte das Gefühl Marius beispringen zu müssen.

„Du kannst ihn doch nicht mit dir vergleichen. Du bist 25 Jahre alt und wir 17 Jahre."

„Das Alter spielt da nicht immer eine Rolle. Sieh doch dich an. Du bist viel reifer als Marius und setzt dich sogar jetzt noch für ihn ein. Du wirkst so viel unabhängiger als er."

Robin hatte es langsam gedämmert. Fabian hatte sie miteinander verglichen und wohl entschieden, dass Marius es nicht mit ihm aufnehmen konnte. Er hätte vermutet, dass es sich besser anfühlen würde, doch das tat es nicht. Er mochte Marius so wie er war, sehr gern. Und sich selbst hielt er nicht für wesentlich reifer und unabhängiger. Er hatte halt eine größere Klappe. Das hatte er Fabian gegenüber allerdings nicht einräumen wollen. Also hatte er abgelenkt.

„Ach Fabian, ich werde in ein paar Tagen 18 Jahre alt. Die paar Monate machen in unserem Alter durchaus etwas aus."

„Stimmt ja, du wirst 18! Und gibt es eine große Party?" Das Ablenkungsmanöver war Robin geglückt.

„Nein, ich habe an Karfreitag Geburtstag. Da ist nichts mit großer Feier. Abgesehen davon sind alle wichtigen Personen in alle möglichen Richtungen verstreut. Da klappt das nicht."

„Das ist schade." Es war eine kurze Pause eingetreten.

„Zwischen uns ändert sich doch nichts, oder?" Robin hatte seinen Ohren kaum getraut. Was hatte Fabian sagen wollen?

„Wie meinst du das?"

„Na ja, wir telefonieren weiterhin? Und sehen uns auf der nächsten Rosa Disco?"

„Klar. Auf jeden Fall." Das Kribbeln im Bauch hatte Robin ignoriert so gut es ging. Er würde Marius gegenüber solidarisch bleiben.

„Jetzt muss ich langsam Schluss machen. Morgen startet meine letzte Woche in Oldenburg. Da muss ich fit sein. Wieder eine neue Abteilung. Danach habe ich es geschafft und habe sogar Urlaub."

„Okay, wir hören uns. Bis dahin mach es gut, Kleiner." Das „Kleiner" hatte Robin eine angenehme Gänsehaut verursacht.

Die Arbeit in der Auslands- und Wertpapierabteilung der Hauptstelle in Oldenburg hatte ihm super gefallen, und Robin hatte viel gelernt, insbesondere im direkten Kundenkontakt. Das Highlight war allerdings der tägliche Postgang gewesen, denn als er das erste Mal nach der Rosa Disco allein die anfallenden Briefe und Schreiben in die Postabteilung gebracht hatte, hatte ihn der Postfritze schief von der Seite angequatscht!

„Du kannst ruhig grüßen!“ Robin war von dem schnoddrigen Ton völlig überrascht gewesen.

„Oh Entschuldigung, ich hatte gerade ‚Moin‘ gesagt.“

Der Kollege aus der Postabteilung hatte abgewunken.

„Ach, ich meine doch nicht jetzt. Auf der Rosa!“ Robin waren die Augen fast aus dem Kopf gefallen.

„Äh, wie bitte?“

„Ja, wenn du da mit deinen Freunden eine Show abziehst, kannst du ruhig mal grüßen, wenn dir jemand Bekanntes über den Weg läuft.“

Robin hätte kreischen mögen. Was glaubte der Typ mit Bart, Brille, Bauch und Halbglatze eigentlich? Es war schon schlimm genug, dass er auf der Arbeit zu solchen Typen nett sein musste, auf der Rosa sah er sie nicht mal! In letzter Sekunde hatte er sich wieder im Griff und grinste nur breit.

„Beim nächsten Mal denke ich dran. Frohes Schaffen!“ Er hatte sich die Post der Wertpapierabteilung unter den Arm geklemmt und war aus der stickigen Postabteilung geflohen. Wenn er das René erzählte, würde der sich wegschreien!

***

Nun saß Robin mit dem Päckchen von Fabian in der Hand an seinem Schreibtisch und öffnete es vorsichtig. Als er sah, was sich im Innern verbarg, setzte sein Herz kurz aus! Das neueste Album von Celine Dion – ‚Falling into you‘ - lag darin. Fabian hatte ihm das Album gekauft! Dazu hatte er noch eine Karte geschrieben und eine kleine Plüschkatze beigelegt. Robin war hin und weg. Mit zitternden Fingern öffnete er die CD-Hülle und legte die Scheibe in den CD-Player seiner Musikanlage ein. Er startete mit dem zweiten Titel ‚Because you loved me‘. Der lief in den Charts auf MTV rauf und runter - Robin liebte den Titel. Er erinnerte sich, dass er Fabian lediglich am Rande eines ihrer Telefonate davon erzählt hatte. Dass er sich das gemerkt hatte, machte Robin fassungslos. Er legte die Plüschkatze auf den Schreibtisch und öffnete die Karte.

„Lieber Robin, herzlichen Glückwunsch zu deinem 18. Geburtstag und alles Gute für dein neues Lebensjahr. Leider kann ich nicht persönlich da sein, wünsche dir aber einen wunderschönen Tag. Das Kätzchen ist ein Gutschein

für all die Streicheleinheiten, die du an diesem Tag verdient hättest. Du kannst ihn zu einem späteren Zeitpunkt bei mir einlösen! Ganz liebe Grüße – auch an deine Eltern und deine Oma, Fabian"

Robin legte die Karte beiseite, nahm die Katze und drückte sie fest an sein Gesicht. Das musste doch alles etwas bedeuten! Der Albumtitel, die Katze als Gutschein für Streicheleinheiten, das hatte Fabian bestimmt nicht ohne Hintergedanken gemacht. Robin lauschte der Musik und als der nächste Titel ‚Falling into you' begann, stand Robin vom Stuhl auf und wiegte sich im Rhythmus des Songs. Er fühlte sich wie auf Wolken stehend, leicht und frei wie eine Feder. Dieses Gefühl wollte er für immer behalten, sodass Robin sich den Moment fest einprägte, um dieses Glück niemals zu vergessen.

Es klopfte an seiner Tür, Mama Rita öffnete sie einen Spalt und schaute hinein.

„Na, was ist denn hier los? Das ist mal schöne Musik!"

„Das ist das neueste Album von Celine Dion. Fabian hat es mir geschenkt. Die CD war in dem Päckchen von gestern!"

Rita machte große Augen und staunte, wie glücklich Robin da vor ihr stand. Sie machte zwei Schritte auf ihn zu und umarmte ihn fest.

„Herzlichen Glückwunsch, mein Schatz! Alles Gute zum 18. Geburtstag!" Und dass du für immer so glücklich bleiben magst wie in diesem Moment, fügte sie in Gedanken hinzu, befürchtete allerdings, dass das nicht eintreffen würde. Das Leben bestand nun mal nicht nur aus den sonnigen Momenten. Jetzt freute sie sich riesig für ihren nun volljährigen Sohn und tanzte mit ihm durch sein Zimmer.

„Was hältst du von Frühstück? Du musst mich nur gehen lassen." Sie lachte.

„Ich mach mich schnell fertig. Gibt es Rührei?"

„Rührei? An Karfreitag?" Rita tat, als dachte sie angestrengt nach.

„Na gut, weil es dein 18. Geburtstag ist!" Sie machte sich auf den Weg die Treppe runter, und Robin drehte die Musik noch etwas lauter, ging ins angrenzende Badezimmer und hübschte sich zu den Klängen der nächsten Titel sorgfältig auf.

Im Verlauf des Tages riefen all die wichtigen Freunde an, um ihm zu gratulieren. Marius drängte Robin dazu, alle auf ihn folgenden Anrufer für den

Samstagabend ins ‚Dörp' einzuladen. Dort könnten sie auf ihn anstoßen und ordentlich abtanzen. Die Idee fand Robin großartig. Wenn schon keine richtige Feier, so zumindest die Leute treffen, die Zeit hatten und auf eine Runde Drinks einladen. Wie in den amerikanischen Serien nicht zu Hause feiern, sondern irgendwo in einer Bar oder einem Club. Am Ende sagten sogar einige Leute zu. Marina konnte Martin und Mareike überreden, dass sie mit ihr nach Heidmühle fuhren. Marius und Steffen konnten bei Kristina und Stefanie mitfahren. Morten kam ebenfalls. Sogar Friederike sagte zu, dass sie kommen würde.

René konnte nicht kommen, überraschte Robin dafür mit einer Einladung nach Bremen für das Wochenende von Freitag, dem 19. April bis Sonntag, dem 21. April. Am Freitagabend würden sie gemeinsam ins ‚TOM'S' gehen. Und am Samstagabend fand eine Aids-Gala im ‚Modernes' statt. René hatte Karten für sie besorgt. Und das Beste war, Robin durfte jemanden mitbringen!

„Vielleicht gibt es ja jemanden, den du mitbringen möchtest. Meine Eltern sind an dem Wochenende verreist."

„René, du bist ein Schatz! Ich frage Fabian, ob er mitkommen möchte."

„Fabian? Ist der nicht mit Marius zusammen?"

„Ach, das hatte sich doch auf der letzten Rosa erledigt. Und Fabian hat mir etwas Wunderschönes zum Geburtstag geschickt. Das neueste Album von Celine Dion und eine kleine Plüschkatze, die ein Gutschein für Streicheleinheiten ist."

„Oh ... Das ist natürlich extrem pussy ..." René gackerte über den gelungenen Wortwitz.

„Du doofe Kuh!" Robin lachte mit.

„Also, wenn er Zeit hat und mitkommen will, sind wir dabei. Ich komme auf jeden Fall und freue mich riesig!! Lieben Dank!"

„Das wird oberstmuschi. Thore freut sich auch schon, dich endlich mal kennenzulernen!"

Thore? Robin musste drei Sekunden nachdenken und erinnerte sich an den Namen. Thore war ein etwas älterer Kollege von René in der Anwaltskanzlei, in der er seine Ausbildung machte. Das Thema Ausbildung lief bei René nicht so konstant wie bei Robin. Erst war er auf einer Schule für Kindergärtner, dann auf einer Schule für Einzelhandelskaufleute, hatte anschließend ein Praktikum bei einem großen Kaufhaus begonnen und war letztlich als Azubi zum Rechtsanwalts- und Notargehilfen angefangen. Bei René war es halt nie langweilig, dachte Robin und lächelte vor sich hin.

„Das ist super. Sag Thore liebe Grüße, ich freue mich auch auf ihn!“

Bis 20.00 Uhr hatte sich Fabian noch nicht gemeldet. Und Robin entschied, dass er sich nun dringend bei ihm bedanken musste. Also wählte er die Nummer in Cloppenburg mittlerweile aus dem Kopf. Fabian ging nach dem ersten Klingeln dran.

„Hallo?“

„Hallo, Fabian! Hier ist Robin. Ich möchte mich herzlich bei dir ...“ Weiter kam Robin nicht.

„Happy Birthday, Kleiner. Du hast hoffentlich viel Spaß mit der CD!“

„Oh ja, Fabian. Sie ist großartig. Und die Plüschkatze und die Karte sind wunderbar.“

Zum ersten Mal schien Fabian um Worte verlegen.

„Die CD habe ich jetzt bestimmt schon fünf Mal gehört!“ Robin versuchte die Pause zu füllen.

„Das ist prima. Weißt du. Es is t... also die Plüschkatze ... ich ... du weißt schon.“

„Hm, ehrlich gesagt, weiß ich nicht genau, was du sagen möchtest.“

Fabian holte tief Luft und atmete lange aus.

„Also, eigentlich hatte ich mich schon auf der Rosa in dich verguckt, als ich Marius und dich zum Bahnhof begleitet hatte. Daher hatte ich deine Telefonnummer von Marius erfragt. Und du warst immer so schlagfertig und großherzig am Telefon. Selbst als Marius und ich uns auf der letzten Rosa gestritten hatten, hast du ihn in Schutz genommen. Und da musste ich mir eingestehen, dass ich mich in dich verknallt habe.“

Robin traute seinen Ohren kaum.

„Warum hast du denn nicht längst etwas gesagt? Ich fand dich auf der Februar-Rosa ebenfalls interessant! Du hast mit Marius angebändelt, da wollte ich mich nicht zwischen euch drängen!“

„Aber jetzt wissen wir Bescheid. Das ist doch klasse, Kleiner.“

Robin hatte das Gefühl, sein Herz müsse vor Glück zerspringen.

„Warte bitte mal kurz, Fabian.“ Robin legte den Hörer neben den Apparat auf den Esszimmerboden und rannte in die Küche, wo seine Eltern saßen. Wenige Augenblicke später war er wieder am Telefon und strahlte so, dass Fabian das Lächeln sogar am Telefon hören konnte.

„Falls du Zeit hast, würde ich dich gern für das nächste Wochenende nach Jever einladen. Du könntest am Samstag zu mir kommen und über Nacht bleiben. Und am Wochenende drauf hat René Karten für die Aids-Gala am Samstag. Da würde ich mich riesig freuen, wenn du mit mir nach Bremen kommst. Da geht es schon am Freitag los, und wir gehen ins ‚TOM'S'. Was meinst du?"

Fabian sagte sofort zu, und so besprachen sie die Details für ihr gemeinsames Wochenende.

***

Der Samstagabend im 'Dörp' verlief ohne große Besonderheiten. Tatsächlich waren alle, die zugesagt hatten, gekommen und ließen Robin nachträglich hochleben. Marina hatte beim DJ Bescheid gegeben, dass der arme Kerl eigentlich am Karfreitag 18 Jahre alt geworden war und deshalb erst heute nachfeiern konnte. So bekam Robin eine Flasche Sekt geschenkt, und sie konnten auch damit anstoßen. Kristina und Stefanie waren etwas zurückhaltender im Kontakt zu Marina. Robin hatte sich doch geoutet. Wieso stellte er sie als seine Freundin vor? Als Robin die Singleparty-Geschichte erzählte, machte Kristina noch größere Augen als sonst und bekam einen ausgewachsenen Lachkrampf.

„Das ist ja der Hammer! Und du, Marina weißt, dass Robin bislang nur Freunde hatte?"

„Ja, das hat er mir geschrieben, als wir auf das Thema Exen gekommen sind."

„Und du hast damit kein Problem?" Stefanie war ebenfalls neugierig.

„Nein, wieso? Er war ja ehrlich als ich gefragt hatte."

Marius verstand sich gut mit Marina, sodass sie später alle gemeinsam die Tanzfläche stürmten und miteinander tanzten. Zwischendurch konnte Robin in Ruhe mit Marius sprechen. Die Sache mit Fabian hatte Robin noch nicht am Vortag erzählt. Das wollte er Marius persönlich sagen. Also hatte er ihn gebeten, mal kurz vor die Tür der Disco zu gehen.

„Ui, was gibt es denn Wichtiges, dass wir sogar vor die Tür gehen müssen? Muss ich Angst haben? Ist Marina schwanger?" Marius lachte über seinen Witz und Robin stimmte ein.

„Nein, natürlich nicht. Also, zumindest nicht von mir!“ Sie lachten nochmals.

„Was gibt es denn?“ Robin wusste nicht so recht, wie er mit der Sache herausrücken sollte, also trat er die Flucht nach vorne an und haute alles schnell raus.

„Fabian möchte mit mir zusammen sein. Und er hat mir eine CD und eine Plüschkatze geschenkt. Ihr seid jedoch gerade erst getrennt. Und er war nicht unbedingt nett zu dir. Aber ich mag ihn.“ Marius sah Robin ohne Reaktion an.

„Und nächstes Wochenende kommt er her, und wir fahren am Wochenende drauf gemeinsam nach Bremen zu René.“ Marius nickte tonlos.

„Und was sagst du dazu?“ Robin sah Marius forschend an.

„Tja, du bist ja der Ältere von uns beiden und nun volljährig. Du wirst schon wissen, was du tust.“

„Ach komm, Marius. Zick hier bitte nicht rum. Du bist mir superwichtig!“

Marius strahlte. „Ja?“

„Klar. Du bist mein bester Freund!“ Ohne Rücksicht auf das ansonsten eher heterosexuell veranlagte Publikum vor dem ‚Dörp‘ sprang Marius Robin in die Arme und drückte ihn fest.

„Du hast meinen Segen! Wenn er dir wehtut, hab ich es dir jedoch vorher gesagt.“

Sie lachten.

„Ja, dann hast du es mir gesagt. Und nun rein mit dir, ich friere mir den volljährigen Arsch ab. Außerdem wartet meine Freundin drinnen und denkt bestimmt, dass wir rummachen.“

„DAS müssen wir sowieso noch mal in Ruhe besprechen. Losgelöst davon, dass du nun zweigleisig mit Marina und Fabian fahren willst: Kristina hätte fast einen Schlaganfall bekommen, dass du nun eine Freundin hast! Sie hat dir doch all ihre Liebesgeheimnisse anvertraut, weil sie meinte, du seist schwul. Und jetzt so was. Das geht nicht!“ Wieder lachten sie und zeigten am Eingang artig ihre Stempel vor, um wieder hineinzugelangen.

Drinnen angekommen, wollte Marina mit Robin nach draußen auf den Parkplatz gehen.

Zwischen den Autos standen sie da und Marina küsste Robin zärtlich auf den Mund.

Wie jedes Mal fuhr ihm ein elektrisierender Blitz durch den Körper und er öffnete in freudiger Erwartung den Mund ein wenig, um Marina Einlass zu gewähren. Doch sie stieg nicht darauf ein.

„Was ist los? Habe ich was gemacht?"

„Ich weiß nicht, hast du?" Marina sah ihn gespielt streng an.

„Worauf willst du hinaus?"

„Robin, ich mag dich sehr gern. Ich bin sogar in dich verknallt und kann mir gut vorstellen, dass wir eine schöne Zeit miteinander haben." Sie machte eine kleine Pause.

„Aber?" Robin verstand nicht, worauf sie hinaus wollte.

„Als ich vorhin diese Kristina kennengelernt habe, sind ihr fast die Augen rausgefallen, dass du eine Freundin hast. Sie meint doch, dass du schwul bist, oder? Und Marius ist ebenfalls schwul. Ich glaube nicht, dass ich von dir als meinem festen Freund lange etwas habe."

Robin wich einen Schritt zurück und sah sie entsetzt an. Was wollte sie sagen? Er wollte sie nicht verlieren, dafür mochte er sie bereits zu sehr. Und sie waren sich doch so ähnlich!

„Deshalb möchte ich dich nicht mehr als festen Freund haben."

Das war wie ein Schlag ins Gesicht, dachte Robin. Doch noch bevor er etwas erwidern konnte, legte Marina nach.

„Als meinen besten Freund möchte ich dich allerdings nicht verlieren!" Sie lächelte strahlend.

„Wir haben so viele Gemeinsamkeiten in Sachen Klamottengeschmack und Styling. Und den gleichen Humor. Du hattest lediglich mehr Typen als ich."

Das sagte sie so trocken, dass Robin lachen musste. Er machte erleichtert einen Schritt auf sie zu und umarmte sie fest. Er gab ihr einen züchtigen Kuss auf die Wange und sah ihr fest in die Augen.

„Danke! Du bist wunderbar! Wir sind uns tatsächlich sehr ähnlich. Ich habe dich sehr gern, Marina. Das musst du mir glauben ..."

Sie unterbrach ihn.

„Oh, das glaube ich dir. Ich habe es beim Knutschen gemerkt." Sie zog ihre linke Augenbraue hoch und lachte.

Robin wurde rot. Sie hatte es gemerkt. Wie peinlich!

„Das macht doch nichts. Glaube mir, damit werde ich in der Clique angeben, dass ich sogar einem Schwulen einen Ständer verpasst habe." Sie lachte ihr dreckiges Lachen, das Robin so mochte.

„Na, so ist doch alles gut. Ach ja, und diese Nadelstreifenhose musst du mir unbedingt mal ausleihen. Das Teil an mir auf der Rosa-Disco wird ein Ker-le-Ma-gnet."

„Kriegst du, allerdings will ich mitgehen!"

Sie umarmten sich und gingen Arm in Arm in die Disco zurück. Robin ging durch den Kopf, wie elegant sich die Situation mit Marina und Fabian aufgelöst hatte. Nun konnte er sich auf ihn konzentrieren. Und er hatte eine beste Freundin, die er sich toller nicht hätte backen können!

***

Am Samstag drauf traf Fabian um die Mittagszeit ein, und Robin machte sich Sorgen, wie sein Vater wohl auf Fabian reagieren würde. Doch als Fabian mit seiner Tasche in der linken Hand seinem Vater die Rechte zum Gruß hinhielt, griff Papa Bernhard zu und schüttelte sie freundlich.

„Hallo Fabian, schön, dich kennenzulernen. Ich bin Bernhard. Komm doch rein."

Robin war überrascht, und auch Mama Rita ging es ähnlich. Das sah er über die Szenerie hinweg in ihrem Gesicht. Auch sie stellte sich vor und hieß Fabian willkommen. Ebenso Robins Oma, die anschließend wieder in ihren Teil des Hauses zurückging.

Robin bugsierte Fabian die Treppe rauf und schob ihn in sein Zimmer. Als die Tür hinter ihnen ins Schloss fiel, fielen sie sich in die Arme und ihre Lippen fanden einander. Nach einem schier endlosen ersten Kuss ging Robin zur Musikanlage und stellte den CD-Player an. Fabian nickte wissend und lächelte.

„Da muss ich jetzt durch, was?" Robin sah ihn gespielt empört an.

„Willst du dich etwa weigern?"

„Wie könnte ich? Ich habe dir das Album ja geschenkt. Es ist nur nicht meine Musik."

„Tja, ich habe kein Album vom Rödelheim Hartreim Projekt. Da hättest du nach Wilhelmshaven fahren müssen."

Fabian wollte etwas antworten, doch Robin verschloss ihm mit einem erneuten Kuss den Mund. Sie fielen auf Robins Bett und erforschten mit flinken Fingern ihre Körper. Fabians schwarze DocMartens-Halbschuhe landeten auf dem Fußboden und sein Sweatshirt folgte. Von Fabians leicht behaarter Brust war Robin entzückt. Er war damit eine perfekte Mischung zwischen Hendrik und Uwe. Der Behaarung folgte er unter den Bauchnabel und noch weiter. Die weite Jeans landete auf dem Fußboden und so lag Fabian nur noch in Boxershorts und Socken da. Robin trug sein weißes T-Shirt und die Unterwäsche. Eifrig machte er sich an Fabians Boxershorts zu schaffen, die zwischenzeitlich wie ein Zelt von ihm abstanden. Celine Dion sang ‚Make you happy' und Robin tat genau das. Befreit von der letzten Schicht Stoff sprang Fabians Ding hervor. Robin war positiv überrascht. Er war groß, einen winzigen Grad zur Seite geneigt und sehr ansehnlich. Und noch bevor der Song zu Ende war, hatte Robin Fabian gezeigt, wie gut er mit Lippen und Zunge umgehen konnte. Fabian revanchierte sich mit einer salzigen Köstlichkeit, die Robin schluckte. Er kuschelte sich an Fabian und genoss die Zärtlichkeiten seines Liebhabers.

Später am Nachmittag half Robin Mama Rita beim Kochen und Fabian schaute mit Robins Vater Fußball.

„Sie schauen Fußball miteinander! Ich fasse es nicht." Robin hatte mehr zum Scherz angeboten, dass Fabian statt zu helfen Fußball schauen konnte. Und der hatte dankend angenommen und fachsimpelte nun mit Papa Bernhard während der einzelnen Spiele in der Sportschau. Papa Bernhard hatte sogar ein Bier spendiert!

„Tja, gewöhn dich dran." Mama Rita strahlte. Fabian schien ihr ein netter Kerl zu sein. Er war höflich, gut erzogen und sah ordentlich aus. Er war zwar ein paar Jahre älter, doch das war für Robin gut, denn er brauchte eine leitende Hand. Das war ihr klar. Ihr Sohn war ein kreatives Energiebündel und schlau dabei. Wenn er wollte, konnte er einem Eskimo einen Kühlschrank aufschwatzen. Dazu hatte er immer Flausen im Kopf. Da tat ihm ein älterer Freund sicherlich gut.

„Nachher geht ihr noch ins ‚Dörp'?"

„Tja, wenn ich Fabian von der Couch bekomme, bestimmt."

Er bekam Fabian von der Couch. Allerdings blieben sie nicht lange im ‚Dörp', dazu hatten sie zu viel Lust aufeinander. Als sie später in Robins Zimmer waren, zogen sie sich aus und legten sich splitterfasernackt unter die Decke. Robin rieb seinen Hintern an Fabians vorderer Körpermitte und erzielte eindeutige Ergebnisse. Fabians Hände hinterließen warme Stellen auf Robins Haut. In einem einheitlichen Rhythmus schoben sie ihre Becken vor und zurück, während sich ihre Beine ineinander verkeilten und Fabian Robins Nacken mit den Lippen liebkoste. Robin wünschte sich kurz, dass sie Musik hätten anstellen können. Allerdings schliefen seine Eltern lediglich durch zwei Türen getrennt schräg über den Flur in ihrem Zimmer. Da verbot sich jedes unnötige Geräusch. Das hatte wohl auch Fabian verstanden, denn er produzierte keinen überflüssigen Ton, während er seine harte Latte zwischen Robins Pobacken platzierte und sein Becken immer wieder vor und zurück schob. In Robins Bauch entzündete sich ein lustvolles Feuer. Erinnerungsfetzen an das Duscherlebnis mit Uwe schossen ihm durch den Kopf. Er wollte von Fabian ebenso genommen werden. Vorsichtshalber hatte Robin Kondome besorgt und langte nach einem in seiner Nachttischschublade. Er drehte sich zu Fabian um und öffnete die Verpackung. Mit geschickten Fingern setzte er den aufgerollten Ring an der großen Eichel an und schob ihn am Schaft entlang nach unten. Fabian zog die Luft scharf durch die Nase ein und raunte in Robins Ohr.

„Jetzt kann ich es nicht mehr erwarten, in dir zu sein. Wo ist das Gleitgel?" Robin erstarrte. Gleitgel? Gleitgel! Er hatte es vergessen! Ich dummes Stück, dachte Robin und spürte, wie er rot wurde. Uwe war perfekt vorbereitet gewesen, doch Robin konnte lediglich mit Gummis dienen, die einen Feuchtfilm hatten.

„Nimm Spucke, das geht doch auch."

Fabian spuckte sich in die Hand, rieb seine Spitze damit ein und setzte an Robins Loch an. Doch der Eingang war dicht. Fabian verteilte immer wieder Spucke und probierte es mehrfach, jedoch ohne Erfolg. Robin wäre am liebsten vor Scham im Erdboden versunken. Die Härte an seiner empfindlichsten Stelle wurde weich. Fabian streifte das Kondom ab und schmiss es aus dem Bett. Sollte er sauer sein, ließ er es sich zumindest nicht anmerken.

Robin setzte zu einer Entschuldigung an.

„Es tut mir leid, Fabian."

„Shhhhhh, alles okay. Lass uns kuscheln und schlafen, Kleiner."

An Schlaf war für Robin nicht zu denken. Er hätte sich ohrfeigen können für seine Dummheit. Wie konnte er das Gleitgeld vergessen? In seinem Innersten fühlte er sich so leer, dass er hätte heulen mögen. Fabians Atem wurde immer gleichmäßiger und nach kurzer Zeit schnorchelte er rhythmisch vor sich hin. Robin dagegen malte sich in den schillerndsten Farben aus, was ihm da entgangen war. Fabians Schwanz in dem Gummi war so prall und hart gewesen, er hätte ihn bestimmt noch geiler als Uwe durchgeorgelt.

Am nächsten Tag war Fabian beim Aufwachen so lieb wie immer und küsste Robin vorsichtig auf den Mund. Wussten eigentlich alle, wie geil ihn diese zarten Küsse seit dem Erlebnis mit Jochen machten? Da ging ihm durch den Kopf, dass Fabian sehr wohl wusste, wie Robin diese zarten Küsse fand, denn er hatte ihm in ihrem ersten Telefonat an Jochens Geburtstag davon erzählt. Bestimmt reiner Zufall, dachte Robin, er ist eben ein lieber Kerl.

Ein Blick auf die Uhr zeigte, dass es bald Zeit für das Mittagessen war. Fabian wollte um 16.00 Uhr fahren, also blieb ihnen danach nicht mehr viel Zeit.

Doch bevor Fabian fuhr, versuchte Robin seinen Fehler aus der Nacht gut zu machen. Und wenn sie schon nicht miteinander schlafen konnten, wollte er zumindest den Mund voll nehmen und Fabian zeigen, was er eine Woche lang bis zum nächsten Wochenende vermissen würde. Fabian hatte es sich in einem Sessel in Robins Zimmer gemütlich gemacht, und Robin kniete zwischen seinen Beinen. Und wieder dauerte es nicht lange, bis Robin die heiße, salzige Flüssigkeit im Mund schmeckte. Fabian war dieses Mal wesentlich aktiver gewesen und hatte mit seinem Becken den Rhythmus vorgegeben, sodass Robin mit seinen Lippen und der Zunge lediglich den Rahmen für die Aktivitäten bildete. Fabians Hände lagen an Robins Kiefern und der Seite seines Kopfes und hielten ihn fest. Als aus dem heftigen Atmen seines Liebhabers unkontrolliertes Stöhnen wurde und er in seinem Mund kam, hätte er nicht stolzer sein können.

Später am Abend lag Robin allein auf seinem Bett und konnte Fabian noch an seiner Bettwäsche riechen. Und er selbst musste sich damit trösten, dass sie sich schon am Freitagabend wiedersehen würden. Da registrierte er es. Er war tatsächlich verliebt in Fabian!

Crying in the rain

Stop that crying in the rain now
No more crying in the rain
Who said that crying in the rain
Could ever wash away a lover's pain?[13]

Robin hatte befürchtet, dass die Woche unendlich langsam vergehen würde. Er konnte es kaum erwarten, Fabian wieder zu sehen, und sonst hatte er sich nichts Besonderes für die freien Tage vorgenommen. Er war kein Langschläfer, sodass die Tage hätten lang werden können.

Doch mit Musik hören, aufhübschen, sich pflegen und mit Mama Rita einkaufen gehen, vergingen die Tage abwechslungsreich und schienen kürzer denn je. Jeden Tag hatte er mit Fabian telefoniert. Marius, René und Marina hatten sich ebenfalls hören lassen. Mit René hatte Robin in Plänen für das kommende Wochenende geschwelgt.

Mit klopfendem Herzen saß er nun in der Regionalbahn nach Oldenburg und fragte sich, ob er genug Outfits für den Abend im ‚TOM'S' und für die AIDS-Gala am Samstag eingepackt hatte. Die große Reisetasche platzte aus allen Nähten, doch Robin wollte sich nicht als Landei blamieren. Sich – und vor allem Fabian nicht!

Selig lächelnd lauschte er der Kassette, die er für die Zugfahrten ohne Fabian aufgenommen hatte. Lauter Liebeslieder, hauptsächlich von Celine Dion, Janet Jackson, Roxette und Madonna! Die Schmetterlinge in seinem Bauch flogen im Rhythmus der Lieder auf und ab. Mama Rita hatte ihn zum Bahnhof gefahren und sich für ihren Sohn gefreut. Fabian tat ihm gut. Sie gab ihm fünf Mark, und Robin freute sich über den Eintritt für die Disco.

„Äh, nein. Das ist nicht für die Disco." Rita bekam rote Wangen. „Für danach."

Bis der Groschen bei Robin fiel, verging eine gefühlte Ewigkeit und seine Wangen färbten sich ebenfalls rot. Wie peinlich!

„Oh, verstehe. Ja, danke dafür."

Dann war er aus dem Auto geflüchtet. Wie konnte sie annehmen, dass

[13] Quelle: D. Laurent, T. Evans, J. Carmichael, R. Gerding

Fabian und er noch keinen Sex gehabt hatten?!

Der Zug fuhr in den Bahnhof in Oldenburg ein. An diesem Freitagnachmittag waren eine Menge Leute unterwegs, der Bahnsteig war voll. Robin drängelte sich mit seinem Gepäck durch die Menschenmenge und lief zu dem Bahnsteig, an dem der Zug aus Cloppenburg einfahren würde. Fabian wollte Plätze in einem Abteil des Intercitys nach Bremen belegen. Sobald sie für sich waren, konnten sie bereits im Zug ein wenig knutschen. Die Aussicht entzündete ein wohlig warmes Feuer in Robins Bauch.

Als der IC einfuhr, schien ihm der Zug allerdings riesig und Robin meinte, das Abteil mit Fabian niemals zu finden. Doch er straffte sich, schulterte sein Gepäck und arbeitete sich durch die einzelnen Waggons. Im Dritten fand er Fabian in einem Abteil allein.

„Hey, da bist du ja, Kleiner!" Fabian zog ihn an sich in eine feste Umarmung und küsste ihn. Das vertraute Gefühl von Fabians Lippen auf den seinen, entspannte Robin. Jetzt konnte er Fabian machen lassen. Sie kuschelten sich nebeneinander auf die Sitze und Robin saß in Fahrtrichtung am Fenster.

„Alles gut, Kleiner?" Fabian sah besorgt aus. Robin wirkte in dem Moment so zerbrechlich. So kannte er ihn nicht.

„Ja, Fabian. Alles ist perfekt. Jetzt!" Robin küsste Fabian, zuerst zärtlich, dann fordernder und letztlich voller Leidenschaft. Sie hatten Glück und die nächste halbe Stunde gehörte das Abteil ihnen allein. Nicht mal der Schaffner kam vorbei.

Auf dem Bahnhofsvorplatz in Bremen gab es ein großes Hallo, als Fabian und Robin auf René und Thore trafen. Sie herzten und drückten sich, und René und Robin jodelten vor Freude, dass ihnen ein gemeinsames Wochenende bevorstand. Thore hatte sofort Robins Herz erobert, er war zwar schon Ende 30, das Golf-1-Cabrio machte diesen Umstand jedoch locker wett. Auf dem Weg zu René fuhr Thore mit offenem Verdeck, und so kreischten sie vor Vergnügen beim Verkehr über die Stadtautobahn zur Musik aus der getunten Musikanlage. Fabian saß neben Robin auf der Rückbank und hielt stumm seine Hand.

„René, was ist das für geile Musik?" Robin musste gegen den frischen Fahrtwind anschreien.

„Das ist Shauna Davis. Total muschi sag ich dir! Das spielen sie heute Abend bestimmt im ‚TOM'S', oder Thore?"

„Bestimmt. Die Gute ist der Hit!!"

Schon beim zweiten Refrain grölten sie mit. Thore, René und Robin – Fabian hielt weiter Robins Hand und schwieg. Nach einer halbstündigen Fahrt waren sie bei René zu Hause, und er war der perfekte Gastgeber. Zunächst wies er ihnen das elterliche Schlafzimmer zu. Seine Eltern waren zwei Wochen im Urlaub, daher konnte er über das Zimmer verfügen. Danach zeigte ihnen René den Rest der Wohnung, inklusive des sehr gemütlich gestalteten Balkons. Er war so gebaut, dass er fast wie ein Wintergarten wirkte. Robin fühlte sich spontan wohl.

„Wollen wir heute Abend etwas kochen oder bei McMade essen?"

„Wir wollen dir auf keinen Fall Umstände machen. McMade ist okay."

„Na, du Schnecke bekommst deine Proteine ja eh anders. Dir reicht doch ein Wasser, oder?" René pikte Robin mal wieder genau da, wo es wehtat und er winkte ab.

„Na ja, ein paar Chicken McNuggets gehen immer!"

„Hauptsache viel Soße, was?" René gackerte über seinen gelungenen Scherz und Robin fiel in das Lachen mit ein. Fabian lachte nicht und schwieg. Thore rettete die Situation und lenkte ab.

„Ihr Süßen müsst euch doch bestimmt noch aufrüschen. Mädels, wenn wir heute noch essen wollen, wird es Zeit, die Röcke zu raffen. Ihr braucht doch bestimmt Stunden!" Robin hätte Thore knutschen können für sein Feingefühl.

„Also, ich muss mich nicht umziehen." Fabian holte Robin auf den Boden der Tatsachen zurück.

„Äh ... ja. Ich geh mal fix ins Bad." Thore zwinkerte ihm heimlich zu und verwickelte Fabian in ein freundliches Gespräch über deutsche Rapmusik. René enterte mit Robin das Bad.

„Boah, was ist denn mit dem los? Hat er keinen Bock?" Robin legte seinen Zeigefinger an die Lippen.

„Nein, eigentlich nicht. Die Musik im Cabrio war ja nun nicht wirklich seins. Und ... ach, ich weiß es nicht. Ich hatte mich so gefreut! Und nun ist er so wortkarg. Es tut mir leid, René."

„Ach, den knacken wir schon. Oder auch nicht. Im ‚TOM'S' ist das dann egal. Wir können ihn ja abfüllen. Er trinkt doch bestimmt Bier, oder?“ René grinste fies.

„Er ist der heterosexuellste Schwule, den ich je getroffen habe. Das macht ihn rattenscharf! Und wie du siehst, nicht einfach. Letztes Wochenende war er ein Traum. Er taut bestimmt noch auf. So, und jetzt lass mich mal kurz allein, Liebes.“ Robin schob René aus dem Bad.

Nachdem sie sich der Reihe nach aufgebrezelt – oder auch nicht – hatten, ging es für das Quartett wieder los. Vollgestopft mit Fastfood fuhren sie anschließend ins ‚TOM'S'. Sie gingen die Stufen hinter dem Eingang hinunter und der stramme Beat des gerade gespielten Tracks dröhnte Robin im Bauch. Er machte große Augen, denn die Light-Show war in vollem Gange, der Club schon ordentlich gefüllt. René zog ihn sofort zur Tanzfläche, sodass Robin Fabian nur signalisieren konnte, dass er an der Bar etwas trinken sollte. Thore leistete Fabian Gesellschaft, beim nächsten Titel stieß er jedoch zu ihnen und beugte sich zu Robin vor.

„Tanzt er denn gar nicht??“

„Wird hier auch Black Music gespielt?“ Thore nickte eifrig.

„Dann vermutlich schon. Ich geh gleich mal zu ihm.“ Doch René machte eine strenge Miene.

„Einen Teufel wirst du. Der Laden hier ist der Hammer und der DJ spitze. Soll er seine schlechte Laune allein an der Bar verbreiten. Wir gehen gleich mal in den Darkroom!“ Robin machte große Augen.

„Darkroom?“ René grinste und nickte. Die Geste, die er mit der linken flachen Hand und der rechten Faust machte, sagte alles. Es folgte ein mörderischer Remix von Diana Ross mit ‚Upside down‘ und sie zogen eine Show ab, dass die Mitte der Tanzfläche ihnen gehörte. Während René und Robin ihre Hintern aneinander bumsten, fiel Robin plötzlich ein Typ am Rand der Tanzfläche auf, der sie unverhohlen beobachtete. Er hatte kinnlange, glatte Haare, die er in der Mitte gescheitelt und hinter die Ohren geklemmt hatte. Seine Klamotten sahen cool aus. Robin war sofort interessiert, also legte er sich noch etwas mehr ins Zeug, der Musik zu folgen, und René stieg auf die Steigerung ihrer Intensität ein. Es dauerte nicht lange und er hatte den Grund für Robins Engagement entdeckt. Seine linke Augenbraue und sein leichtes Kopfschütteln waren Bestätigung genug. René fand ihn ebenfalls heiß!

Irgendwann war der 8-Minuten-Remix vorbei. René zog Robin von der Tanzfläche in den hinteren Bereich des Clubs, schnurstracks in den Darkroom. Plötzlich fand sich Robin mitten in einem dunklen Raum wieder, wo die einzige Lichtquelle aus einem an einer Wand laufenden Porno bestand. Ein Typ wurde von mehreren Kerlen in einem Sling durchgeorgelt. An den anderen Wänden konnte er nur schemenhaft einzelne Kabinen erkennen, von denen in einigen die Post abging.

Robin wollte René wieder herauslotsen, doch in diesem Moment betrat der heiße Typ vom Rand der Tanzfläche den Raum und kam auf sie zu. Er lächelte leicht von oben auf sie herab.

„Schon fertig mit Tanzen?" René war schlagfertiger als Robin und zog die linke Augenbraue angriffslustig hoch.

„Na ja, ab und an muss man ja im Darkroom schauen, ob man hier besser Kalorien verbrauchen kann als auf der Tanzfläche ..."

„Oh, so welche seid ihr also?" Er lächelte noch immer und zog ebenfalls eine Augenbraue hoch.

„Er hier mehr als ich. Ich geh mal wieder Tanzen." René schob Robin in die Arme des Typs, zündete sich eine Zigarette an, worauf aus den Kabinen wegen des übermäßigen Lichts Gemaule ertönte und verließ hüftenwackelnd den Darkroom. Prompt landete eine Hand auf Robins Hintern.

„Ich bin Jens. Wollen wir vielleicht an den Rand gehen?"

Robin ließ sich in eine der Kabinen schieben.

„Ich bin Robin." Von der Situation war Robin überwältigt, denn Jens roch himmlisch. Und seine Haare waren traumhaft. Jens' Hand lag noch immer auf seinem Po, in der anderen Hand hielt er eine Flasche Bier.

„Und jetzt, Robin?"

Himmel hilf, dachte Robin. Was mache ich hier eigentlich? Fabian! Da schoss ihm durch den Kopf, dass sein Freund nur wenige Meter entfernt an der Bar saß!

„Danke ich dir für mein erstes Abenteuer in einem Darkroom und werde zu meinem Freund an die Bar gehen. Mach's gut, Jens." Robin verließ die Kabine und trat durch den Vorhang vor den Darkroom. Aus dem Augenwinkel sah er links Fabian aus der Toilette kommen und lächelte spontan, weil er sich freute ihn zu sehen. Dummerweise blieb er stehen. Jens lief ihm hinterher und als er sich ebenfalls durch den Vorhang schob, schubste er Robin aus Versehen in Fabian hinein.

„Sorry, Robin. Wir sehen uns." Jens drückte sich an ihnen vorbei, und

Fabian bekam große Augen, die von Jens zu Robin und letztlich zur Überschrift über dem Vorhang wanderten. Robin konnte förmlich erkennen, was Fabian dachte.

„Fabian, es ist nicht das was du denkst!" Sage ich wirklich so etwas Abgeschmacktes, dachte Robin.

„So? Was denke ich denn? Woher kennst du ihn?"

„Also ... ähm ... ja, aus dem Darkroom. Aber ich war ja nicht für Sex da drin! René ..."

„Wo ist René denn?"

„René ist auf der Tanzfläche ..."

„Also wart ihr allein da drin?" Fabian nickte zum Vorhang hinüber.

„Na ja, also allein ist man da nicht unbedingt ..."

Fabian schnappte nach Luft und ließ Robin stehen. Der hätte sich am liebsten mit der flachen Hand an die Stirn geschlagen! Robin hatte allerdings nach der Szene Durst und ging an die Bar, um eine Cola light zu trinken.

Plötzlich tauchte Jens neben ihm auf.

„Sorry, ich wollte keinen Streit provozieren. Ich nehme an, dass das dein Freund ist?"

Robin nickte stumm. Am liebsten würde er Jens die Schuld geben, dass sie nun Streit hatten, doch das hatte er allein auf die Reihe bekommen.

„Ich rede gern mit ihm, und sag ihm, dass da nichts passiert ist!"

Nun schüttelte Robin den Kopf.

„Das würde er dir nicht glauben. Ich weiß nicht, was los ist. Er ist heute schlecht drauf, und ich mache es nicht besser." Jens legte seine Hand auf Robins Schulter und drückte sie.

„Dabei hatte ich mich auf das Wochenende gefreut! Morgen wollen wir auf die AIDS-Gala ins ‚Modernes' gehen. Das hat mir mein bester Freund René zum 18. Geburtstag geschenkt."

„Auf die AIDS-Gala gehe ich morgen ebenfalls mit ein paar Freunden. Sehen wir uns da?"

Jens lächelte, und Robin schmolz dahin. Jens war so nett. Im Gegensatz zu Fabian, der schlechte Laune verbreitete.

Robin wäre vor Dankbarkeit fast auf den Boden gefallen, um dem DJ zu huldigen. Die ersten Töne von ‚Höha, schnella, weita' erklangen aus den mächtigen Boxen.

„Okay, wir sehen uns morgen, Jens. Jetzt muss ich los."

Robin suchte die Tanzfläche ab, ob Fabian da unterwegs war, doch er sah ihn nicht. Er saß noch an der Bar und sprach mit Thore, der leicht gequält aussah. Zielstrebig ging Robin auf Fabian zu und zog ihn mit einer fließenden Bewegung vom Barhocker herunter.

„Keine Widerrede. Du tanzt jetzt mit mir!"

Fabian bewegte sich so mackermäßig, dass Robin wieder die Schmetterlinge spürte. Er selbst tanzte viel ausgelassener zu dem Rhythmus und berührte seinen Freund immer wieder mit seinem Becken. Erleichtert tanzte Robin auch zu den nächsten Tracks, zwischenzeitlich kam René dazu und tanzte sie beide an. Als Fabian auf Renés Antanzen reagierte, durchfuhr ihn ein Stich Eifersucht. Doch er sah, dass Jens am Rand der Tanzfläche stand und ihn verstohlen beobachte und lächelte.

Bin ich schizophren, fragte sich Robin und lächelte zurück. Oder bekomme ich den Hals nicht voll? Bin ich eine so miese Thekenschlampe, dass ich vor den Augen meines Freundes mit dem nächsten Macker flirte?

Um 3.00 Uhr nörgelte Thore, dass sie langsam gehen könnten, und Robin merkte erst da, dass er selbst müde war.

Bei René angekommen, duschten sie schnell und gingen ins Bett. Im Ehebett von Renés Eltern fiel Robin auf, wie viel Platz zwischen ihm und Fabian war. Er kuschelte sich an ihn und drückte seinen Hintern an Fabians Becken. Der drehte sich zwar in die Löffelchenstellung, doch er legte lediglich seinen Arm um Robin. Der traute sich nach dem Streit im Club, über den sie noch nicht gesprochen hatten, nicht irgendwelche Aktivitäten zu starten, daher schliefen sie ohne Sex ein.

„Guten Morgen, Schlafmützen, Frühstück ist fertig!" René stand im Türrahmen und verströmte gute Laune. Robin löste sich aus Fabians Armen. Sie hatten die Nacht über in einer Position geschlafen, und Robin fühlte sich wie 72 Jahre alt, weil sein Rücken verspannt war.

„Guten Morgen, René! Ich husche nur schnell ins Bad und komme gleich in die Küche."

Auch Fabian wünschte René einen guten Morgen und machte sich an seiner Reisetasche zu schaffen.

Beim Frühstück war die Stimmung besser als am Ende des Vorabends, und René schlug vor, erst mal spazieren zu gehen und dabei noch ein paar Salatzutaten einzukaufen. Anschließend konnten sie alle gemeinsam kochen. Die AIDS-Gala würde um 22.00 Uhr starten, also blieb danach nicht mehr viel Zeit zum Aufbrezeln.

Nach erfolgreichem Einkauf war klar, dass sie selbst gemachte Pommes in der Fritteuse auf dem Balkon machen wollten. Dazu sollte es einen bunten Salat geben. Während Thore mit Fabian auf dem Balkon quatschte, redeten Robin und René beim Gemüseputzen.

„Na, wie gut, dass der Haussegen wieder gerade hängt, was?" Erneut mitten ins Schwarze.

„Das war eine Nummer mit Jens ...!"

„Ach, eine Nummer war das?" René lachte mit hochgezogener Augenbraue.

„Na ja, nicht so eine Nummer! Fabian war supereifersüchtig, weil du uns da allein im Darkroom gelassen hast."

René hielt in der Bewegung inne und drehte sich zu Robin um.

„Na entschuldige mal. Du hättest ja mit rauskommen können. Du findest den Typen geil, und jetzt bin ich an allem schuld?"

„Nein. Du hast recht. Ich finde Jens oberstmuschi! Fabian ist ebenso toll. Nur gestern war er ein Stinkstiefel. Und Jens war nett. Er ist heute auch auf der AIDS-Gala..."

„Soso. Na, dann wird es ja eine interessante Nacht." René lächelte wie die Sphinx und kümmerte sich intensiv um die Salatzutaten.

„Wie macht man die Salatsoße?"

Robin zuckte zusammen. „Was meinst du?"

„Wie geht das mit der Salatsoße?" René hatte tatsächlich keinen Plan.

„Tja, bin ich die Kaltmamsell, oder was?"

„Oder was?!" Sie lachten über Renés nachgeäfften Ton.

„Das kann ja nicht so schwer sein. Etwas Öl, etwas Essig, Wasser, Zwiebelwürfel und so eine Fixtüte. Das kriegen wir schon hin." René nickte beeindruckt zu Robins Ausführungen.

„Bist du doch die Kaltmamsell, oder was?!"

Kaltmamsell am Tag und Thekenschlampe bei Nacht, dachte Robin, als sie das ‚Modernes' betraten. Die Musik war vielversprechend und der Laden voll. Fabian hielt Robins Hand, als sie umherliefen, um sich einen

Überblick zu verschaffen.

„1993 war ich mal hier zum Konzert von Ace of Base!“ Robin hatte das Gefühl es mussten mehr als 3 Jahre dazwischen liegen. Was hatte sich seither alles verändert?!

Letztlich blieben sie am Rand der Tanzfläche stehen und Fabian lehnte an der Wand. Robin beobachtete die auf der Tanzfläche aktiven Leute und stellte zufrieden fest, dass er sich mit seinem Marina-Look, wie er den Mix aus dunkler Hose und weißem Arbeitshemd über einem weißen, enganliegenden T-Shirt mit V-Ausschnitt nannte, sehen lassen konnte. René hatte sich ähnlich gekleidet. Ihnen gefiel dieser Zwillingslook. Thore war wieder vollkommen in Schwarz gekleidet, alles sehr figurbetont, sodass sein schlanker Körper gut zur Geltung kam.

Fabian trug seinen blassen Streberlook, den Robin für zu unscheinbar hielt. Nur nicht auffallen hätte das Motto sein können. Und das wollte Robin auf jeden Fall. Dennoch blieb er bei Fabian stehen, als René und Thore schon zu massiven Housebeats abtanzten.

„Du kannst ruhig tanzen gehen.“

„Wollen wir nicht erst mal was trinken?“

„Seit wann möchtest du denn erst mal was trinken?“ Fabian lächelte entwaffnend.

„Ich möchte dich nicht allein lassen.“

„Ich bin schon groß, Robin.“

„Du weißt, was ich meine.“

„Und deswegen sage ich dir, geh tanzen. Irgendwann werden sie wohl auch was für mich spielen.“

Robin küsste Fabian dankbar auf die Wange und drehte sich zur Tanzfläche. In dem Augenblick ertönten die ersten Takte von ‚Vogue‘ und Robin rannte zu René und Thore auf die Tanzfläche. Kreischend hüpften sie umeinander, gaben sich Raum zum Glänzen und sangen jede Zeile völlig textsicher mit. Diese Choreografie blieb den anderen Gästen nicht verborgen. So wurde Jens auf die beiden aufmerksam und tanzte sich bis zu ihnen durch. Robin nahm ihn zuerst nur aus den Augenwinkeln war, doch Jens tanzte ihn offensiv an. Robin versuchte ihn gewissenhaft auf Abstand zu halten, doch Jens sah so gut aus und bewegte sich so sicher, dass es ihn magisch zu ihm zog.

„Heute ein anderer Look? So elegant heute...“

„Na, vielen Dank. Ich würde die Schuhe zwar nicht als elegant bezeichnen, aber wie du meinst."

„Wo ist dein Freund? Ist er noch dein Freund?"

Der DJ leitete von ‚Vogue' direkt zu ‚Justify my love' über und Robin hatte mal wieder das Gefühl, es wäre ein Soundtrack zu seinem Leben.

„Ja, er ist noch mein Freund." Jens tanzte um Robin herum, und seine Vorderseite berührte Robins Rückseite in deutlicher Pose.

„Wollen wir mal raus gehen?"

Die Alarmglocken in Robins Kopf kamen nicht gegen das Verlangen an. Er fand Jens so aufregend, seine Haare und seinen Style so ansprechend, sein Lächeln so verlockend, dass er alles und jeden vergaß. René hatte das gemerkt und war darüber nicht glücklich. Er versuchte zu intervenieren.

„Gehst du mit an die Bar? Fabian ist da!"

René nickte in Richtung des Tresens und Robin folgte mit den Augen. Fabian stand dort und fixierte ihn mit einem starren Blick. Auf seinem Gesicht spiegelten sich die unterschiedlichsten Emotionen. Robin reizte das Spiel mit dem Feuer. Er ließ sich von Jens nach draußen ziehen.

Vor dem ‚Modernes' zog Jens ihn in eine dunkle Ecke und küsste ihn auf den Mund. Robin schmeckte kalten Rauch, gegen den er selbst fast immer ein Kaugummi kaute, und Jens' weiche Lippen fühlten sich falsch auf seinem Mund an.

„Was meinst du, wollen wir hier weg?"

Robin dachte, er hätte sich verhört.

„Wie bitte?"

„Lass uns woanders hingehen. Da wo es einen Darkroom gibt ..." Er zog die Augenbrauen in einer vielversprechenden Art hoch.

Da dämmerte Robin, dass dieser Typ nur auf einen schnellen Fick aus war. War er für Jens nur interessant, weil er einen Freund hatte? Wollte er mit dem Feuer spielen? Dabei wollte er selbst es bis vor wenigen Augenblicken unbedingt. Wie konnte er nur so bescheuert sein?!

„Danke, Jens. Ich dachte, du wolltest mich ernsthaft kennenlernen. Fick und hopp ist nicht."

Robin rauschte in bester Diva-Manier davon und ging wieder hinein in den Club. Als er an der Bar ankam, wurde ihm ein sehr frostiger Empfang zuteil.

„Na, auch wieder da?" René zickte offensichtlich. Und das vor Fabian.

Das war ungünstig.

„Ja, ich brauchte nur etwas frische Luft." Fabians braune Augen sahen ihn ausdruckslos an.

„Ich wäre auch mit dir rausgegangen. Warum bist du mit ihm rausgegangen?"

Robin hatte darauf keine Antwort und zuckte nur mit den Schultern.

„Was habt ihr draußen gemacht?" Robin riss der Geduldsfaden. Er stand ja wohl nicht vor Gericht!

„Gar nichts! Meine Güte. Nun reicht es mir. Ich will tanzen ..."

Damit marschierte er schnurstracks auf die Tanzfläche, um sich dort den Frust rauszutanzen. Und der DJ spielte ausgerechnet ‚Sex Machine' von den 20 Fingers. Robin wäre am liebsten im Erdboden versunken ...

Nach der katastrophalen AIDS-Gala fuhr Thore sie zu René nach Hause. Jeder hing seinen Gedanken nach, und die Stimmung war am Tiefpunkt. Robin schämte sich für seinen Ausbruch, war allerdings auch sauer auf Fabian, dass der so eifersüchtig war. Dann fühlte er sich schlecht, da Fabian ja allen Grund hatte, eifersüchtig zu sein. Und letztlich war Robin hilflos, wie er zwischen René und sich vermitteln sollte. Selbst Thore war unzugänglich und wünschte allen nur kurz eine gute Nacht und fuhr davon.

Frisch geduscht und im Nachtzeug legte Robin sich in das Doppelbett, wo Fabian mit dem Rücken zu ihm lag.

„Fabian. Können wir bitte reden?" Fabian drehte sich um und setzte sich auf.

„Worüber möchtest du reden?" Er sagte es ruhig, ohne Groll. Und das versetzte Robin erst recht in Panik.

„Es tut mir leid, was heute passiert ist." Tränen stiegen Robin in die Augen, und er verachtete sich selbst dafür, dass ihm die Stimme brach. Fabian sah ihm in die Augen und nahm ihn fest in den Arm. Robin kuschelte sich in die Umarmung und drückte seine Stirn an Fabians Schulter. Der griff zart unter Robins Kinn und hob es an. Sacht küsste er ihn auf die Lippen.

Robin hielt seine Augen geschlossen, und als sich Fabian von ihm löste und aufsetzte, spürte er dem Gefühl voll Sehnsucht nach. Robin ahnte, was kam, wollte es dennoch nicht wahrhaben. Auch er setzte sich auf, und er fröstelte, obwohl es bis gerade noch angenehm warm im Raum gewesen war. Fabian legte die Arme um ihn und zog ihn im Sitzen an sich.

„Das mit uns hat keinen Sinn, Robin. Wir sind viel zu verschieden."

Robin versteifte sich und bekam fast keine Luft mehr. Fabian machte mit ihm Schluss. Und das, wo sie noch eine Nacht gemeinsam in diesem Bett verbringen, noch am nächsten Tag mit dem Bus zum Bahnhof und von dort gemeinsam mit dem Zug nach Oldenburg fahren mussten. Alles schien so surreal. Fabian war nicht mehr sein fester Freund! Sie würden nicht mehr miteinander telefonieren und sich so gut über alles und jeden unterhalten! Seine Kehle wurde eng und es kostete ihn eine enorme Anstrengung nicht loszuheulen! Robin verstand sich und sein Verhalten an diesem Abend selbst nicht. Er schämte sich vor Fabian und fühlte sich wie ein Tier, das man im Käfig gefangen hielt. Fabians Arme brannten durch den Stoff von Robins Schlafshirt auf seiner Haut. Tränen fanden ihren Weg an seinen Wangen hinunter. Trotz der lieben Art hatte Fabian ihm so wehgetan, dass sein Herz brach. Es war, als würde jemand in seine Ohren schreien und ihm in die Magenkuhle boxen. Fabian merkte, wie Robin sich in seiner Umarmung versteifte und ließ langsam die Arme sinken. Für einen Moment war er versucht, die Tränen wegzuwischen und zu sagen, dass alles gut wurde. Doch das konnte er nicht. Das ging ihn nichts mehr an. Es war besser so für sie beide. Robin war viel zu unabhängig in seinem Wesen, als dass er bereit für eine langfristige Beziehung wäre. Und wenn ihn diese Selbstständigkeit und Unabhängigkeit an ihrem ersten gemeinsamen Abend mit Marius beeindruckt und angezogen hatte, war ihm mittlerweile klar, dass es genau aus diesem Grund zwischen ihnen nicht funktionieren konnte.

Als sie Sonntagmittag aufstanden, war Fabian noch viel beeindruckter von Robins Haltung. Er benahm sich nicht kindisch, sondern sprach normal mit ihm. Sie packten nach dem Frühstück ihre Klamotten in die Reisetaschen und Robin zog die Betten ab, damit René nicht so viel Arbeit hatte. René und Robin hatten sich nicht mehr ausgesprochen, gingen jedoch freundlich miteinander um. Robin trug ein blau-rot-weiß-geringeltes T-Shirt an diesem sonnigen Tag und sah in Fabians Augen jung und verletzlich aus. Dennoch zeigte er bei der Verabschiedung von René keine Regung, bedankte sich für die Zeit, das Essen, die Übernachtung und versprach zu schreiben. René blieb ebenso emotionslos, versicherte, dass sie keine Mühe gemacht hatten und versprach auf den avisierten Brief zu antworten. Von der anstehenden Rosa-Disco in Oldenburg sprach niemand.

Im Bus zum Bahnhof saßen sie nebeneinander, und Fabian hätte gern seinen Arm schützend um Robin gelegt, verbot es sich jedoch selbst. Es wäre ein falsches Signal gewesen. Robin hatte eine Sonnenbrille aufgesetzt und blickte starr aus dem verdreckten Busfenster. Am Bahnsteig konnten sie in den schon wartenden Zug einsteigen. Ohne es abzusprechen, setzten sie sich nebeneinander in ein Großraumabteil. Robin holte seinen Walkman aus dem Rucksack und Fabian hörte leise die Musik, die aus den Ohrhörern dröhnte. Er mochte diesen kleinen Chaoten mit dem anziehenden Charme und Humor gern, allerdings war vorprogrammiert, dass es zwischen ihnen nicht dauerhaft funktionieren würde. Da war ein klarer Strich unter ihre Liebschaft für beide Seiten das Beste.

In Oldenburg angekommen, stiegen sie beide aus dem Zug, denn in diese Richtung fuhr die Bahn nicht nach Cloppenburg durch. Sie hatten jeweils eine großzügige Zeitspanne, bis ihr Anschlusszug fuhr, das wusste Fabian genau. Doch Robin verabschiedete sich sofort. Unschlüssig stand er vor Fabian.

„Mach es gut, Fabian." Unbeholfen umarmten sie sich auf dem zugigen Bahnsteig und trennten sich in verschiedene Richtungen.

***

„Und dann bin ich in den Zug gestiegen und habe geheult wie ein Schlosshund. Und das vor all den Menschen. Wie peinlich!"
Schniefend holte Robin Luft und wischte sich die Tränen unwirsch aus dem Gesicht. Marius nutzte diese Erzählpause in ihrem Telefonat für einen Kommentar.

„Er hat dich gar nicht verdient! Du bist viel zu gut für ihn." Robin war untröstlich und fand Marius' Worte viel zu eindimensional. Er war sicherlich froh, dass Fabian Schluss gemacht hatte. So war er aus ihrem Dunstkreis verschwunden. Gleichzeitig war er dankbar, dass Marius überhaupt etwas dazu sagte. Er hätte auch sagen können, ich hab's dir ja gesagt! Immerhin hatte er das schon mit Fabian hinter sich.

***

Zwischendurch absolvierte Robin die theoretische Führerscheinprüfung. Doch so happy Robin auch war, dass der erste Schritt in Richtung Führerschein gemacht war, versetzte René ihm mit seinem Anruf drei Wochen nach ihrer letzten Begegnung einen ordentlichen Dämpfer.

„Ich bin übrigens mit Fabian zusammen." Das war wie eine Bombe, die in Robins Ohren platzte.

„Du bist WAS?" Robin wurde laut, zügelte sich jedoch schnell, weil seine Eltern hinter der hölzernen Schiebetür sonst alles mitbekamen.

„Fabian und ich sind zusammen." René war die Ruhe selbst. Und Robin wurde ungeduldig.

Fieberhaft scannte er seine Gefühle. War er jetzt wütend? Fühlte er sich verraten? Von wem fühlte er sich verraten? War er neidisch? Er musste an die Nacht in Bremen denken, wo er sich bewusst auf einen Flirt mit Jens eingelassen hatte. Durfte er jetzt eifersüchtig sein? Hatte er nicht die Freundschaft zu Fabian zerstört? Die letzten gemeinsamen Momente mit Fabian im Zug gingen ihm durch den Kopf. Wie sie nebeneinandergesessen hatten, und Robin sich nichts sehnlicher gewünscht hatte, als dass Fabian plötzlich sagen würde, alles sei ein schreckliches Missverständnis und er wolle unbedingt weiter mit ihm zusammen sein. Wie er jetzt feststellte, war dem nicht so und es verletzte ihn ungemein, dass Fabian und René zusammen waren. Da wurde ihm bewusst, wie sich Marius gefühlt haben musste, als er ihm erzählt hatte, er sei mit Fabian zusammen. Das Blut schoss ihm in die Wangen. Der arme Marius! Er hatte es tapfer über sich ergehen lassen und sich großzügig gegenüber Robin verhalten, erst auf Fabian geschimpft, als Robin sich von ihm getrennt hatte, und direkt Robins Partei ergriffen. Eine Welle der Zuneigung für Marius durchlief Robin, und er schwor sich, ihm ebenfalls ein toller Freund zu sein!

Nun war es René, der ungeduldig wurde.

„Bist du noch dran? Sprichst du jetzt nicht mehr mit mir, oder wie?"

„Ich bin noch dran. Natürlich spreche ich noch mit dir." Die Neugier war dennoch groß.

„Seit wann seid ihr denn zusammen?" Nun brauchte René einen Moment für die Antwort.

„Na ja, wir hatten uns ja nicht für die Rosa-Disco verabredet, also bin ich spontan mit Thore hingefahren. Fabian war auch da. Wir haben über das Wochenende gesprochen ..." René unterbrach sich und Robin dachte, dass sie wohl eher über ihn gesprochen hatten.

„... und dann haben wir getanzt und uns anschließend für den 1. Mai verabredet..."

Robin erkannte, dass Fabian nichts anbrennen ließ. Da wurde immer fix der Nächste gebucht. Und immer ein Freund vom Ex. Das fand er abartig. Einmal konnte Zufall sein, doch jetzt war es das zweite Mal passiert. Dass René so etwas nicht durchschaute, störte Robin enorm. René wusste doch von der Sache mit Fabian und Marius! Er sagte noch immer nichts.

„... und seither sind wir zusammen."

„Schön für euch." Robin hatte es etwas zickig gesagt und wartete gespannt auf eine Reaktion.

„Danke. Unser nächstes Zusammentreffen wird hoffentlich nicht peinlich!"

„Wie kommst du denn darauf? Weil du mit dem Ex von Marius und mir rumpoppst? Daran ist doch nichts peinlich! Wärm ihn schön auf!" Robins Stimme war wie ein Messer, das mit einem Zischlaut durch die Luft schnitt.

„Damit kennst du dich ja wohl ebenfalls aus. Oder was war mit Hendrik???" Robin schnaubte empört.

„Das lässt sich doch nicht vergleichen! Ihr wart nicht mehr zusammen als ich ihn kennengelernt habe. Fabian hat schon im Bett deiner Eltern gelegen! Also warum nicht in deinem ..."

„Vielleicht sollten wir das Gespräch heute beenden. Wir sehen uns bestimmt mal wieder in Oldenburg..."

„Bestimmt ..." Sie legten beide auf. Robin bedauerte, dass er nicht so großherzig wie Marius sein konnte. Er hatte das Gefühl, dass die Sache mit René und Fabian nicht lange dauern würde. Und er würde seinem Kumpel diesen Schmerz gern ersparen. Warum konnte René das nicht sehen? Robin verließ das Esszimmer und schnodderte seinen Eltern, die friedlich vor dem Fernseher saßen, die Nachricht hin.

„René fickt jetzt mit Fabian. Tolle Wurst!" Dann verließ er den Raum.

Mama Rita und Papa Bernhard sahen sich schweigend an, machten große Augen und versuchten krampfhaft nicht zu lachen. Das gelang ihnen jedoch nicht. Gott sei Dank, ging oben die Musik in Robins Zimmer an...

Fever

Sun lights up the daytime Moon lights up the night
My eyes light up when you call my name
'Cause I know you're gonna treat me right
Bless my soul I love you, take this heart away
Take these arms I'll never use
And just believe in what my lips have to say[14]

Marina war fassungslos.

„Was soll das heißen? Du hast es nicht geschafft?“

Robin war am Boden zerstört. Er war durch die praktische Führerscheinprüfung gerasselt! Dabei wusste praktisch jeder, der ihn kannte, dass er heute die Prüfung gehabt hatte.

„Ich bin durchgefallen. Und das nur, weil der Prüfer ein Arschloch war. Ich bin super gefahren. Wir kamen an einen Zebrastreifen, und er quiekt auf einmal los! Da wäre eine alte Dame am Rand gewesen, die über den Fußgängerüberweg laufen wollte und ich hätte sie nicht beachtet. Dabei war die alte Schachtel ungefähr 100 Meter weit weg. Das hat sogar mein Fahrlehrer gesagt. Also haben die zwei sich angezickt und der Prüfer meinte, okay, fahren wir hier mal rechts und weiter geradeaus. Und dann hat der Penner mich in eine 30er-Zone gelockt. Das habe ich tatsächlich wegen der komischen Situation und Stimmung nicht gesehen und bin nach der nächsten Querstraße wieder 50 gefahren. Da hat er wieder gequiekt und gehässig gemeint, dass es wohl so passieren musste. Mein Fahrlehrer war stinkig, doch da kann man nichts machen. Ich habe einen Fehler gemacht. Dass ich durcheinander war, interessiert niemanden ...“

„Das tut mir so leid für dich. Ich habe fest an dich gedacht. Und wie geht es jetzt weiter?“

„Tja, jetzt darf ich bis nach den Sommerferien warten. Am 08.08. ist der nächste Termin. Bis dahin kann ich noch mal ein paar Fahrstunden nehmen. Ganz toll ...“

„Das sind ja noch fast zwei Monate!“ Marina war durch und durch empört und versuchte Robin zu trösten.

[14] Quelle: Eddie Cooley / John Davenport / John Clayton

„Ach egal, auf der Rosa-Disco tanzen wir unseren Frust weg!"

Robin musste lächeln. Ach, was war das Leben mit 16 sorgenlos gewesen.

„Ja, auf der Rosa lassen wir es krachen."

Marina hatte Mareike und Martin natürlich erzählt, warum sie und Robin kein Paar geblieben waren, und sie überredet, mit zur Rosa-Disco zu kommen. Zu Robins Überraschung sagten sie zu und so konnte Marina schon eher als gedacht mit ins ‚Alhambra' kommen.

***

Am Wochenende vor der Rosa Disco war Robin mit Marius verabredet. Sie hatten ausgemacht, dass Marius Sonntagmorgen mit dem Zug nach Jever kam und am späten Nachmittag würden seine Eltern ihn abholen. So konnten sie bei dem schönen Wetter draußen rumhängen, und es sollte noch mit Mama Rita, Papa Bernhard und Oma gegrillt werden. Robins Familie nahm Marius herzlich auf. Robin hatte damit gerechnet, denn er war ein Typ, den jeder irgendwie immer nett fand. Im Gegensatz zu Robin konnte Marius immer lächeln und höflich sein. Zunächst hingen sie in Robins Zimmer rum, hörten Musik und tauschten sich über alles Mögliche aus. Die von Robin versemmelte Führerscheinprüfung war Reizthema, doch auch das kauten sie durch und setzten alles in die nächste Prüfung, damit sie gemeinsam etwas unabhängiger waren. So schmiedeten sie Pläne, was sie alles ausfressen würden, bis Mama Rita zum Essen rief.

„Hallo, ihr beiden! Nun kommt mal raus. Das Fleisch ist gleich soweit."

Sie liefen die Treppe hinunter und freuten sich auf das Essen.

Am Tisch saß ebenfalls Robins Oma. Ihre Meinung von Marius war ihm wichtig. Auch sie plauderte zu seiner Erleichterung ohne Vorbehalte und machte genauso Späße wie alle anderen an diesem sonnigen Tag.

„Wollt ihr auch einen Kurzen?" Robin meinte sich verhört zu haben.

„Einen was?"

„Einen Roten." Mama Rita schwenkte die Flasche Schnaps. Marius wehrte sich ein wenig. Robin wusste genau, dass Marius am Wochenende auf Tour in Wilhelmshaven gut was trank, daher fand er seine Abwehrhaltung lustig.

„Ja Mama, schenk uns mal ein. Marius verträgt schon was."

Sie lachten. Und tranken. Und lachten noch ein wenig mehr. Und Rita füllte die kleinen Gläser erneut.

„Auf einem Bein kann man ja nicht stehen." Sie prosteten einander zu und tranken.

Während des Essens schenkte Rita immer mal wieder nach.

Robin hatte das Gefühl, dass Marius schon ein wenig lallte.

„Für Marius besser nichts mehr. Sonst dreht seine Mutter ab und kriegt wieder ihre Dauertage."

Marius kicherte.

„Ja, ihre Dauertage." Hui, dachte Robin, so hacke war Marius in seiner Gegenwart noch nicht gewesen. Doch er merkte, dass er selbst ebenfalls nicht im Trink-Training war und es besser langsam anging.

„Ich glaube, die Sonne brennt uns zu heftig auf den Pelz! Ich habe schon einen ordentlichen Glimmer!"

Marius stimmte zu.

„Ja, das ist die Sonne Frau ..."

„Ach, sag doch Rita zu mir." Daraufhin schenkte sie noch einmal die Gläser voll und sie prosteten sich alle zu.

Marius und Robin gingen in Robins Zimmer und wollten lieber noch Musik hören. Oben im Zimmer angekommen, kicherte Marius hysterisch los.

„Ich bin betrunken!!" Er schmiss sich auf Robins Bett.

„Ja, und ich erst mal." Robin stellte Musik an und ließ sich neben Marius auf das Bett fallen.

„Und bald kommen meine Eltern, und meine Mutter wird mich killen."

„Ach, das lass mal meine Ma richten. Sie ist ja auch schuld."

Sie gackerten wieder.

Celine Dion schmetterte ‚Regarde-moi' während die beiden selig nebeneinanderlagen und mit sich und der Welt im Reinen waren. Eher mit sich und dem Roten.

Marius drehte sich auf die Seite und stützte sich auf seinen rechten Arm auf. Schweigend sah er Robin an. So beobachtet, drehte der sich auf die Seite und stützte sich auf seinen linken Arm auf. Plötzlich waren sich ihre Gesichter nah und sie rochen den süßen Schnaps in ihrem Atem.

„Noch einen Roten?" Marius nickte zur Antwort auf Robins Frage und schloss seine Augen.

Ihre Lippen, Marius‘ noch voller als Robins, berührten sich für einen zarten Kuss. Robin fühlte sich an Marina erinnert und übernahm ein wenig die Regie. Er drückte sich näher an Marius, presste seine Lippen auf dessen Mund, fuhr ihm mit der Hand den Rücken entlang und drückte seinen Po.

Gleichzeitig öffneten sich ihre Lippen und ihre Zungen begannen vorsichtig den süßschmeckenden Mund des Gegenübers zu erkunden. Robin stützte sich auf seine Arme hoch und lag auf Marius. Ihre Becken drückten gegeneinander. Wie Robin feststellte, war Marius gut bestückt. Die Härte, die gegen seinen Unterkörper drückte, passte irgendwie nicht zu der geschlechtslosen Rolle, die Robin Marius als seine Art kleinem Bruder zugedacht hatte. Das verwirrte ihn. Und er wusste nicht, ob er wirklich mit Marius weitergehen wollte. Dafür war er ihm zu wichtig. Knutschen war allerdings in Ordnung, also rollte er sich herunter und sie lagen einander zugewandt und küssten sich. Intensiv, feucht und süß – schöner hätte Robin sich diesen Tag nicht vorstellen können.

Als Marius nur von seinem Vater abgeholt wurde, stellte sich heraus, dass Papa Bernhard und er sich von der Arbeit her kannten. Mama Rita beichtete übertrieben, dass sie Marius beim Grillen ein wenig abgefüllt hätte, doch sein Vater blieb entspannt. Er war Robin gleich sympathisch! Robin hatte Angst, dass die Erwachsenen ihre vom Knutschen geschwollenen Lippen bemerken könnten. Doch nichts dergleichen geschah und sie drückten sich noch mal keusch zum Abschied.

Von da an telefonierten sie täglich, und Robin bekam recht zügig eine Vorstellung davon, warum Fabian so schnell mit Marius Schluss gemacht hatte. Er schwebte so unangenehm auf Wolke 7, dass es etwas anstrengend wurde. Das größte Drama bestand darin, dass Marius nicht mit zur nächsten Rosa kommen konnte und am liebsten gehabt hätte, dass Robin ebenfalls nicht ging. Und das kam für ihn überhaupt nicht infrage. Immerhin war er schon länger mit Marina verabredet. Sie wollten es auf jeden Fall gemeinsam in Oldenburg krachen lassen.

Das Schlimmste jedoch war, dass Robin vermutete, Marius und er waren beide lieber der passive Part, wenn es ans Vögeln ging. Und jeder wusste doch, dass Dose auf Dose klapperte!

***

Robin saß in der Regionalbahn nach Oldenburg und genoss den Blick in die letzte Abendsonne. Er hatte die letzte noch von Jever fahrende Bahn genommen und sollte um ca. 21.45 Uhr in Oldenburg ankommen. So spät war er – vor allem allein – noch nicht gefahren und war verwundert, was für Leute da noch mit der Bahn unterwegs waren. Mama Rita hatte ihn zum Bahnhof in Jever gefahren und Papa Bernhard würde ihn am nächsten Morgen in Sande abholen. So musste er nicht in Oldenburg übernachten. Von Uwe hatte Robin seit Monaten nichts mehr gehört.

Wie immer hörte er Musik über seinen Walkman und in seinen Ohren dröhnte der mörderische Beat von ‚Club Bizarre', dem Werk von U96, oder anders Alex Christensen. Robin liebte diese klaren Bässe und den mitreißenden Rhythmus gemischt mit den elektronischen Harmonien und Tönen.

Seine Beine fand Robin in der neuen schwarzen Stoffhose, die er sich extra für die Rosa-Disco zugelegt hatte, endlich mal erträglich schlank. Egal wie stark er abnahm, er hatte auch ohne sportliche Höchstleistungen muskulöse Beine. Zu gern wäre er so superschlank wie René oder Marius, doch er hatte halt einen breiteren Knochen- und auch Muskelaufbau.

Von der Sonne gebräunt, gefielen ihm heute sogar seine Arme, die unter dem weißen Stoff eines Hemds hervorschauten. Darunter trug er wieder mal ein enges weißes Shirt mit V-Ausschnitt. Sein Marina-Look eben. Geschminkt hatte er sich noch nicht. Das wollte er erst im ‚Alhambra' machen. Bei dem schweißtreibenden Geschehen dort würde er das Make-up nicht mit zurück zum Bahnhof nehmen, da war sich Robin sicher.

Seine Haare waren mittlerweile ein ordentliches Stück gewachsen. Insgeheim wollte er sie mal so stylen, wie Celine Dion sie auf dem Cover von ‚Falling into you' trug. Rotgetönt und so lang, dass sie ihm bis zum Kinn gingen. Mal sehen, wie sich das mit der Sparkasse vertrug, doch irgendwie würde er sie seriös für die Arbeit gestylt bekommen. Davon war er allerdings noch ein Stück entfernt.

In Oldenburg angekommen, schulterte er seinen Rucksack und stiefelte lässig aus dem Bahnhof in Richtung ‚Alhambra'. Zwischendurch hielt er nur an, um sich eine Zigarette anzuzünden und ein Kaugummi einzuwerfen.

Nach 20 Minuten gemütlichem Fußweg kam Robin am Ziel an und sah auch schon vor dem Eingang Marina mit Martin und Mareike stehen. Er drückte Marina fest an sich und war überglücklich, sie endlich wieder zu sehen. Mareike drückte ihn auch spontan, nur Martin brachte etwas Abstand zwischen sie und gab ihm die Hand. Robin verstand ihn gut.

„Lieben Dank, dass ihr mit Marina hergekommen seid! Ich hoffe, ihr habt auch euren Spaß hier." Zu Marina gewandt fügte er noch hinzu:

„Du siehst toll aus!" Sie grinste geschmeichelt.

„Na, und du erst mal!"

„Warte erst mal, bis ich noch abgepudert bin. Dann geht die Luzi ab ..." Sie lachten.

Aus dem ‚Alhambra' dröhnten die Bässe der üblichen ersten Titel, die der DJ zum Aufwärmen spielte. Robin erkannte ‚Movin on up' von den M People. Der Rhythmus ging ihm gleich durch und durch, und er hatte große Lust, mit Marina zu tanzen.

„Wollen wir reingehen?" Robin ging durch die vollgekritzelte Eingangstür vor und wollte Eintritt zahlen, als ihn jemand am Ärmel zog. Es war Thomas aus Leer.

„Hey, hi Robin! Dich habe ich ja lange nicht mehr gesehen. Seit ..." Robin unterbrach ihn schnell.

„Ja, genau. Ist schon etwas her. Was ist los? Du siehst aus als wäre etwas passiert."

„Das ist es. Von der 22.00-Uhr-Thekenschicht ist bislang niemand erschienen. Dabei müssten sie bereits hier sein." Robin ahnte worauf Thomas hinaus wollte und die Idee gefiel ihm. Freie Getränke für Marina und ihn, vielleicht sogar für Mareike und Martin.

„Und jetzt soll ich ..." Er ließ die Frage nur halb gestellt im Raum stehen.

„Würdest du? Du hättest für immer etwas gut bei mir!" Robin zog die Augenbraue hoch. Thomas hatte seit der Geschichte mit Jochen in seinem Ansehen nachgelassen. Er hatte nichts, was Robin wollte. Doch er wollte ihn nicht hängen lassen.

„Okay, ich mach's. Unter der Bedingung, dass meine beste Freundin Marina mit mir die Thekenschicht schiebt. Und ihre Freunde bekommen freien Eintritt." Thomas zögerte nicht eine Sekunde lang und drückte Robin an sich.

„1.000 Dank!“ Er drückte ihm einen fetten Schmatzer auf die Wange. „Und jetzt auf, an die Arbeit!“

Marina blickte verständnislos von einem zum anderen.

„Was habe ich verpasst?“

„Nichts, Marina, du wurdest gerade zur Thekenschlampe befördert!“ Robin wandte sich an Mareike und Martin.

„Ihr zwei bekommt freien Eintritt, da ihr die nächsten zwei Stunden auf Marina verzichten müsst. Wir übernehmen spontan die erste Thekenschicht hinten im Café der Jugendgruppe. Ihr könnt es euch dort bequem machen, oder ihr bleibt hier im vorderen Bereich. Bei uns sind die Getränke für euch kostenlos, hier vorne sind sie besser.“ Robin lachte und zog Marina hinter sich her.

Hinter der großen Theke angekommen, verstaute er zunächst seine Sachen im Hinterzimmer, nahm allerdings die Kassette aus seinem Walkman und legte sie in den Kassettenspieler der Musikanlage des Cafés.

Zufrieden mit sich selbst, wies er Marina schnell in die notwendigen Arbeiten ein, und gemeinsam hatten sie in Rekordzeit alles so weit aufgebaut, dass ein ordnungsgemäßer Betrieb möglich war.

„Klasse, dass du das so mitmachst. Sonst habe ich immer mit René diese Thekenschicht geschoben.“

„Ist doch lustig! Kein Eintritt und Getränke frei!“

„Und vergiss nicht: Trinkgeld gibt es auch. Du musst natürlich nett zu den Lesben sein. Die werden bei dir ausrasten!“ Da fiel Robin ein, dass er noch nicht geschminkt war.

„Ich verzieh mich kurz ins Hinterzimmer und bin gleich wieder da!“

In einem Affentempo puderte er sich das Gesicht und legte zwei Schichten Mascara auf seine Wimpern auf. Auf flüssiges Make-up hatte er bei der Hitze im ‚Alhambra‘ keinen Nerv. Robin trat aus der Tür hinter der Theke hervor und sah sich unverhofft in einem Spiegel. Nach einer Sekunde ging ihm auf, dass René ihn ansah und ebenso gepudert und mit ähnlichen Haaren vor ihm stand.

„Nanu, du machst eine Thekenschicht?“ Da klang Ärger in Renés Stimme mit.

„Ja, Thomas hat mich spontan gefragt, weil die eigentliche Besetzung nicht aufgetaucht ist. Hast du schon Marina kennengelernt?“ Robin winkte Marina zu sich und legte den rechten Arm um sie.

„Marina, das ist René. René, das ist Marina." René beäugte sie mit hochgezogener Augenbraue, sah zu Robin und wieder zurück zu Marina.

„Ihr seid euch tatsächlich ähnlich. Witzig. Hallo, Marina!"

Alte Diva, dachte Robin.

„Ach, du bist die andere Thekenschlampe!" Von diesem lauten Ausbruch überrascht, war René sprachlos. Da trat ein weiteres bekanntes Gesicht in Robins Blickfeld. Fabian.

„Hallo, Robin." Robins Magen schlug Purzelbäume, doch er sammelte sich in Sekundenbruchteilen.

„Hallo, Fabian. Das ist Marina. Ich hatte dir von ihr erzählt. Wir haben uns doch bei einer Singleparty kennengelernt. Das war lustig, weil wir für den zweitbesten Kuss einen Restaurantgutschein gewonnen haben."

Darauf folgte betretenes Schweigen. Niemand wusste etwas zu sagen. Und Robin spürte eine gewisse Genugtuung. Jetzt hatte er ihnen unter die Nase gerieben, dass er andere Möglichkeiten hatte. Welche das auch immer sein mochten.

„Möchtet ihr etwas trinken?" Robin wurde wieder zuckersüß. René verneinte, blieb jedoch am Tresen stehen.

„Ihr seid früh dran, oder?"

„Ja, wir haben uns schon mittags getroffen und sind vom Essen im ‚Florian' direkt hierhergekommen."

„Also seid ihr immer noch zusammen, was?"

„Ja, es sind jetzt bald zwei Monate."

Robin nickte anerkennend.

„Und wie sieht es bei dir aus?" René zog die Augenbrauen hoch.

„Prima. Irgendwie sind Marius und ich zusammengekommen. Ob das für die Ewigkeit ist, muss sich zeigen. Nachdem meine Ma uns ein bisschen betrunken gemacht hatte, haben wir kräftig rumgeknutscht."

Robin hatte den Eindruck, dass René diese Entwicklung besonders erstaunlich fand. War er eifersüchtig? Zwischen ihnen war auf keinen Fall jemals ein körperliches Gefühl gewesen! Auf jeden Fall würde er das Fabian erzählen und der konnte sich ausmalen, dass die zwei nicht sein Fanclub waren. Das fand Robin lustig.

„Sorry, René, ich muss mal. Marina überschlägt sich da hinten."

„Könnt ihr noch Hilfe gebrauchen?" René sah Robin hoffnungsvoll an. Robin nickte.

„Herzlich gern. Willkommen an Bord, du Thekenschlampe!"

René rannte fast um den Tresen herum und drückte Robin.

„Entschuldigung, kann ich einen Kaffee bekommen?" Robin entließ René aus der Umarmung und wollte ihren Gag mit der endlosen Wiederholung dummer Fragen bringen, als er den Fragesteller sah.

Oh du meine Güte, dachte Robin. Was ein heißes Teil dieser Typ war!! Er war ein Stück größer als Robin, trug eine schwarze Lederjacke über einem dunklen Shirt und hatte etwas über kinnlange, gescheitelte, braune Haare und ein Goatee-Bärtchen. Ein Macker wie aus dem Bilderbuch. Robin hatte das Gefühl, er müsse gleich auslaufen. Als er sich wieder gefangen hatte, lächelte er.

„Klar, mit Milch und Zucker oder schwarz?"

„Schwarz, danke." Robin rannte fast zur Kaffeemaschine und schenkte eine Tasse ein.

„Hier bitte schön. Schwarz – wie meine Seele." Dazu blickte er dem Fremden auffordernd ins Gesicht.

„Ach komm, du? Du hast doch keine schwarze Seele! Du bist doch bestimmt ein Engel, oder? Zumindest siehst du so aus in deinem weißen Hemd."

„Ich kann dir ja mal zeigen, wie unartig ich sein kann. Ich bin Robin."

„Ich bin Benjamin. Und wann ist deine Schicht hier zu Ende?"

„Um 00.00 Uhr dürfen wir hier raus."

Benjamin legte das Geld für den Kaffee auf den Tisch.

„Der Rest ist für dich. Und was bekomme ich um 00.00 Uhr?"

Robin wurde es heiß, sehr heiß sogar. Er war noch so erleichtert von der Versöhnung mit René, dass er leichtsinnig wurde. Er fuhr sich betont langsam mit der Zungenspitze von rechts nach links zwischen den Lippen entlang und ließ seinen Mund leicht offenstehen. Dazu sah er Benjamin betont unschuldig an. Benjamin verstand und grinste.

„Ich hole dich um Punkt 00.00 Uhr ab! Bis später!" Er nahm seinen Kaffee und ging zu einer Gruppe von Leuten im hinteren Bereich des Cafés. Robin ging wieder zur Mitte des Tresens zurück und sah, wie René und Marina ihn anstarrten.

„Was ist los?"

„Hast du da gerade den Typen klargemacht?" Marina brachte es auf den Punkt.

„Bist du nicht mit Marius zusammen?“ René pikte dahin, wo es wehtat. Wie immer.

„Na, nun habt euch mal nicht so. Wir sind hier nicht im Kloster. Und Proteine sind gut, wenn man die Nacht durchtanzen will.“

Punkt 00.00 Uhr stand Benjamin am Rand der großen Theke und wartete erwartungsvoll. Robin hatte klargemacht, dass Marina sich für ein paar Songs an René halten konnte, und er sie später auf der Tanzfläche treffen würde. Mit offenem Mund starrte sie ihrem besten Freund hinterher.

„Na komm, Liebchen. Wir gehen tanzen.“

Robin folgte Benjamin durch das volle ‚Alhambra‘ nach draußen. Zwischendurch sah Robin Fabian an der Bar stehen und ihnen mit Blicken folgen, also lächelte er ihm frech zu und drückte sich etwas enger an Benjamin als nötig.

„Hey, gehen wir auf den Parkplatz zwischen die Autos?“ Benjamin drehte sich zu Robin um.

„Klar! Oder wir gehen noch ein kleines Stück. Da ist so ein Gang zwischen zwei Gebäuden, da ist man sicherlich ungestört.“ Robin konnte sich ein Grinsen nicht verkneifen. Trotz der sommerlichen Temperaturen war ihm vor Aufregung kalt. Aber da musste er seiner Meinung nach durch. Wer A sagt, muss auch B sagen. Und wer einen Blow-job verspricht, muss auf die Knie gehen.

Bevor er weiter darüber nachdenken konnte, drückte ihn Benjamin gegen eine Wand und küsste ihn auf den Mund. Das Gefühl des Bartes war Robin fremd und es kitzelte ihn. Doch Benjamins Zunge war forsch, und so schmeckte Robin schon bald Kaffee und kalten Rauch. Keine gute Mischung, befand er. Dass so wenige Raucher ein Kaugummi einwerfen. Robin hatte praktisch immer welche dabei. Man wusste doch nie, wen man spontan küssen musste! Instinktiv fasste er nach der Schachtel Zigaretten in seiner Hosentasche und fühlte daneben das Kaugummi und das Feuerzeug. Für „Danach“ war also gesorgt. Robin drückte Benjamin gegen die Wand und ging nach einem kurzen prüfenden Blick direkt in die Hocke. Er hatte keine Lust, in Hundescheiße zu knien, also zog Robin die Hocke vor. Mit flinken Fingern öffnete er die Hose seines Gegenübers und griff beherzt hinein, um sein Spielzeug zu befreien. Von der Größe war Robin angetan. So richtig was zum Anfassen! Also wichste er den schon fast steifen Prügel schnell auf volle Größe und schob sich den Leckerbissen tief in den Rachen. Mit der Zunge spielte er am Bändchen herum, saugte sich das Teil immer wieder tief rein, nur um doch lediglich die Spitze zu lutschen. Währenddessen bearbeitete er den Kolben immer weiter mit der Hand und merkte sehr schnell, dass Benjamin gleich so weit war. Die unkontrollierten Zuckungen seines Unterleibes verrieten die Erregung zuverlässig, sodass sich Robin gedanklich auf den salzigen Gruß zum Schluss einstellen konnte. Doch Benjamin war ein Vorwarner.

„Hmmm, das ist so gut, ich komme gleich. Ja, weiter so, oh ... ja! Genau so, ja, ich komme!" Schon sprudelte der heiße Saft aus der Spitze und Robin schmeckte die salzige Flüssigkeit auf der Zunge. Gut erzogen, wie er war, lutschte er Benjamin das Teil sauber und schluckte ohne große Aufregung alles restlos herunter. Wieder in aufrechter Haltung schob er sich ein Wrigleys Spearmint in den Mund und zündete sich eine Marlboro Light an.

Benjamin stand etwas verloren vor ihm.

„Ähm, und was ist mit dir?"

„Mit mir?" Robin zog die linke Augenbraue hoch.

„Ja, ich würde mich revanchieren." Da verspielte der ahnungslose Benjamin seine Chancen. In Robins Vorstellung bliesen Macker ihren Typen keinen. Er würde sich auf die Geschichte gepflegt einen runterholen. Er mochte nun mal die klare Rollenverteilung.

„Ach du, lass mal. Ich glaub, ich geh jetzt lieber tanzen." Damit ließ Robin ihn stehen und marschierte schnurstracks ins Innere vom ‚Alhambra' und direkt auf die Tanzfläche, um sich zu Marina und René zu gesellen.

Bei ihnen war die Stimmung schon aufgeheizt. Robin freute sich, dass die zwei gut miteinander klarkamen, beide waren ihm wichtig. Er dachte daran, dass Marius jetzt gut dazu gepasst hätte. Robin merkte allerdings, dass ihm sein bester Freund fehlte, nicht der himmelhochjauchzende feste Freund.

„Ahhh, das ist ‚Coco Jamboo'!!" René gierte vor Freude und knuffte Robin auf den Oberarm. Er zog ihn hinter sich her in Richtung Bühne. Robin bekam noch so eben Marinas Hand zu fassen und zog sie ebenfalls mit sich. Eigentlich war es verpönt, auf der Bühne zu tanzen, doch sie waren so gut drauf, dass ihnen das völlig egal war. Marina hatte keine Ahnung, da machte sie nach Herzenslust mit. Und so tanzten sie vorne am Bühnenrand zu dem Sommerhit des Jahres. Drei völlig aufgedrehte Thekenschlampen, nebeneinander in sehr ähnlichen Outfits und zogen die Blicke der anderen Tanzenden auf sich. Ob die nun bewundernd oder abwertend waren, war ihnen egal. René war happy, dass er sich mit Robin vertragen hatte und mit Fabian alles so gut lief. Robin genoss den Moment, da René und er sich mehr oder weniger versöhnt hatten und er Benjamin den Saft aus der Rübe geblasen hatte. Und Marina war fasziniert von Robin und René, dass die beiden so cool waren, vor all den Leuten auf der Bühne zu tanzen und sie mitgenommen hatten. Ihnen wurde klar, dass der DJ die „Extended Version" spielte, so drehten sie noch ein wenig mehr auf, lachten befreit, als der Song zu Ende ging. Und dann spielte der DJ ‚Macarena'...

Queen of the Night

You've got a problem with the way that I am
They say I'm trouble and I don't give a damn
But when I'm bad, I know I'm better
I just wanna get loose, and turn it up for you, baby[15]

Im Juli versuchte Robin Marius schonend beizubringen, dass es mit ihnen als feste Freunde keinen Sinn hatte. Marius verstand das gut und schien ebenfalls ein wenig erleichtert.

Seine Eltern überraschten Robin mit einem spontanen Einkaufsbummel auf dem Gebrauchtwagenmarkt. Er brauchte ein eigenes Auto, um mobil zu sein. Da Mama Rita stundenweise im Kiosk arbeitete, benötigte sie ihr Auto selbst. So zogen sie an einem Samstagvormittag los und kauften ihm sein erstes eigenes Auto! Einen Renault R5 mit königsblauer Metalliclackierung und schicken grauen Sitzen. Robin taufte das Auto in Anlehnung an Frieda & Anneliese auf den Namen Frida, da sich der Name mit dem Kennzeichen des Landkreises Friesland bilden ließ. Frida hatte kein Radio und auch sonst nichts weiter zu bieten als die Aussicht auf Mobilität und Freiheit, doch Robin verliebte sich auf den ersten Blick in sie. Dass sie

---

[15] Quelle: K. Edmonds / A. Reid / D. Simmons / W. Houston

165 Kilometer die Stunde in der Spitze lief, fand er ebenfalls nicht schlecht, doch ihm war nur wichtig, überhaupt mobil zu sein.

René und Robin verabredeten sich zum Shoppen in Oldenburg. Sie gackerten und kreischten sich durch die Innenstadt, erstanden die neuesten CDs und suchten nach dem idealen Barbie-Twin-Outfit für das nächste Wochenende. Marina und Robin sollten René nämlich in seiner eigenen Wohnung besuchen. Bei René war in den vergangenen Wochen ebenfalls viel los gewesen. Erst zog René mit seiner Mutter um. Doch sie entschied sich, wieder zu seinem Vater zurückzugehen. René sollte jedoch erst mal allein in der Wohnung bleiben, da er sich so gar nicht mit seinem Vater verstand. Um diese Freiheit beneidete Robin ihn glühend, war allerdings froh, dass das Verhältnis zu seinem Vater besser war.
„Schau mal! Diese T-Shirts können wir im ‚TOM'S' super tragen!!" René hielt zwei knallpinke, bauchfreie Mädchentops mit kurzen Ärmeln hoch und grinste.

„Machst du Witze? Da passe ich niemals rein!"

„Ach, nun hab dich nicht so. Du bist doch nicht dick!"

„Dick vielleicht nicht, aber auch kein hübscher Garderobenständer, so wie du!"

René warf Robin eine Kusshand zu. Zum Entsetzen der Verkäuferin schnappte Robin ihn aus der Luft und drückte ihn an seine Brust. René lachte laut auf und zog Robin in eine der Umkleidekabinen.

„Jetzt zieh schon an den Fummel."

Robin bekam in der Umkleide direkt einen Anfall von Platzangst. Er zog schnell sein eigenes Shirt aus und probierte das knappe rosa Teil an. Er staunte über Renés gutes Auge in Sachen Größe und Passform. Das Teil saß gut! Es war zudem nur einen Hauch bauchfrei. Übertrieben kräftig riss er den Vorhang zur Seite und posierte in bester Vogue-Manier, was bei René für lautes Gelächter sorgte.

„Siehste!! Total muschi!! Na, nun lass mich mal probieren." René ging in dieselbe Umkleide und ließ Robin draußen in dem Oberteil allein stehen. Das war ihm zwar ein wenig unangenehm, doch er würde den Teufel tun und sich verschämt verstecken! Die Verkäuferin, so ein langweiliges Ding um die 20 Jahre, sah sowieso schon die gesamte Zeit doof rüber.

Robin konnte sich nicht beherrschen und ging nah an den Vorhang heran und rief übertrieben laut.

„Brauchst du Hilfe, Daaaaarling? Dann komm ich rein und zieh es dir über!“ René gierte hinter dem Vorhang vor Vergnügen.

„Nein, ich komm raus und mach es dir da!“ Damit riss er den Vorhang ruckartig zur Seite und präsentierte sich in dem pinken Oberteil.

Spontan tanzten sie ‚Vogue‘ zu imaginärer Musik und posierten quer durch H&M.

Nachdem Robin bereits gezahlt hatte, konnte René es an der Kasse nicht lassen und sprach die Kassiererin mit vertraulicher Stimme und ernster Miene an, als sie den Preis für das Kleidungsstück in die Kasse tippte.

„Entschuldigen Sie, meine Liebe, könnten Sie es schön einpacken? Es soll ein Geschenk für meine kleine Schwester sein ...“ Falls Blicke töten konnten, wäre René auf der Stelle tot umgefallen und so legte er lächelnd die Summe passend auf das Zählbrett und nahm die Tüte von der Kassiererin entgegen. Vor dem Laden brachen sie wieder in lautes Gelächter aus und ignorierten gekonnt die überraschten Blicke der anderen Kauflustigen.

Schräg gegenüber lag Görtz. Da zog René Robin in den Laden und steuerte zielstrebig auf die Damenschuh-Abteilung zu. Ohne auf die entgeisterten Mienen der Verkäuferinnen zu achten, musterte er die Auswahl und gab zu manchen Schuhpaaren laute Kommentare ab.

„Oh Gott, die sind ja scheußlich. Soll man die nur in der Nacht tragen?“

„Bah, für welchen Fuß sind die denn gemacht?“

„Wo sind denn bloß die schönen Schuhe hier?“

Robin konnte sich nur mit Mühe bei den Kommentaren beherrschen und wäre am liebsten aus dem Laden gerannt, um wieder Luft zu bekommen. René jodelte laut auf.

„Robin, komm sofort her. Ich habe unsere Schuhe gefunden!“ Robin drehte sich zu René um und war sofort überzeugt. René hatte tatsächlich ihre Schuhe gefunden.

„Die sind ja wie gemacht für unsere Oberteile!“ René nickte zustimmend.

„Jetzt muss Marina mir nur ihre Nadelstreifenhose leihen, und wir sind die perfekten Barbie-Twins im ‚TOM'S‘!!“ Robin strich begeistert über das schwarz-weiß-gemusterte Kunstleder und die weiße Plateausohle mit dem 7-Zentimeter-Absatz.

Sie wühlten in den aufgestapelten Kartons nach den größten Größen und während René mit einer 40 liebäugelte, griff Robin mutig zu einer 41. Eigentlich trug er 42 bei den Herrengrößen, für den Gag würde er sich die Füße jedoch gern ruinieren. Ohne auf andere Kundinnen oder die Verkäuferinnen zu achten, schmissen sie ihre Tüten anderer Geschäfte auf den Boden und zwängten sich in die plumpen, hochhackigen Schuhe mit dem Schlangenledermuster. Robin war überrascht, wie gut der Schuh dafür saß, dass er ihm eigentlich etwas zu klein war. René gab nickend zu verstehen, dass er die Schuhe ebenfalls für gut befand.

Dieses Mal fühlte Robin sich bemüßigt, für Peinlichkeit zu sorgen. Er gab der Verkäuferin ein auffälliges Zeichen mit der Hand, sich endlich in seine Richtung zu bewegen.

„Frollein! Wir nehmen die Schuhe.“ Die Verkäuferin setzte an etwas zu sagen, doch er unterbrach sie direkt.

„Wir brauchen auch ordentliche Pflege für unsere neuen ... Barbie-Pumps!!!“

Während René nach Luft japste, nahm die Verkäuferin die Schuhe ohne ein Wort und mit so viel Würde wie möglich in Empfang und trug sie zur Kasse. René stupste Robin unauffällig an.

„Barbie-Pumps. Das ist gut. Die Gute platzt gleich ...“ Robin hatte eigentlich irgendeine Reaktion erwartet, doch „die Gute“ war ein Vollprofi. Zeit für Stufe Zwei.

„Möchten Sie die Schuhe im Karton oder in einer Tüte?“ Die Verkäuferin bemühte sich um einen absolut neutralen Ton. Robin sah René an und zog die linke Augenbraue hoch. René nickte.

„Ach, lassen Sie. Wir ziehen sie direkt an.“ Süßlich lächelnd nahm Robin ihr die Schuhe und eine Tüte aus der Hand, gab René sein Paar und so zogen sie vor der Kasse ihre neuen Schuhe an, packten ihre alten in eine Tüte und rauschten davon.

***

Freitagabend trafen Marina und Robin am Bahnhof in Bremen ein. René erwartete sie bereits am Bahnsteig und mit der Straßenbahn ging es weiter zu ihm nach Hause. Nachdem sie noch ein Stück zu Fuß gegangen waren, erreichten sie eine Siedlung älterer Häuser. Die Wohnung lag im ersten

Obergeschoss. Es gab ein geräumiges Wohn- und zwei kleine Schlafzimmer. Das Bad war innen liegend und die Küche bot genug Platz für einen Esstisch. Robin fehlte ein Balkon, sonst hätte ihm die Wohnung für ihn selbst gut gefallen.

Robin und Marina wurden in dem ehemaligen Zimmer von Renés Mutter einquartiert und breiteten gleich ihre Outfits für den Abend aus. Marina überließ Robin tatsächlich ihre Nadelstreifenhose, damit er im ‚TOM'S' mit René eine perfekte Show abziehen konnte. Sie freute sich, dass sie an diesem Wochenende dabei sein durfte. Marina sah, dass René ins Bad ging und als sich die Tür hinter ihm schloss, tuschelte sie mit Robin.

„Kommt dieser Fabian heute mit?" Sie machte große Augen und gab Robin so zu verstehen, dass sie das nicht gut finden würde.

Robin schüttelte schnell den Kopf.

„Nein, René hat verstanden, dass das keine gute Idee wäre. Abgesehen davon ist Fabian kein großer Disco-Gänger. Und im ‚TOM'S' wird fast nur House-Musik gespielt. Die kann Fabian nicht leiden. Also sind wir nur unter uns!" Robin deutete ihre vertraute ‚Vogue'-Geste an und Marina machte sie nach.

„Ich freu mich riesig, dass ich heute dabei sein darf! Vielen Dank!"

„Och, dank nicht mir. René hat dich gleich mit eingeladen. Ich glaube, du hast ihn bei der letzten Rosa mit der Bühnenaction echt überzeugt. Ich freue mich ebenfalls, dass du dabei bist! Und nicht nur wegen der Nadelstreifenhose!" Robin knuffte Marina in den Oberarm und sie drückten sich kurz.

„Schau mal, kann ich dieses blaue Oberteil anziehen? Was meinst du?"

„Das sieht rattenscharf aus. Holla, die Waldhusche, damit drehst du bestimmt noch jemanden um." Robin grinste schief, und Marina streckte ihm die Zunge raus.

René betrat fertig gestylt das Zimmer und klatschte in die Hände.

„So Kinder, jetzt kommt in die Puschen. Thore ist bald da. Dann geht es loohoooos!!"

Sie jodelten kurz auf und Marina rannte ins Bad. Das war der erste Moment, dass René und Robin unter sich waren. Etwas verlegen nestelte René an seinem pinkfarbenen Oberteil herum. Robin schaute auf die auffälligen Schuhe, die René bereits anhatte und lächelte.

„Wir werden heute die Knaller sein!"

„Ja, wir sehen zumindest wie Knallbonbons aus!"

„Möglich. Aber wie geile Knallbonbons. Damit bin ich im Darkroom bestimmt der Hit."

„Oh, du willst in den Darkroom gehen?" René zog eine Augenbraue hoch.

„Klar. Ich habe ja keinen festen Freund. Da geht hoffentlich was ..." Robin zuckte mit den Schultern und zog die Augenbrauen hoch. Ihm fiel auf, dass er das missverständlich formuliert hatte.

„Also natürlich ist das super, dass du mit Fabian zusammen bist. Darüber bin ich hinweg!"

„Ich habe das schon verstanden. Lass es ruhig krachen." René lächelte.

„Gerade hab' ich nur überlegt, dass wir uns bald schon ein Jahr kennen. Und was alles so passiert ist in der Zeit."

Robin war von dem melancholischen Ton überrascht, konnte René jedoch gut verstehen.

„Ja, eine total verrückte Zeit. Irgendwie sollten wir was Verrücktes machen, um das zu feiern."

„Was feiern?"

„Das Leben, uns! Wir, die total verrückten Barbie-Twin-Thekenschlampen gegen den Rest der Welt!"

René stieg voll drauf ein.

„Ich habe eine verrückte Idee! Was hältst du davon, wenn unsere Mütter mit zur nächsten Rosa-Disco kommen?!" Er machte dazu eine ausladende Geste mit den Händen und Robin hätte fast erwartet, es kommt noch ein „Tädääää" aus dem Off.

„Das ist eine großartige Idee! Spitze! Die zwei als „Queen-Mums" sozusagen!"

„Ja, genau! Macht deine Ma das mit?"

„Bestimmt! Sobald ich zu Hause bin, frage ich sie. Das wird ein Riesenspaß!!"

Sie gackerten über ihren abgedrehten Plan und tanzten im Zimmer umher, als Marina im Türrahmen auftauchte.

„Was ist denn hier los?"

René scheuchte Robin mit einer wedelnden Geste mit der Hand ins Bad.

„Wir haben beschlossen, dass unsere Mütter als „Queen-Mums" mit zur nächsten Rosa-Disco kommen müssen."

Robin huschte ins Bad, kontrollierte noch mal seine Haare, putzte sich die Zähne und zog sich um. Er legte etwas Puder und Mascara auf und sein Spiegelbild sagte ihm zu. Er schaute sich in die Augen und dachte: Du wirst heute Abend auf jeden Fall irgendjemanden knacken!

Thore kam und es gab ein großes Hallo beim Wiedersehen. Er hatte Marina schon auf der letzten Rosa kurz kennengelernt. Nun begrüßten sie sich schon wie alte Freunde, und Robin drückte ihn ebenfalls herzlich an sich.

„Hi, ihr Süßen! Fertig für das ‚TOM'S'? Bereit, Männerherzen zu brechen?" Er war quirlig wie eh und je. René allerdings zog eine Augenbraue hoch und sah ihn giftig an. Thore begriff.

„Klar René, du kannst mein Herz brechen, solange Fabian nicht da ist." Damit war die Welt wieder in Ordnung und Robin und René stellten sich auffällig unauffällig nebeneinander in Pose und Thore bekam große Augen.

„Oh du meine Güte! Ihr seht fabelhaft aus! Wie Zwillinge! Unglaublich!"

„Du siehst die Barbie-Twins vor ihrem ersten Auftritt im ‚TOM'S'!"

„Ihr seid völlig verrückt! Na, dann wollen wir euch mal ins ‚TOM'S' bringen, damit ihr bestaunt werdet!"

Leise liefen sie durch den Hausflur zu Thores Auto. Marina war begeistert, dass sie mit dem offenen Verdeck fahren konnten. Das Wetter war schon seit Tagen warm gewesen. Robin war nicht so begeistert, da er Angst um seine Frisur hatte, doch er stellte fest, dass die Unmengen an Gel und Haarspray wie Beton wirkten, und an seinen Haaren nichts passierte.

Beim Betreten des ‚TOM'S' hatten sie ihren ersten großen Auftritt, denn René und Robin gingen nebeneinander voran und zogen schlagartig eine Menge Blicke auf sich. Cool steckten sie sich eine Zigarette an und gingen an die Bar. Die Musik war nicht ihre Wellenlänge, also tranken sie zunächst etwas. Marina, die zum ersten Mal in diesem Club war, machte große Augen.

„Boah, das Licht und die Bässe. Der Hammer!"

Robin nickte und zeigte unauffällig in den hinteren Bereich. Er musste fast schreien damit Marina ihn verstand.

„Da hinten geht die Post ab. Da sind der Darkroom und die Toiletten.

Wundere dich nicht, wenn Männer auf der Damentoilette auftauchen. Die wollen dort pinkeln. Im Herrenklo wird gefickt."

„Und wozu ist der Darkroom da?"

„Der ist zu klein!" Robin lachte, und Marina stimmte mit ein.

„Ihr seid verrückt!"

„Wir?"

„Ihr Schwulen!"

Robin mimte einen Kuss für sie.

„Na, vielen Dank, du Frau!" Marina bedankte sich ebenfalls mit einem Kuss in die Luft.

Endlich wurde ein guter Titel gespielt und alle vier stürmten auf die Tanzfläche. Robin erkannte Culture Beat mit ‚Crying in the rain' und bewegte sich aufreizend zum stampfenden Rhythmus des Songs. René und er tanzten eng miteinander und boten eine echte Show in ihren pinken, bauchfreien Oberteilen und den im Schwarzlicht lila leuchtenden Sohlen und Absätzen ihrer Schuhe. Marina und Thore standen ihnen jedoch in nichts nach und tanzten ebenfalls mit vollem Einsatz. Robin genoss die Blicke der am Rand der Tanzfläche stehenden Kerle und er sah, dass es René genau so ging. Da sie gemeinsam noch auffälliger waren, verstand er gut, dass René dafür Fabian zu Hause gelassen hatte. Nach seiner eigenen Erfahrung hätte er eh nur an der Bar herumgestanden und schlechte Laune verbreitet. Die Erinnerung war noch zu präsent. Während er diesen Gedanken nachhing, bemerkte er einen Typen, der ihn sehr offensiv taxierte und die Hand zum Gruß hob. Robin lächelte und nickte nur. Der Kerl sah gut aus, war größer als er und hatte kurze dunkle Haare. Ein wenig erinnerte er ihn an Marius, und Robin fragte sich, ob das gut oder schlecht für den Typen war. Der nachgemachte Marius nickte in Richtung Darkroom und verschwand. In Robins Bauch entflammte die Glut, die durch das Tanzen schon heiß vor sich hin schwelte, zu einem Feuer, das er nur allzu gut kannte und beugte sich zu René vor.

„Du musst mal kurz ohne mich auskommen. Mein Typ wird im Darkroom verlangt." René sah ihn überrascht an und grinste.

„Du alte Schlampe!"

Robin nickte nur, winkte Marina zu, die ebenfalls überrascht schaute, allerdings begriff, als sie Robin auf dem Weg zum Darkroom nachsah. Sie und René tauschten wissende Blicke aus, zuckten mit den Schultern und tanzten weiter zum treibenden Beat des nächsten Tracks.

Als Robin den Darkroom betrat, überkam ihn die Erinnerung an das Treffen mit Jens bei seinem ersten Mal in diesem Club. Das schien schon wieder Jahre her zu sein, dabei waren es nicht mal drei Monate. Es schien ihm allerdings, als wäre es der gleiche Film wie beim letzten Mal. Zumindest wurde wieder ein Typ im Sling von einer Gruppe Kerle durchgeknallt. Dass jemand diese Lederkerle gut finden konnte, ging über seinen Verstand, doch es sollte ihm egal sein. Robins Augen gewöhnten sich an die Dunkelheit, und direkt vor einer Kabine sah er den Typen vom Rand der Tanzfläche stehen, also ging er auf ihn zu.

„Hi. Ist die Kabine frei?"

Der junge Kerl nickte und zog Robin mit in die Kabine. Wenige Sekunden später hatte Robin seine Zunge im Mund. Überrascht zog er seinen Kopf zurück und hielt dem Typen die Hand vor den Mund.

„Warte!"

Robin spuckte seinen Kaugummi auf den Boden und presste anschließend seine Lippen fest auf die des Fremden. Dass sie sich nicht mit Vorstellungsorgien aufhielten, gefiel Robin gut. Dieses Fremden-Szenario machte ihn an. Ihre Zungen verkeilten sich ineinander, spielten fest und fordernd miteinander und als ihnen irgendwann der Atem ausging, lösten sie sich voneinander. Während des Knutschens hatten sie sich gegenseitig am Arsch und im Schritt herumgefingert und jetzt ging der Typ tatsächlich vor Robin auf die Knie. Eigentlich wäre das Robins Part gewesen, und das pinkfarbene Oberteil und die Schuhe hätten darauf hindeuten können. Der Kerl wollte wohl wissen, wie viel Mann in solch einem Outfit stecken konnte? Das soll er merken, dachte Robin und zog ihn zu sich hoch.

„Wir gehen in eine Toilettenkabine!" Robin ließ den Macker heraushängen und fand es amüsant, wie artig der Typ folgte. Er schob ihn richtiggehend vor sich her in Richtung Herrenklo und drückte ihn in der erstbesten, freien Kabine auf den Boden.

„Jetzt kannst du weitermachen." Robin lehnte sich nach hinten an die kühle Zwischenwand und sah auf den Kerl runter, wie er Robins Hose öffnete und gierig nach seinem harten Spielzeug griff. Gekonnte befreite der Fremde das beste Stück und schob es sich in den Rachen.

Die Musik dröhnte durch die Toilettenräume und im schnellen Rhythmus des gerade gespielten Tracks schob Robin sein Becken vor und zurück, um dem Kerl hart in die Fresse zu vögeln. Tapfer parierte dieser die Stöße und knetete dabei noch Robins kräftige Oberschenkel. Das Feuer fraß sich von Robins Körpermitte aus durch seinen Körper, und Wellen der Lust durchströmten ihn, steuerten klar auf das oberste Ziel hin, dem Kerl kräftig ins Maul abzuspritzen. Nur für eine Minute wollte er das noch hinauszögern und hielt mit seinen Beckenbewegungen inne. Robin schaute nach unten und sah, dass der Typ sich selbst mit links wichste. Auf Robins Kopfnicken hin wichste er seinen Schwanz und übernahm die Regie. Das dauerte allerdings nicht lange und Robin merkte, wie er die Kontrolle über sein Lustzentrum verlor. Der Fremde verstand sein Handwerk und brachte sie beide parallel zum Abschuss.

Jeder säuberte sich mit Toilettenpapier, und als sie wieder passten, verstauten die beiden ihre Freudenspender in den Hosen. Robin konnte es nicht erwarten, aus der engen Kabine herauszukommen und sich die Hände zu waschen, doch der Fremde machte keine Anstalten, sich herauszubewegen. Im Gegenteil versuchte er, Robin zu küssen. Doch Robin schlängelte sich an ihm vorbei, öffnete die Tür und wusch sich die Hände.

„Ich bin übrigens Roman." Der Typ wusch sich am Becken neben Robin die Hände und lächelte ihn im Spiegel an.

„Und ich bin weg." Robin ließ ihn stehen und verließ die Herrentoilette.

„ Fotze!" Das hörte Robin trotz der lauten Musik, grinste und rief zurück.

„Nein, Schlampe!"

René und Marina waren noch immer auf der Tanzfläche und Robin sah auf seiner Armbanduhr, dass das Geplänkel lediglich 15 Minuten gedauert hatte. Dabei war ihm die Aktion länger vorgekommen. Marina bestürmte ihn gleich.

„Und? War der Typ geil?"

Robin war etwas irritiert, dass sie sich dafür interessierte.

„Geil? Nein. Aber befriedigend." Dazu zog er die linke Augenbraue hoch und lächelte vielsagend.

„Habt ihr es echt gemacht?!"

Da merkte Robin, dass er etwas auf die Informationsbremse treten sollte. Marina war erst 16 Jahre alt und er fühlte eine Art

Beschützerinstinkt, sodass er es runterspielte.

„Wir hatten unseren Spaß. Nichts Besonderes halt."

Aus den Boxen erklangen die ersten Takte von dem endlosen Remix zu ‚Upside down' von Diana Ross, zu dem Robin und René bei ihrem ersten gemeinsamen Besuch des Clubs eine ordentliche Show abgezogen hatten, und Robin fühlte sich gerettet. So musste er nicht weiter über diese Episode in der Toilette berichten, sondern konnte mit René auf den Putz hauen. Das taten sie und tanzten Rücken an Rücken mit ihren identischen Oberteilen und rieben ihre Hintern aneinander. Die Aufmerksamkeit vieler Kerle war ihnen sicher, und einige Typen tanzten sie immer wieder an. Thore grinste von der großen Theke zu ihnen herüber und machte Zeichen mit dem erhobenen Daumen.

Robin verschmolz mit der Musik, überließ seinen Körper dem Rhythmus und den Bässen und schaltete eine Art Autopilot ein. Seine Arme und Beine wussten genau, wie sie sich zu bewegen hatten. Ein nicht allzu großer Mann (kein Junge!) mit sehr kurzen Haaren, stechend blauen Augen und einem Wahnsinnslächeln beobachtete ihn interessiert. Er trug ein mittelblaues Jeanshemd zu einer ebenfalls mittelblauen Jeanshose und schwarzen DocMartens-Halbschuhen. Die Ärmel des Hemds hatte er hochgekrempelt. Dieser Jeanstyp war sonst nicht Robins Sache, doch dem Kerl stand das Outfit. Damit erregte er Robins Interesse und beim nächsten Titel tanzte Robin in seine Richtung. Sollte der Typ doch das volle Programm bekommen. Doch der Kerl verschwand von der Tanzfläche und steuerte die Bar an.

Das empfand Robin als Abfuhr und drehte sich wieder zu Marina und René um.

René tanzte nah an Robin heran.

„Was war das denn? Ist der Typ vor dir geflohen?"

„Ich habe keine Ahnung. Der ist heiß, oder?"

„Geht so. Etwas alt, oder?"

„Och." Robin zuckte mit den Schultern und grinste.

„Wenn er gut versichert ist, kein Problem." Sie gackerten und tanzten weiter.

Robin sah den Jeanstypen nicht wieder und war enttäuscht. Er tröstete sich, dass ein Abenteuer am Abend reichte und konzentrierte sich auf Marina, die für die Aufmerksamkeit dankbar war.

Um 5.00 Uhr wechselten sie vom ‚TOM'S' schräg gegenüber ins ‚QUEEN'S', einer kleinen Kneipe, wo sie noch ein wenig herunterkommen wollten und noch etwas tranken. Dort sah Robin den vollständig in Jeans gekleideten Fremden, war sofort wieder auf der Jagd und beobachtete seine Beute aus dem Augenwinkel, während er sich mit den anderen unterhielt. René entdeckte den Jeanstypen ebenfalls und wies Robin darauf hin.

„Hey, da hinten ist der Typ, der nicht mit dir tanzen wollte ..."

„Ja, vielen Dank. Hab' ihn schon gesehen, allerdings wollte ich ihn höflich ignorieren."

Robin lächelte süßlich. Nun war Marinas Neugier geweckt.

„Welcher Typ? Der, mit dem du auf dem Klo warst?"

„Nein, der Kerl, der wegging, als ich auf ihn zu getanzt bin."

„Der da hinten!" René zeigte ungeniert auf den ahnungslosen Fremden, und Marina polterte laut los.

„Was, DER? Der ist doch viel zu alt!!!"

Robin wäre am liebsten im Erdboden versunken. Thore sah aus als hätte ihm jemand vor das Schienbein getreten.

„Vielen Dank. Wir Männer jenseits der 30 haben auch ein Recht zu leben!"

Robin tätschelte Thores Hand.

„Sei nicht böse, Thore. Sie ist noch ein Kind. Ich mag Männer jenseits der 30!"

Seine Miene hellte sich zwar auf und doch drängelte er, dass er gern ins Bett wollte.

Da sie erst um 7.30 Uhr ins Bett gekommen waren, verbrachten sie den Samstag zum größten Teil mit Schlafen. Um 17.00 Uhr frühstückten sie Kaffee und Zigaretten und quatschten über die Erlebnisse der Nacht. René telefonierte mit Fabian, während Robin und Marina das Abendessen vorbereiteten und Kartoffeln für ein Gratin schälten.

Das Kartoffelgratin war ihnen gut gelungen, und so stärkten sich Marina, René und Robin üppig. Sie hatten zu viel gemacht, und das war gut so, dachte Robin, da er ahnte, die kommende Disco-Nacht würde ebenso anstrengend wie die letzte.

Sie fuhren um 22.30 Uhr mit den öffentlichen Verkehrsmitteln in die City und liefen das letzte Stück zum ‚TOM'S'. Dieses Mal hatten sie nicht den großen Auftritt geplant und betraten den Club ohne Aufheben. Die Musik war gut, und so steuerten sie auf die Tanzfläche zu. Als die drei sich einen Platz ergattert hatten, schaute Robin nach einer halben Drehung in zwei stechendblaue Augen über einem absolut hinreißenden Lächeln. Der Jeanstyp, schoss es Robin durch den Kopf, während er keine Miene verzog und sich wieder herumdrehte. René lachte schallend, und auch Marina gackerte vor sich hin.

„Hey, warst du gestern nicht auch hier?" Der Jeanstyp tippte Robin von hinten auf die Schulter.

Robin tanzte wortlos weiter und nickte ihm nur knapp zu.

„Dein Outfit heute sieht viel besser aus!"

Robin zog eine Augenbraue hoch und musterte den Typen übertrieben von Kopf bis Fuß.

Die raspelkurzen Haare sahen sexy aus, sein gebräuntes Gesicht bestand fast nur aus den funkelnden Augen und DEM Lächeln, das hautenge weiße Shirt ließ den Blick auf trainierte Oberarme, feste Brustmuskeln und einen flachen Bauch frei. Die dunkle Jeans präsentierte einen knackigen Po und feste Oberschenkel. Robin fluchte innerlich, er fand nichts, um zu kontern.

„Danke. Gestern war ein Spaß. Heute bin ich es selbst."

Damit drehte sich Robin zu Marina um und tanzte sie an.

Der Kerl blieb hartnäckig. Robin wunderte sich darüber, was das andere Outfit ausmachte. Waren alle so oberflächlich?

„Ich bin Helge!"

Nun hatte das gutaussehende Gesicht wenigstens einen Namen, dachte Robin.

„Ich bin Robin."

Helge lächelte und tanzte Robin offensiv an.

„Freut mich, Robin."

„Ja, mich auch." So leicht wollte Robin es ihm nicht machen und drehte sich erneut zu Marina um. Doch Helge kam hinterher.

„Ist das deine Freundin? Hi, ich bin Helge!"

„Hi, ich bin Marina!"

Robin hatte Angst, dass sie ihn gleich nach seinem Alter fragen würde und schob sich zwischen die beiden. Bei näherer Betrachtung hatte Helge deutliche Falten im Gesicht, was entweder an seiner Vorliebe für

Sonnenbäder oder seinem tatsächlichen Alter lag. Da war sich Robin nicht sicher. Für einen älteren Kerl war Helge gut in Form und sah gut aus.

Außerdem wollte Robin mal naschen, nicht gleich heiraten.

Beim Tanzen ging Helge aufs Ganze. Das gefiel Robin, und er drehte sich so, dass sein Hinterteil an Helges Vorderseite rieb. Das schien ihm zu gefallen, denn er legte seine Hände auf Robins Hüften und passte seinen Rhythmus dem von Robin an. Zwei Songs später beugte er sich zu Robin vor.

„Magst du mit mir an die Bar kommen und etwas trinken?"

„Klar."

Robin folgte Helge und nickte Marina zu. Sie reckte ihren Daumen hoch und zwinkerte besonders auffällig, sodass Robin grinsen musste. An der Bar angekommen, winkte Helge dem Barkeeper zu.

„Was magst du trinken, Robin?"

„Ich nehme eine Cola light bitte. Danke."

Helge bestellte für sich ein Bier sowie Robins Cola light und wandte sich Robin zu.

Die Getränke kamen prompt und Helge prostete Robin zu. Dieser hob sein Glas Cola und nickte lächelnd.

„Hier ist es viel zu laut für eine Unterhaltung! Findest du nicht auch?"

Robin hatte keine Ahnung, was Helge ihm da sagen wollte, nickte allerdings zustimmend.

„Wollen wir rüber ins ‚QUEEN'S' gehen?"

Da war Robin baff.

„Sorry, erst mal möchte ich noch tanzen. Wir sind eben erst hier. Nachher gehen wir bestimmt rüber, dann können wir da gern noch quatschen."

Sollte Helge enttäuscht gewesen sein, ließ er es sich nicht anmerken und nickte zustimmend.

Robin trank sein Glas leer und sah Helge fragend an.

„Möchtest du mitkommen?"

Doch Helge winkte ab.

„Mach du mal, wir quatschen nachher!" Sein Lächeln ging Robin durch Mark und Bein und seine innere Glut wurde kräftig angefacht. Von diesem Moment an tanzte Robin nur für Helge. Robin freute sich, dass Marina und René auch so Tanzverrückte waren wie er selbst, sodass sie stundenlang am Stück zu den unterschiedlichsten Musikstilen tanzen konnten.

Auf die harte Housemusic folgte Black Music und anschließend einige Oldies, um letztlich wieder bei House anzukommen.

Gegen 3.00 Uhr konnten Marina, René und Robin nicht mehr, und René schlug vor, doch ins ‚QUEEN'S' zu wechseln. Robin fragte Helge, ob er mitkommen wolle und dieser bejahte freudig.

Auf dem Weg in die Kneipe machten sich Helge und René miteinander bekannt.

Sie hatten Glück und bekamen einen Platz in der coolen Ecke des ‚QUEEN'S' am Fenster, wobei Marina und René sich so platzierten, dass Robin und Helge nebeneinandersitzen konnten. Die zwei waren schnell ins Gespräch vertieft.

Robin erfuhr die wichtigsten Informationen zu Helge: 39 Jahre alt, stellvertretender Filialleiter in einem Supermarkt und wohnhaft direkt in Bremen. Und der wichtigste Fakt: Single. Und bereit, das zu ändern. Und Helge stand eindeutig auf jüngere Kerle, wie er selbst betonte. Als Robin erzählte, was er machte, war Helge erstaunt.

„Du arbeitest bei der Sparkasse und kannst abends so weggehen wie gestern?"

Robin verstand seine Überraschung nicht.

„Warum nicht?"

„Na ja, was ist, wenn dich jemand sieht?! So im knallpinken, bauchfreien Oberteil und Plateauschuhen!"

Robin ärgerte sich, dass Helge schon wieder so auf dem Outfit herumritt. Es war doch nur ein Spaß gewesen!

„Wer sollte mich schon in einer Schwulendisco sehen? Und falls mich jemand von der Arbeit in einer Schwulendisco sieht, ist er – oder sie – ja selbst dort. Dann heißt es doch nur noch: Wer ficken will, muss freundlich sein!"

Robin wusste, er hatte ein wenig übertrieben, doch er wollte Helge deutlich Kontra geben.

„Außerdem reicht es, wenn ich tagsüber im Anzug mit Krawatte durch die Gegend rennen muss. Es geht niemanden etwas an, was ich in meiner Freizeit treibe. Und abgesehen davon, war das gestern ja ein Spaß!"

Helge ging in die Defensive, er merkte, dass er Robin an einem wunden Punkt getroffen hatte.

„Okay, verstanden." Helge lächelte entwaffnend. Er wandte sich an

Marina. „Und wie hast du Robin kennengelernt? Du bist doch etwas jünger als er, oder?"

Marina sah Robin an, und er grinste. Das würde Helge sicherlich umhauen. Oder gefallen, das musste sich noch zeigen.

„Ach, das war auf einer Singleparty. Da habe ich Robin angeschrieben. Und weil wir so gut miteinander getanzt und geknutscht haben, wurden wir das zweite Paar des Abends und haben einen Restaurantgutschein gewonnen. Den haben wir mit Freunden von mir eingelöst und noch einen super Abend gehabt. Erst Wochen später, als wir Robins 18. Geburtstag in der Disco gefeiert haben, haben wir Schluss gemacht. Er hatte mir zwar vorher schon gesagt, dass er nur Ex-Freunde hatte, aber an dem Abend ist mir aufgegangen, er soll lieber mein bester Freund sein, als irgendwann ein Ex zu sein. Und seither sind wir befreundet!"

Helge liefen fast die Augen über und er sah Robin in einem neuen Licht. Das Kerlchen barg einige Überraschungen hinter der kühlen Fassade mit der fast permanent hochgezogenen Augenbraue und dem leichten Schmollmund. Zu gern würde er ihn mal im Anzug sehen. Da machte Robin bestimmt eine gute Figur. Zudem schien es Robin nichts auszumachen, dass er mehr als doppelt so alt war. So leicht war sonst nicht an die knackigen jungen Kerle zu kommen. Und der knackige Arsch und die trainierten Oberschenkel waren sehr verlockend.

René hielt sich im Gespräch sehr bedeckt und schlug bald vor, nach Hause zu fahren. Helge bot an, sie zu René zu fahren. Er hatte lediglich ein Bier im ‚TOM'S' getrunken. Ansonsten hatte er sich an Wasser gehalten. Da sie damit Geld für die S-Bahn sparen würden, sagten sie zu und ließen sich von Helge fahren. Als er sie bei René absetzte, stiegen René und Marina schnell aus und ließen Helge und Robin so noch etwas Privatsphäre für die Verabschiedung. Sie tauschten schnell ihre Telefonnummern aus, verabredeten sich am nächsten Samstag für die Rosa-Disco und Helge beugte sich vor, um Robin einen zarten Kuss auf den Mund zu geben. Robin kam ihm etwas entgegen, und als sich ihre Lippen fanden, flogen die Schmetterlinge in seinem Bauch in alle Himmelsrichtungen.

***

„Was?! Ich soll mit zur Rosa-Disco gehen?" Mama Rita war völlig überrumpelt. Robin war freudestrahlend auf sie zu gerannt, als sie ihn am Sonntagnachmittag in Jever vom Bahnhof abgeholt hatte und erzählte ihr sofort von Renés Idee, dass die Mütter mit nach Oldenburg zur Rosa-Disco kommen sollten.

„Klar, Renés Mama kommt auf jeden Fall! Das wird spitze! Wir gehen vorher ins ‚Florian', da könnt ihr euch noch ohne laute Musik kennenlernen. Anschließend geht es ab ins ‚Alhambra'. René will sich kümmern, dass wir die erste Thekenschicht übernehmen, so habt ihr den Abend über freie Getränke, weil wir sie für euch holen können. Marina wird auch kommen, Marius ist dabei und ... ach bitte sag ja!"

Rita konnte sich kaum auf den Verkehr konzentrieren. Nach der ersten Überraschung fand sie den Vorschlag süß. Dass ihr Sohn sie abends beim Feiern mit Freunden dabeihaben wollte, rührte sie sogar. Zumindest wäre es kein langweiliger Abend auf der Couch beim Fernsehen, sondern sie konnte sich ein Bild vom ‚Alhambra' und den Leuten machen, von denen Robin immer erzählte.

„Ich wüsste ja gar nicht, was ich da anziehen soll."

Robin horchte auf. Es ging nicht mehr um das „Ja" oder „Nein", sondern das „Wie". Das war ein gutes Zeichen. Jetzt hieß es Lösungen zu präsentieren.

„Ach, du hast doch so schicke Klamotten im Schrank. Da finden wir schon was."

Er überlegte fieberhaft.

„Was ist denn mit diesem coolen, schwarzen Spitzentop ohne Ärmel. Das würde ich mir am liebsten ausleihen. Dazu die schwarze, gute Hose und ein paar hochhackige Schuhe. Voilà!"

Rita hielt vor einer roten Ampel und sah Robin von der Seite an.

„Und du willst deine alte Mutter wirklich dabeihaben?"

„Klar! Das wird der Hit! Sagst du ja?"

Robin sah sie flehend an, sodass ihr gar nichts anderes übrig blieb als zuzusagen. Eigentlich hatte sie sich gewünscht, er würde dem „alte Mutter" widersprechen. Doch das hatte nicht funktioniert.

„Na gut. Allerdings werde ich wohl kaum bis 5.00 Uhr nachts durchhalten."

„Das macht nichts. René fährt ja spätestens schon um 3.00 Uhr."

Die Ampel schaltete auf Grün und Rita musste sich auf den Verkehr konzentrieren. Innerlich brach sie zusammen. Gesegnete Jugend, 3.00 Uhr war genauso schlimm wie 5.00 Uhr!

Nachdem sie sich einmal entschieden hatte mitzugehen, freute sie sich darauf, einen Abend in Robins Welt dabei zu sein. Und mit ihren 41 Jahren konnte sie durchaus noch mal auf den Putz hauen. Also warum nicht mal eine Schwulendisco besuchen? Sie grinste beim Gedanken daran, was Bernhard sagen würde.

***

Diese Rosa-Disco war generalstabsmäßig geplant. Marina kam schon am Samstagvormittag mit dem Zug aus Leer. Rita war insgeheim beeindruckt, dass Marina diese Strapazen nur für eine Nacht auf sich nahm.

Marius fuhr mit dem Zug nach Oldenburg, dort würden sie ihn am Bahnhof abholen und mit zum ‚Florian' nehmen.

René und seine Mama Karin würden mit Fabian bei Thore mitfahren und um 20.00 Uhr beim ‚Florian' eintrudeln.

René und Robin telefonierten am Samstagvormittag noch mal für letzte Details in Sachen Outfits und Musik für die Thekenschicht.

„Das wird so muschi! Meine Ma ist schon völlig aufgeregt. Und Marina kommt auch noch zu uns. Ich weiß gar nicht, wie wir uns alle gleichzeitig fertigmachen sollen!"

„Na, das wird bei uns etwas entspannter, meine Ma freut sich auch schon riesig. Eins ist mir nur wichtig: Bitte kein Stress mit Fabian!"

Robin war erstaunt, dass René das so deutlich sagte. Da Marius, Fabian und er im ‚Florian' ohne laute Musik aufeinandertreffen würden, wäre im Zweifel die Gelegenheit sich noch mal die Meinung zu geigen. Doch dafür sollte diese Rosa nicht dienen!

„Versprochen. Wir sind artig. Oh, René, das wird großartig!"

„Ja! Und wir tragen wieder das Barbie-Twin-Outfit, richtig?"

„Auf jeden Fall. Helge wird bestimmt kotzen. Doch er weiß ja, dass ich anders kann."

„Der kann froh sein, dass er so einen knackigen Typen im Arm halten darf. Da kann ihm die Verpackung doch völlig egal sein!" René lachte dreckig.

„Bitte keine Rollator-Witze heute Abend!"

„Abgemacht. So, und jetzt muss ich los. Fabian wird bald eintreffen und die Wohnung sieht aus wie bei Hempels unterm Sofa!"

„Okay, bis nachher!!"

Für Marina war es der erste Übernachtungsbesuch bei Robin, und so war sie etwas aufgeregt wegen Robins Eltern. Mit ihrer unbedarften, offenen Art eroberte sie ihre Herzen im Sturm. Sie erkannten in Marina eine weibliche Version von Robin und fanden das sympathisch.

In letzter Minute entschieden sie noch, Marius doch aus Wilhelmshaven abzuholen. Das war zwar ein kleiner Umweg, so konnte er sich allerdings die lange Zugfahrt allein sparen. Auf dem Rückweg hätten sie ihn sowieso zu Hause abgesetzt, also konnten sie ihn auch auf dem Hinweg abholen. Rita kam sich bei so viel Spontanität verwegen vor und fühlte sich in ihrem Ausgeh-Outfit sowieso 10 Jahre jünger. Ursprünglich war sie davon ausgegangen, dass sie die Tour nach Oldenburg mit ihrem Peugeot 205 antreten würden. Doch Bernhard hatte ebenfalls spontan entschieden, dass sie mit dem Audi 100 besser unterwegs wären. Bei 4 Personen war der Audi auf jeden Fall bequemer. Rita freute sich auf die Autobahnfahrt. Sie war bestimmt keine Raserin, doch der Audi schaffte 200 Kilometer die Stunde. Das konnte praktisch sein, falls sie spät dran wären.

Im Auto herrschte sofort gelöste Stimmung. Robin hatte eine Kassette aufgenommen, die sie bei der Abfahrt abspielten. Mit Marius gab es ein herzliches Wiedersehen. Insgeheim bedauerte Rita, dass es zwischen ihm und Robin nicht funktioniert hatte. Sie war froh, dass sie sich im Guten getrennt hatten und Freunde geblieben waren. Er war ein lieber Kerl und sie mochte ihn gern. Marius machte große Augen, als er Robin sah.

„Wow, du siehst ja hammermäßig aus!"

Robin drückte ihn zur Begrüßung und drehte sich anschließend kokett.

„Ein Barbie-Twin! Die andere Hälfte wartet gleich in Oldenburg!"

Marina und Marius drückten sich, bevor er sich zu ihr nach hinten auf die Rückbank setzte.

„Alle abfahrbereit? Oldenburg – wir kommen."

Im ‚Florian' sorgten die acht für Aufsehen, schon als sie vor dem Eingang aufeinandertrafen.

Robin und René rannten sich fast um, sahen allerdings tatsächlich wie Zwillinge in ihren identischen Outfits aus. Jeder begrüßte jeden, dabei ging es laut zu, und unzählige Vorstellungen wurden erledigt. Karin, Renés Mama, war Rita gleich sympathisch. Umgekehrt war es genauso. Für beide war es aufregend, mal auf eine andere Mutter mit einem schwulen Sohn zu treffen. Nachdem Rita René, den sie bislang nur vom Telefon kannte, mit Robin zusammen sah, wurde ihr klar, dass die zwei für schwule Jungs noch mal besonders waren. Fabian und Marius verblassten dagegen richtiggehend. Darüber unterhielten sich Karin und Rita im ‚Florian', während die restliche Truppe die letzten Neuigkeiten und Pläne für die bevorstehende Nacht diskutierte.

Die Zeit verging wie im Flug, und es wurde Zeit, ins ‚Alhambra' zu fahren. Rita war plötzlich aufgeregt wie ein verliebter Teenager. Als sie vor dem Gebäude stand, war sie sehr ernüchtert. Karin stand neben ihr und ihr entgleisten ebenfalls die Gesichtszüge.

Sie sahen sich erstaunt an.

„Das soll das ‚Alhambra' sein?"

„Das ist ja eine Bruchbude!"

„Warten wir mal ab, wie es innen aussieht." Rita lächelte tapfer und Karin machte gute Miene zum bösen Spiel.

Ihre Jungs lotsten sie durch den Eingangsbereich, wo sie Stempel auf die Hand gedrückt bekamen. Rita war das völlig unbekannt, doch fand sie sich damit ab. Die Musik spielte laut, und René und Robin tänzelten mit Marina und Marius im Schlepptau vor ihnen her. Fabian und Thore bildeten die Nachhut, und folgten ihnen ins Café der Jugendgruppe.

Marina und Marius unterstützten René und Robin bei den Aufbauarbeiten für die erste Thekenschicht, während die Mamas mit Thore und Fabian an einem Tisch in der Ecke platziert wurden. Während die beiden Männer den rustikalen Charme schon kannten, konnten sich Karin und Rita kaum sattsehen. Zumindest die Musik im Café kam Rita bekannt vor, denn das war die Kassette, die sie auf der Autofahrt gehört hatten.

Nach und nach füllte sich der Raum, und es gab viel zu bestaunen. Das Gespräch zwischen den Mamas riss nicht ab, sie hatten eine Menge Themen, über die sie sprechen konnten. Insbesondere Rita war erleichtert, dass es Karin scheinbar in vielen Belangen ähnlich ging. Sie liebte ihren Sohn, hätte sich allerdings für ihn gewünscht, nicht unbedingt diese Herausforderung im Leben meistern zu müssen.

„Das verstehe ich gut. Mir geht es genauso. Ich liebe Robin. Aber er wird es immer schwerer haben als andere in seinem Alter. Kann er offen zu seinem Partner stehen? Wird er angepöbelt? Darüber mache ich mir Gedanken."

„Ja, Rita, doch da müssen sie durch. Und wir ebenso. Auf der anderen Seite überleg doch mal: Hätte ein heterosexueller junger Mann dich mit in die Disco genommen? Ich glaube nicht. Wir haben besondere Kinder, die uns die Welt anders zeigen können."

Der Gedanke gefiel Rita gut. So hatte sie es noch nicht betrachtet.

„Du hast recht. Das ist ein guter Gedanke. Bislang habe ich eigentlich immer gesehen, was uns genommen wurde. Also Enkelkinder, eine Schwiegertochter und so weiter. Doch dann bekommen wir eben einen Schwiegersohn!"

Karin nickte begeistert.

„Siehst du, das ist die richtige Einstellung!"

Fabian und Thore hatten sich zwischenzeitlich in den vorderen Bereich zur Tanzfläche verabschiedet. Das Café war jetzt, um 23.30 Uhr, voll und man konnte von ihrem Tisch kaum bis zur Theke schauen. Karin und Rita hatten schon gewitzelt, dass es ungewohnt war ihre Söhne so fleißig zu sehen. René und Robin hatten sichtlich viel Spaß bei ihrer Thekenschicht. Ab und an hörte man sie laut lachen und Späße mit den Gästen machen. Rita schaute zwischen zwei vollständig in Leder gekleideten, älteren Männern vorbei zum Tresen und sah René mit Fabian rumknutschen. Sie waren völlig vertieft, und Rita wollte schnell wegsehen, als sie erkannte, dass es gar nicht Fabian war. Dafür waren die Haare zu kurz und der Mann etwas zu klein. Nanu, dachte sie, was macht René denn da mit einem fremden Mann?! Und dann wurde ihr klar, dass es nicht René war. Karin wiederum bemerkte, dass Rita schier endlos zur Theke starrte.

„Alles okay, Rita?"

Wie aus Trance erwacht, wandte sie sich Karin zu.

„Ja, ich habe gerade nur Helge kennengelernt."

Karin schaute sie fragend an, drehte sich kurz zur Theke um, erkannte die Situation und lachte.

„Verstehe. Glückwunsch zum Schwiegersohn." Sie lachten beide.

Um 00.00 Uhr ging es zur Tanzfläche und auch hier hielten sich Karin und Rita aneinander, während die jungen Leute zu der lauten und schnellen Musik im Kreis tanzten. René und Robin bildeten den Mittelpunkt mit ihren identischen Outfits. Rita war nach dem Gespräch mit Karin mit Stolz erfüllt und erkannte, dass ihr Sohn unter den Besonderen noch besonders war. Als der nächste Titel anfing, freute sich Rita, dass sie ihn kannte. Sie beugte sich zu Karin vor.

„Ha, das ist ‚Coco Jamboo'." Karin nickte zustimmend.

„Das gefällt mir gut." In dem Augenblick wurden sie von ihren Söhnen geschnappt und zur Bühne gezogen. Noch bevor sie es sich versahen, standen sie mit Marina, Marius, Thore, René und Robin in einer Reihe am Bühnenrand und tanzten zu dem sommerlichen Lied. Erst war es Rita fürchterlich peinlich, so im Rampenlicht wollte sie nicht stehen, allerdings sang Karin ebenfalls mit, also ließ sie es zu und zum Schluss genoss sie es richtiggehend. Die Menge auf der Tanzfläche sah zu ihnen rauf, klatschte und sang mit. Das war witzig!

Der Abschied fiel ihnen schwer, es war klar, dass sie sich so schnell nicht wiedersehen würden. Diesen Abend konnte ihnen jedoch keiner nehmen. Also drückten sich Karin und Rita zum Abschied und wünschten sich alles Gute. Die Bremer fuhren davon. Rita merkte, dass sie bereit für den Rückweg war.

„Wir sollten ebenfalls fahren."

Robin nickte verständnisvoll.

„Klar, das machen wir. Ich würde dir nur gern noch Helge vorstellen."

Rita zuckte zusammen. Von Helge hatte sie eigentlich schon genug gesehen. Sie zwang sich, auch ohne Karin an ihrer Seite weltoffen und positiv zu sein. Also lächelte sie tapfer.

„Gern. Wo ist er denn?"

***

Am nächsten Tag, als Marina im Zug nach Hause saß und Robin das Gästebett in seinem Zimmer beseitigt hatte, rief er René an. Dieser klang müde am Telefon.

„Hallo du Thekenschlampe! Wie schaut's? Du klingst müde. Wart ihr noch im ‚TOM'S'?"

„Hallo Schnecke, nein, Fabian und ich haben Schluss gemacht."

Robin fiel fast der Hörer aus der Hand.

„Wie bitte? Was ist passiert?"

„Ach, im Grunde war es wie bei euch. Er fühlte sich wie das fünfte Rad am Wagen. Dass wir unsere Mütter dabeihatten, konnte er nicht verstehen und fühlte sich zurückgesetzt."

„So ein Idiot!"

René seufzte.

„Nein, eigentlich nicht. Aber so machte es keinen Sinn. Er hat keine Lust, großartig auf Tour zu gehen. Und ich bin noch nicht bereit, nur vor dem Fernseher zu hängen."

Robin bereute seinen Ausbruch. René klang zwar recht gefasst und abgeklärt, doch wenn man sich trennte, war es immer schmerzhaft.

„Es tut mir leid, René."

Sie schwiegen kurz einträchtig, bevor Robin die Pause beendete.

„Dass unsere Mums auf der Rosa waren, war doch der Kracher, oder?"

Robin konnte René lächeln sehen.

„Ja, sie haben sich gut verstanden. Meine Ma hat die gesamte Zeit auf der Rückfahrt davon geschwärmt, wie ähnlich sie sich sind."

„Ja, meine Ma ebenfalls. Das sollten wir irgendwann noch mal wiederholen. Ein Revival."

Sie kicherten einstimmig.

„Und was steht jetzt bei dir an?"

„Dienstag geht es ins schwule Ferienlager. Ich bin mal gespannt, wie das so wird, und ansonsten habe ich für die letzte Ferienzeit noch nichts vor. Und bei dir?"

Nun seufzte Robin.

„Ach, ab 05. August habe ich drei Wochen Urlaub. Das wäre eigentlich sehr geil, aber am 08. August habe ich die Wiederholungsprüfung für den Führerschein. Und mein Onkel und seine Family rauschen an und wohnen für eine Woche in der Ferienwohnung, die die Nachbarn neben uns haben. Also machen wir alle einen auf Happy-Family. Und wenn ich den Führerschein wieder nicht schaffe, muss ich die ewig zu Hause hängen. Dann erschieße ich mich!"

„Hm, und wenn ich dich ab Mittwoch, dem 07.08. besuchen käme?

Entweder du schaffst den Führerschein und wir tingeln durch die Gegend. Oder du versemmelst es und wir hängen gemeinsam mit den Verwandten ab!"

Robin traute seinen Augen kaum.

„Das würdest du tun?! Hier in die Ödnis kommen?"

„Klar, wofür sind Freunde denn da? Ist dann wie bei der Kinderlandverschickung, doch ich setze darauf, dass du dieses Mal den Lappen schaffst und wir permanent unterwegs sein werden!"

„Wartest du mal kurz? Ich frage schnell meine Eltern. So können wir vielleicht gleich weiter planen!" Robin war aufgeregt. Renés Vorschlag änderte die nächsten Wochen womöglich komplett. Nicht allein dadurch zu müssen, hörte sich himmlisch an. Wie durch ein Wunder hatten seine Eltern nichts dagegen, und so konnten sie gleich alle Details besprechen. Am Abend lag Robin im Bett und beschwor vor dem Einschlafen das Universum, gütig zu sein!

Das Objekt der Begierde

Ich habe keine Ahnung
auch Du weißt nicht grad viel
Wenn ich 'ne Kiste Gold fänd
gäb ich Dir etwas ab
Ich stell mir vor wie Du mich liebst
Du kennst mich ganz genau
Ich will dass Du mich kalt stellst
Sei mutig und nicht schlau[16]

René traf pünktlich am Mittwochmittag am Bahnhof in Jever ein. Robin konnte es kaum erwarten, dass René zu Besuch kam. Nachdem Rita die beiden auf der Rosa erlebt hatte, konnte sie es gut verstehen. Sie wirkten wie Zwillinge.

„Aaaaahh, da bist du ja!" Robin jodelte los, als René aus der Regionalbahn stieg.

[16] Quelle: Plate Peter, Err Anna

„Ja, Gott sei Dank! Ich dachte, gleich muss ich noch mit einem Pferdewagen fahren ..."

Sie drückten sich herzlich und schnatterten wie zwei junge Mädchen. Rita sah, dass sie die Blicke der umstehenden Menschen auf sich zogen, und trieb sie, als sie René zur Begrüßung gedrückt hatte, zum Auto.

„Lasst uns fahren, Bernhard hat Hunger. Da sollten wir ihn nicht warten lassen."

Robin verstaute Renés riesigen Rucksack im Kofferraum von Ritas Peugeot und stieg hinten ein. René durfte auf den Beifahrersitz.

„Wie war das Ferienlager?"

„Oh, das war klasse! Ich habe coole neue Musik entdeckt. Keine Sorge, die CD habe ich mit. Hast du schon mal was von ‚Rosenstolz' gehört?"

Robin schüttelte den Kopf.

„Nee, sagt mir gar nichts."

„Na, lass dich nachher mal überraschen. Sind die Verwandten schon da?"

Ungewollt verdrehten Rita und Robin parallel die Augen.

„Ja, seit Sonntag schon."

Robin wusste, dass Mama Rita die bucklige Verwandtschaft auch nicht prickelnd fand, er wunderte sich allerdings über ihre Offenheit gegenüber René.

„Das Problem ist, dass sie noch nicht Bescheid wissen. Wir wussten bislang noch nicht, wie wir es ihnen sagen sollten." Rita dachte daran, dass die Bochumer nicht blöd waren und sobald sie René und Robin zusammen sahen, mussten sie eins und eins zusammenzählen.

René verstand nicht sofort.

„Worüber wissen sie nicht Bescheid?"

Robin sprang seiner Mutter bei.

„Sie haben keine Ahnung, dass wir Tucken sind!"

Rita sah ihn im Rückspiegel empört an.

„Ihr seid doch keine Tucken!"

„Nein? Also fragen wir doch mal die Plateauschuhe ..."

René schnaubte vor unterdrücktem Lachen, und Rita und Robin fielen mit ein.

„Okay, wir benehmen uns also besonders artig. So merken sie vielleicht nichts?"

„Ach, René, das ist lieb, doch wenn sie etwas schnallen, ist es eben so."

Robin war erstaunt, dass Rita plötzlich so cool war.

„Also keine Schienen für unsere gebrochenen Handgelenke?"

„Robin, sei nicht fies. Ich habe lediglich gesagt, dass wir es ihnen nicht unbedingt auf die Nase binden müssen!"

René versuchte zu vermitteln.

„Na, dann ist doch alles fein. Wir jodeln und kreischen nicht so rum, wenn sie da sind, und lassen die Sau raus, wenn sie sich verzogen haben."

Rita war froh, dass René sich so verständig zeigte. Sie steuerte den Wagen in die Einfahrt und hielt. Sie hatten vor zu grillen, also wurde René zügig Papa Bernhard und Robins Oma vorgestellt. Die restliche Familie war noch nebenan in der Ferienwohnung.

Als das Grillfleisch auf dem Rost brutzelte, kamen Onkel Günther, Tante Barbara sowie die Cousins Julian und Max um die Ecke gebogen. Günther war Bernhards fünf Jahre jüngerer Bruder und lebte mit Barbara in wilder Ehe, was für die Familie schon ein mittlerer Skandal war. Günther hatte ein Kind aus erster Ehe, die vor Jahren geschieden worden war. Julian, sein älterer Sohn mit Barbara, war 8 Jahre alt und Max 3 Jahre. In dem Teil der Familie galt die Faustregel: recht hat, wer lauter ist. Und das ging allen anderen mächtig auf die Nerven. Die Kinder waren ständig am Heulen und Kreischen. Günther und Barbara waren ewig am Herumschreien, wenn die Kids wieder irgendetwas angestellt hatten.

Robin merkte, wie ruhig René wurde, und sogar Rita fiel auf, dass er sich in der Gegenwart ihres Schwagers und seiner restlichen Familie außerordentlich zurückhaltend verhielt.

Später, als sie nach dem Essen zum Musikhören nach oben in Robins Zimmer gegangen waren, verriet René den Grund für seine Zurückhaltung.

„Oh mein Gott, das sind ja Prolls! Dein Onkel ist so ein stumpfes Ding. Sollte ich versehentlich mal den kleinen Finger beim Essen abspreizen, macht der mich kaputt!"

Robin musste laut lachen und verstand genau, was René meinte. Er war an das Unterschichtgetue der Familie gewöhnt. Für jemand Neues musste das krass sein.

„Jetzt was anderes: Bist du aufgeregt wegen morgen?"

Robin horchte kurz in sich hinein und war erstaunt.

„Ehrlich gesagt: Nein. Ich bin recht ruhig. Nun gut, erst mal hatte ich seit gestern zu tun, um das Zimmer für dich herzurichten. Und noch die Outfitauswahl für heute Abend, wenn wir ins ‚Dörp' gehen. Da muss alles stimmen."

„Das willst du durchziehen? Heute Abend in die Disco, wenn du morgen Vormittag den Führerschein machst?"

„Klar. Falls ich durchrausche, hätten wir sonst den Abend verpasst. Mittwochs ist im ‚Dörp' immer die Hölle los. Und es ist hier in Niedersachsen der letzte Ferientag, da werden die Teenies ihren Abschied von den Sommerferien feiern ... Doch nun etwas anderes: Was ist jetzt mit Rosenstolz? Wer ist das?"

„Ach, das ist eine extrem muschi Band! Auf die bin ich im Ferienlager gestoßen! Die Texte sind total witzig! Leg doch mal die CD ein!"

Das Cover gefiel Robin gut. Ganz in Rot gehalten, und das weiblich-männliche Duo trug gelbe Oberteile dazu. Alles im Retro-Style. Cool. Mit deutschsprachiger Musik hatte Robin nicht so viel am Hut, aber reinhören konnte nicht schaden. Er las ‚Objekt der Begierde'. Schon nach den ersten Klängen der Musik war ihm klar, dass das genau seine Musik war. Das war nicht nur Popmusik. Das war Musik für Thekenschlampen. Teilweise melancholisch, teilweise rotzfrech, teilweise laut und immer etwas zu viel.

„René, die sind ja großartig!" Robin überspielte die CD gleich mal auf Kassette.

„Sag ich doch!" Falls wir bei der nächsten Rosa-Disco wieder eine Thekenschicht übernehmen, können wir die mal abspielen!

„Oh, da habe ich noch etwas anderes. Warte mal." Robin drückte René eine Single-CD in die Hand. ‚You are makin' me high' von Toni Braxton. Dieser legte die Stirn in Falten.

„Toni Braxton? Singt die nicht nur Schmachtfetzen?"

Robin schüttelte vehement den Kopf.

„Die legen wir nachher ein, wenn das Album überspielt ist. Black Music vom Feinsten. Oder wie ich es sagen würde: Ficksoul! Klar, die Gute hat auch schon Balladen gesungen, doch dieser Titel hat es in sich."

Robin freute sich, dass sie sich in Musikdingen immer so gut austauschen konnten. Eigentlich bezeichnete er Marius als besten Freund, allerdings war das Verhältnis etwas abgekühlt, nachdem es sich zwischendrin so stark erhitzt hatte.

René kam einem besten Freund danach am nächsten. Nun kam er auf ihr ursprüngliches Thema zurück.

„Was ziehen wir denn heute Abend an?"

„Na, heiße Shirts, coole Jeans und – tädäää – die Plateautreter. Die hast du doch mit, oder?"

René zog überrascht die Augenbrauen hoch.

„In die Dorfdisco willst du die Barbie-Pumps anziehen?"

„Klar, meine Jeans ist ziemlich lang, da werden die eh fast völlig verdeckt. Doch zu wissen, dass wir sie tragen, ist doch schon lustig." Robin grinste.

„Hm, meine Jeans, die ich für heute geplant hatte, sollte bis über das Schlangenmuster gehen. Warum also nicht? Hauptsache, deine Ma rastet nicht aus, wenn wir heute Abend Party machen und du es morgen verhaust! Die schmeißt mich sonst raus!"

Robin war jedoch die Ruhe selbst.

„Keine Sorge, ich geh mit. Das wird schon. Du bringst mir Glück!"

Glück hatten sie schon am Abend. Rita war guter Stimmung und fuhr sie sogar noch um 23.00 Uhr ins ‚Dörp'.

„Tut mir einen Gefallen und kommt nicht so spät wieder. Du hast morgen die Führerscheinprüfung!"

„Ja, Mama. Ich muss erst um 11.30 Uhr bei Enno in der Fahrschule sein. Genug Zeit zum Schlafen und dann den Führerschein bestehen."

„Dein Wort in Gottes Gehörgang! Viel Spaß!"

René und Robin verabschiedeten und bedankten sich, hüpften aus dem Auto und standen direkt vor dem Eingang zum ‚Dörp'.

So eine, wie René gern sagte, ‚Bauerndisco' aufmischen, fanden sie beide lustig. René trug ein schwarzes, enges Shirt und Robin ein weißes. Auch wenn es ihnen nicht bewusst war, sorgten sie für genug Aufmerksamkeit. Wie sie den Abend verbrachten, wurde von den anderen Besuchern genau registriert, doch sie strahlten eine solche entschlossene Stärke aus, dass man sich Bemerkungen verkniff.

Und so war es plötzlich 2.30 Uhr als sie zum ersten Mal auf die Uhr sahen.

„Ach du Scheiße!" Robin brachte es derbe auf den Punkt.

„Deine Ma flippt bestimmt aus!"

Sie rannten beinahe nach draußen zum Taxistand und konnten direkt in ein wartendes Gefährt einsteigen.

Leise schlichen sie sich in Robins Zimmer, putzten sich die Zähne und legten sich sofort schlafen. Der Wecker zeigte 3.00 Uhr an. Robin stellte ihn auf 10.00 Uhr. Sieben Stunden Schlaf mussten für den nächsten Tag reichen.

Beim Frühstück setzte es die zu erwartende Standpauke von Mama Rita.

„Seid ihr beiden wahnsinnig?! Bis 3.00 Uhr nachts wach bleiben – und das vor der Führerscheinprüfung?!"

René ließ die Ansprache über sich hinwegwehen und auch Robin saß mit gesenktem Kopf am Frühstückstisch. Irgendwann hatte Rita sich ausgeschimpft.

„Mama, es ist alles prima. Ich bin total fit! Ehrlich. Und ich bin überhaupt nicht aufgeregt. Denk bitte dran, wie es beim letzten Mal war. Da bin ich vorher fast gestorben vor Aufregung. Ist doch gut, wenn ich das heute nicht tue."

Rita fühlte sich allein schon von der Ruhe, die Robin ausstrahlte, provoziert.

„Glaube mir, wenn du durchfällst, gibt es ein mächtiges Donnerwetter. Ich glaube nicht, dass dein Vater in dem Fall René noch dableiben lässt. So ein Verhalten kann man nicht noch unterstützen!" Rita ärgerte sich, dass sie Bernhard als Drohmittel benutzte, doch sie war mit der Situation völlig überfordert. René tat ihr leid. Allerdings hätte er dafür sorgen können, dass sie etwas eher aus der Disco zurückkamen.

Robin schluckte den letzten Bissen von seinem Frühstücksbrötchen mit Nutella herunter und stand vom Tisch auf. René hatte ebenfalls keinen Appetit mehr und folgte Robin.

„Wo wollt ihr denn jetzt hin?" Rita war mit den Nerven am Ende und nicht bereit, sie schon aus ihren Fängen zu lassen.

„Wir legen jetzt ein wenig Feenstaub auf, und dann muss ich los, eine Führerscheinprüfung bestehen." Noch bevor Rita etwas erwidern konnte, waren die beiden Jungs kichernd aus der Küche gerauscht.

***

„So, nun wollen wir mal. Stellen Sie sich bitte vor, dass ich Ihre Mutter, Ihre Großmutter oder ein Freund bin, mit dem Sie zum Einkaufen fahren wollen. Da nur ich den Weg zum Geschäft kenne, muss ich Ihnen sagen, wo es lang geht."

Robin sah den Prüfer mit großen Augen an und dankte dem Universum innerlich für den nettesten Prüfer aller Zeiten.

Sie waren eine Viertelstunde durch Wilhelmshaven gefahren, dabei jedoch lediglich den Hauptverkehrsstraßen gefolgt, als sich der Prüfer erneut an Robin wandte.

„So, da wären wir wieder am Schwimmbad. Fahren Sie bitte dicht an die parkenden Autos heran, als wollten sie dort länger halten, und schalten Sie den Motor aus."

Robin hatte gar nicht bemerkt, dass sie im Kreis durch die Wilhelmshavener Innenstadt gefahren waren, und bekam einen Schreck. Er hatte keine Vorfahrt beachten müssen, hatte nicht einparken müssen und sollte jetzt hinter den parkenden Autos halten. Damit war es klar. Er war erneut durchgefallen! Tränen stiegen ihm in die Augen, und er hielt den Wagen an. Der Prüfer schnaubte unzufrieden.

„Meinen Sie, dass das „dicht" genug ist? Nun fahren Sie doch noch ein paar Meter vor und dichter an die Autos heran."

Robin ließ den Wagen erneut an und fuhr noch einige Meter nach vorn, um den Stand des Autos zu korrigieren. Erneut schaltete er den Motor ab und drehte sich zu seinem Fahrlehrer um.

Noch bevor Enno etwas sagen konnte, hielt ihm der Prüfer eine Hand hin.

„Sehen Sie, geht doch. Herzlichen Glückwunsch zum bestandenen Führerschein!"

Tränen der Erleichterung rannen aus Robins Augen, und er wischte sie schnell weg.

„Vielen Dank! Danke schön!"

„Hier haben Sie Ihren Führerschein. Passen Sie gut darauf auf. Und stets gute Fahrt!"

„Herzlichen Glückwunsch, Robin." Enno schüttelte ihm begeistert die Hand. Mit den Augen signalisierte er: „Frag nicht!" Also schluckte Robin seine Frage herunter und freute sich über die bestandene Prüfung. Warum sie so spärlich ausgefallen war, sollte ihn nicht mehr interessieren. Das hatte er verstanden.

Zu Hause war das Gejohle groß, und Robin fand sich in einer Umarmung nach der anderen wieder. Natürlich wollten René und er eine erste Spritztour mit Frida machen, und so sprangen sie in den Renault und brausten davon. Erst mal sollte es nur einmal eine Runde von ca. 5 Kilometern werden, doch schon nach 3 Kilometern stotterte der Motor und der Wagen ging aus.

René kicherte.

„Du hast ihn abgewürgt!“

„Habe ich nicht!“

„Ja, klar.“ Als René Robins Miene sah, hielt er mit seinem Spott inne.

„Hast du nicht?“

„Nein!“

„Oh. Dann starte ihn doch wieder.“

Robin versuchte es, doch der Wagen wollte nicht wieder starten. Das Blut schoss ihm in die Wangen, zumal zwei nett aussehende junge Männer auf ihren Fahrrädern auf der schmalen Straße angefahren kamen und neugierig schauten.

„Können wir helfen?“

Robin zuckte mit den Schultern.

„Der Motor hat gestottert und ist ausgegangen. Jetzt will er nicht mehr anspringen.“

„Hm, wir könnten ja anschieben. Schalte mal in den zweiten Gang und gib dann kräftig Gas.“

Robin bezweifelte zwar, dass das helfen würde, gehorchte jedoch dem selbstbewussten jungen Mann gern, denn er selber hatte überhaupt keine Ahnung von Autos. Sie schoben Frida kräftig an, Robin gab Gas und plötzlich startete der Motor wieder. Robin hielt den Fuß kräftig auf dem Gas und winkte zum Dank durch das geöffnete Fenster.

„Drück die Daumen, dass der Motor nicht wieder ausgeht, René.“

Schweißnass vor Aufregung kamen sie nach 10 Minuten wieder zu Hause an.

Onkel Günther als Meister für Autoreparaturen nahm Frida gründlich unter die Lupe und stellte fest, dass der Tank so gut wie leer war. Dabei zeigte die Tankuhr einen gut gefüllten Tank an. Bei näherer Betrachtung des Autos stellte er noch weitere Mängel fest, die Zweifel am Tachostand verursachten. So fuhren Papa Bernhard und Onkel Günther zum Autohändler und konfrontierten ihn mit den Vorwürfen. Dort gab man sich ahnungslos, wollte die entdeckten Mängel allerdings aus Kulanz beseitigen.

Währenddessen saßen René und Robin enttäuscht auf der Terrasse und bliesen Trübsal. Mama Rita tat es leid, dass aus ihren Plänen für den Abend nichts wurde, weil das Auto gleich beim Händler in der Werkstatt geblieben war.

Sie war noch immer etwas sauer, dass Robin leichtsinnig gewesen war und erst so spät aus der Disco zurückgekommen war. Allerdings hatte er den Führerschein bestanden. Und da war es gemein, sie zu Hause anzuketten. Bevor sie es sich anders überlegen konnte, machte sie den Jungs einen Vorschlag.

„Wenn ihr mir versprecht, vorsichtig zu fahren und nicht erst wieder nachts um 3.00 Uhr nach Hause zu kommen, leihe ich euch meinen Peugeot."

Robin sprang ihr um den Hals, und René war ebenfalls aus dem Häuschen.

„Bestimmt nicht. Robin fährt vorsichtig. Und wir sind nicht so spät wieder zurück!"

„Danke Mama, wir fahren lediglich nach Wilhelmshaven an den Südstrand!"

Rita rückte die Schlüssel raus und gab Robin auch die Autopapiere. Jubelnd rannten die Jungs nach oben in Robins Zimmer und zogen sich schnell für den Trip um.

„Denk auch an die Kassette. Das Auto von deiner Ma hat doch einen Kassettenspieler!"

„Gute Idee, ich nehme auch noch eine andere Kassette mit. Wer weiß, wie lange wir unterwegs sind."

René drehte sich überrascht zu Robin um.

„Wir fahren doch nur nach Wilhelmshaven. So weit ist das doch nicht."

Robin grinste diabolisch.

„Ja, zunächst fahren wir an den Südstrand. Danach könnten wir noch ins ‚Zwitscherstübchen' nach Oldenburg fahren!" Robin riss die Augen dramatisch auf.

„Oh, du geniales Ding! Da wollten wir doch immer schon mal hin!"

Also brezelten sie sich noch mehr auf. Für Oldenburg bedurfte es schon ein etwas mehr Aufwand als für den Südstrand.

Mama Rita wunderte sich, dass die beiden Jungs sich dermaßen aufgehübscht hatten. Und ein wenig Angst hatte sie schon um ihr Auto, aber nun konnte sie ihr Angebot auf keinen Fall zurückziehen.

***

Am Südstrand setzten sich René und Robin auf die Promenade vor ein Café und bestellten Cappuccino. Sie kamen sich erwachsen vor, so allein unterwegs zu sein, und René flirtete schamlos mit dem Kellner. Der arme Kellner hatte wohl noch nie gesehen, wie Milchschaum so vom Kaffeelöffel geleckt wurde! Robin bekam kalte Füße.

„René! Die schmeißen uns hier gleich raus, wenn du den Löffel weiter so bearbeitest!"

„Ach was, der Kellner findet das geil. Sieh doch, er lächelt." Damit hatte René sogar Recht.

„Und wenn er ein gutes Trinkgeld bekommt, passiert nichts."

„Soso, und was beinhaltet das Trinkgeld? Heiße Zungenspiele?"

„Oh, du versautes Stück!"

„Na, wer ist denn hier versaut? Ich lutsche nicht so aufreizend am Löffel herum."

„Du bist ja auch verheiratet!"

„Verheiratet? Ich? Mit wem?"

„Na, mit dem alten Mann. Helge!" Sie zickten im Spaß herum und genossen den milden Sommernachmittag, der sich langsam in den Abend zu verwandeln begann.

„Ja, Helge …" Robin konnte seine Gefühle zu Helge nicht einordnen. Sie hatten sich erst zweimal näher unterhalten. Wobei das Rumgeknutsche auf der Rosa lecker war. Doch er brannte nicht so lichterloh wie bei Jochen! Robin zuckte innerlich zusammen. Jochen … Ja, Jochen! Sein Magen krampfte. Würde er wohl jeden Typen mit ihm vergleichen?

„Erde an Robin?!" René wischte mit der Hand vor Robins Augen auf und ab.

„Oh, sorry. Ich war in Gedanken."

„An wen hast du gedacht?"

„Das willst du nicht hören."

„Na komm, sag schon."

„Ach, ich musste daran denken, dass ich Helge zwar gut finde, er aber kein Vergleich zu Jochen ist. Bei dem sind mir gleich die Sicherungen durchgebrannt. Albern, ich weiß!"

„Gar nicht albern. Dass der sich so benommen hat, ist ein starkes Stück."

„Ja, und Helge kenne ich noch nicht so gut. Wir haben uns ja erst einmal im ‚TOM'S' und einmal auf der Rosa-Disco getroffen."

René hatte eine Idee. Ihm gefiel der Gedanke, mal den Kuppler zu spielen.

„Was hältst du davon, mich nächstes Wochenende zu besuchen? Du kommst Freitagnachmittag und bleibst bis Sonntag. So kannst du dich mit Helge verabreden, musst allerdings nicht bei ihm schlafen. Mach mir die Keusche!" René kicherte. Und Robins Herz schwappte vor Zuneigung für seinen Freund fast über. Dass René sich solche Gedanken machte!

„Das wäre doch super! Ich habe Urlaub, kann es also am Wochenende krachen lassen!"

„Musst du deine Eltern noch fragen?"

„Nein, ich bin ja volljährig. Wir müssen nur schauen, ob Frida bis dahin repariert ist. Denn meine Ma wird mir ihr Auto wohl kaum für den Trip nach Bremen leihen."

„Apropos, das Auto deiner Ma, müssen wir mal nach Oldenburg aufbrechen?"

Robin sah auf die Uhr und erschrak.

„Oh ja, sonst bleibt uns kaum Zeit in Oldenburg!"

Im ‚Zwitscherstübchen' in Oldenburg hatten sie einen netten Abend, bevor sie so zeitig zurück nach Jever fuhren, dass sie um 22.30 Uhr bei Robin zu Hause ankamen. Mama Rita war glücklich, dass sie pünktlich zurück waren, und Robin bekam eine gute Nachricht. Frida sollte am nächsten Tag repariert werden, sodass René und er im eigenen Auto durch die Gegend fahren konnten.

Als René am Sonntagmittag in der Regionalbahn nach Bremen saß, erklärte Robin seinen Eltern, dass er am kommenden Wochenende nach Bremen fahren würde und sie bemerkten einen beeindruckend erwachsenen und selbstständigen Zug an ihrem Sohn. Anschließend rief Robin bei Helge an und hatte Glück, ihn direkt zu erwischen.

„Hallo, Helge! Hier ist Robin."

„Oh, hallo Robin. Na? Führerschein bestanden?"

Robin erschrak. Einem festen Freund würde man doch sofort davon erzählen. Daran hatte er nicht gedacht. Was sagte das jetzt über seine „Beziehung" zu Helge aus?

„Ach, sorry, ja. Es war so viel los, dass ich nicht zum Anrufen gekommen bin." Tagelang?

Da fiel Robin etwas noch viel Schlimmeres ein! Er hatte Marius nicht angerufen. Seinen besten Freund! Es wurde ihm heiß und kalt. Eins nach dem anderen, dachte Robin und versuchte sich wieder auf Helge zu konzentrieren.

„Viel los?"

„Ja, René war zu Besuch und wir mussten natürlich gleich überall durch die Gegend fahren. Hör mal, René hat mich für kommendes Wochenende eingeladen, zu ihm zu kommen. Hast du Zeit und Lust, mich am Freitag- oder Samstagabend im ‚TOM'S' zu treffen?"

Helge zögerte keine Sekunde.

„Klar, das wird witzig. Ich kann an beiden Abenden. Ist Marina auch dabei?"

Robin stutzte kurz. Warum fragte er nach Marina?

„Nein, das ist nicht geplant. Wieso fragst du?"

„Ach, nur so. Dann habe ich mehr von dir!"

Das gefiel Robin. Allerdings würde es Marina gefallen, wenn sie mal mit nach Bremen kommen könnte. Das merkte Robin sich für ein anderes Wochenende.

„Okay, klar. Also wir werden beide Abende im ‚TOM'S' sein. Wir sehen uns da!"

„Prima. Bis dahin, mach es gut, Robin."

„Du auch Helge. Bis Freitag!"

Robin legte auf und rief bei Marius an. Innerlich wappnete er sich schon, dessen Mutter am Apparat zu haben, doch er hatte Glück.

„Hallo?"

„Marius?"

„Ja."

„Oh, Gott sei Dank, du bist gleich dran. Hier ist Robin!"

„Ach, hallo."

Marius klang abweisend.

„Es tut mir schrecklich leid, dass ich mich nicht eher gemeldet habe. René war zu Besuch, und nachdem ich den Führerschein bestanden hatte."

Hier unterbrach Marius.

„Du hast bestanden? Das ist ja super! Herzlichen Glückwunsch!"

Das verschlimmerte Robins schlechtes Gewissen noch zusätzlich.

„Ja, vielen Dank. Na ja, und wir waren viel unterwegs. Jetzt wollte ich mich unbedingt bei dir melden. Nach der Rosa haben wir ja nichts mehr voneinander gehört. Wie geht es dir?"

„Och, gut. Ich chatte im Moment viel mit Tobi aus Bonn. Seit letzter Woche habe ich Urlaub, noch bis Ende nächster Woche. Und irgendwie muss ich die Zeit ja rumbringen."

Chatten? Marius war ein Computerfreak und hatte einen Zugang zum Internet. Darüber konnte er sich sogar Nacktfotos von Männern anschauen. Robin interessierte das nicht. Er traf die Männer lieber in natura.

„Chatten? Was ist das denn?"

„Ach, da gibt es Websites, wo du in einem Chatroom andere Leute kennenlernen kannst. Und Tobi und ich schreiben da immer hin- und her. Er kommt aus Bonn ..."

Das war für Robin uninteressant, und er unterbrach Marius.

„Das ist ja alles prima. Gehst du Ende des Monats mit zur Rosa-Disco?"

Marius überlegte kurz.

„Klar. Fährst du?"

Robin musste lachen. So sah es also aus.

„Du Nase! Klar. Wollen wir denn in der Woche irgendwas zusammen machen? Am Wochenende bin ich mit René in Bremen verabredet. Wir könnten in der Woche an den Südstrand fahren. So musst du nicht so viel ... chatten."

Jetzt war es an Marius zu lachen.

„Okay, meine Mutter schimpft ebenfalls, dass ich im Hochsommer kalkweiß bin. Etwas Sonne könnte ich wohl vertragen."

„Cool, hör zu, lass uns doch Mittwochmittag treffen. Ich hol dich ab."

Als sie auflegten war Robin beruhigt. Marius war ein Schatz! Absolut nicht nachtragend und für jeden Spaß zu haben.

***

Robin war hundemüde, als Frida ihn am Sonntagmittag zurück in Richtung Jever brachte, während er seinen Gedanken hinterherhing. Es gab kein Autoradio, also musste er sich auf diese Weise wachhalten. Das Wochenende hatte sie ihn und René zuverlässig an die unterschiedlichsten Orte in Bremen gebracht, und Robin war superstolz auf sein Auto. Auch wenn es sich um einen 9 Jahre alten R5 handelte, war sie für ihn DAS Auto schlechthin.

Nur die Sache mit dem Fahren musste er noch besser hinbekommen. Zu Renés Wohnung gehörte auch eine Tiefgarage unter dem Haus. Bislang hatte das nie eine Rolle gespielt, doch Freitagabend hatte René darauf bestanden, dass Robin dort hineinfuhr. Das hatte so weit gut funktioniert. Doch als sie am späten Abend ins ‚TOM'S' hatten fahren wollen, hatte Robin das Auto nicht herausbekommen. Klar, es hatte an den Plateauschuhen liegen können, doch Robin hatte es auf den Choke geschoben, den er bei Frida in kaltem Motorzustand zu ziehen hatte.

Immer wieder war der Wagen zurück in die Tiefgarage gerollt, denn Robin hatte sich nicht getraut, Vollgas zu geben. Immerhin lag nur ein schmal geteerter Weg zwischen den Garagen und den Beeten der Nachbarn gegenüber. Irgendwann hatte René die Beherrschung verloren und laut gebrüllt!

„Jetzt drück mal ordentlich auf das Gas! Sonst verrostet die Karre noch hier unten in der Garage. Die Nachbarn gucken doch schon. Monica de Macramé hängt da hinter ihrer Gardine und sieht lachend zu!"

Robin hatte gehorcht, den Rückwärtsgang geprüft und auf das Gaspedal gedrückt. Mit allem was die Plateausohle hergegeben hatte, war das Auto die Steigung rückwärts hochgeschossen und mit einem Satz im Beet gegenüber gelandet.

Der neugierigen Nachbarin war alles aus dem Gesicht gefallen und René hatte gelacht.

„Jetzt bist du der Guten voll in die Wicken gefahren!!!“

Robin hatte ebenfalls gelacht. Einerseits wegen Renés Ausruf, andererseits vor Erleichterung, dass das Auto aus dieser verdammten Tiefgarage heraus war. Er hatte sich geschworen, dort nicht wieder hineinzufahren.

Die Freitagnacht im ‚TOM'S' war witzig gewesen. René und Robin hatten ihr Zwillingsoutfit abgeändert und trugen weiße enge Shirts zu dunklen Jeans. Sie hatten bereits eine Weile getanzt, als Helge sich zu ihnen gesellte. Robin und Helge saßen immer mal wieder zum Knutschen in einer der Ecknischen. Und René hatte auf der Tanzfläche Thorsten kennengelernt, der sich von allen „Thorsti“ nennen ließ.

René hatte das Wochenende so gut gefallen, dass er Robin für das kommende Wochenende erneut eingeladen hatte.

„Gehe ich dir nicht auf die Nerven? Das wäre das dritte Wochenende in Folge, wo wir gemeinsam Party machen ...“

René hatte ihn irritiert angesehen.

„Und? Das wird bestimmt wieder lustig! Ist Thorsti nicht ein Traum?“

Robin hatte sich höflich gewunden.

„Es freut mich, wenn ihr euch so gut versteht!“

„Oh, du findest ihn nicht geil?“

„Sorry. Er ist supernett und passt zu dir, mein Typ Mann muss allerdings doppelt so viel wiegen! Seinen Skater Style finde ich cool! Ich glaube, dass das Helge gut an mir gefallen würde. Er hat Thorsti total angeschmachtet!“

Sie waren beide in Gelächter ausgebrochen.

„Hättest du etwas dagegen, wenn Marina mitkäme? Ich meine, sie war ja schon mal mit bei dir ...“

„Kein Ding, bring sie mit. Falls ihr das mit zwei Pärchen nicht zu blöd ist?“

Daran hatte Robin noch nicht gedacht.

„Ach, ich frag sie. Mehr als ablehnen kann sie nicht. Meine Eltern rasten bestimmt aus, wenn ich schon wieder am Wochenende unterwegs bin. Egal – da müssen sie durch!“

Sie rasteten nicht aus. Es war Robin zwar etwas unheimlich, doch sie ermutigten ihn, eigene Wege zu gehen. Es hieß immer nur, solange du dir das leisten kannst, mach, was du möchtest.

Also rief er Marina an und sie stimmte freudestrahlend zu, ihn am Samstag nach Bremen zu begleiten. Mehr als eine Übernachtung wollte Robin René nicht antun.

Die Urlaubswoche verbrachte Robin weitestgehend mit Klamottens-hopping und stellte einen für sich passenden Skaterstyle zusammen.

Mit Helge verabredete er, dass sie sich am Samstagabend im ‚TOM'S' treffen würden. Robin warnte ihn wegen Marina vor und Helge lachte.

„Vielen Dank für die Warnung. Wenn das so ist, sollten wir uns vielleicht am Wochenende danach mal privater sehen. Was meinst du?"

Robin war überrascht und hakte interessiert nach.

„Wie stellst du dir das denn vor?"

„Na ja, du könntest Freitagnachmittag zu mir kommen und wir gehen abends ins Kino. Und du schläfst bei mir. Samstag gehen wir Bummeln und abends fahren wir nach Oldenburg zur Rosa-Disco."

„Vielen Dank für die Einladung. Das klingt super. Allerdings bin ich schon für die Rosa-Disco mit Marius verabredet. Du hast ihn bei der letzten Rosa kurz kennengelernt, und ich habe ihm versprochen, dass ich ihn mitnehme."

„Na, dann fährst du Samstag nach Hause, holst am Abend Marius ab und wir treffen uns auf der Rosa wieder."

Robin freute sich, dass Helge so unkompliziert war. Vor allem freute er sich auf die Aussicht, endlich mal einen Schritt weiter mit Helge zu gehen. Sie kannten sich jetzt schon seit Wochen, und doch war es nicht zu mehr als Knutschen gekommen. Er merkte, dass Helge durchaus das Feuer in ihm anfachen konnte und nahm das freudig zur Kenntnis. Kurz malte er sich aus, wie er an den Wochenenden in Bremen wohnen würde, falls sie zusammenkämen, doch den Gedanken verwarf Robin schnell und konzentrierte sich auf die Gegenwart.

„Okay, das ist abgemacht. Ich freu mich auf Samstag! Bis bald!"

Um seinen Eltern zu signalisieren, dass er bei all dem privaten Vergnügen die Arbeit nicht vernachlässigte, setzte sich Robin an seinen Schreibtisch und bereitete sich auf die Zwischenprüfung im Oktober vor. Das erste Jahr seiner Ausbildung war wie im Flug vergangen. Wenngleich er den Urlaub in vollen Zügen genoss, freute Robin sich sogar auf den 26. August. Da war er im Privatkundenbereich eingesetzt und konnte endlich sein Wissen zu all den Sparprodukten aufbessern. Im Firmenkundenbereich war es mehr um Zahlungsverkehr wie Auslandsüberweisungen, Wechsel und Schecks gegangen. Im nun folgenden Privatkundenbereich standen Bausparen, Sparkassenbriefe und Sparverträge auf dem Programm.

I give you my heart

I give you my hope, I give you my dreams
I'm giving you anything you need
I give you my joy, I give you my pain
I wish we could fall in love again[17]

Samstagmittag holte Robin auf dem Weg nach Bremen Marina in Oldenburg vom Bahnhof ab. Das Wetter war strahlendschön und verhieß warm zu werden. Nachdem sie ihre Sachen bei René untergebracht hatten, fuhren sie gemeinsam ein paar Lebensmittel einkaufen. Das war Robin sehr recht, denn René wollte partout kein Geld für seine Unkosten annehmen. So konnte er eben die Einkäufe bezahlen. Thorsti würden sie im ‚TOM'S' treffen, erzählte René, und Marina war schon gespannt, ihn kennenzulernen.

Tapfer tanzte er mit ihnen zu den heißesten Housetracks, die der DJ bereithielt. Auch an diesem Abend wurde der ewig lange Remix von ‚Upside down' gespielt und René, Robin und Marina tanzten eine perfekte Choreografie, bei der Thorsti nur staunen konnte. Zum Ende des Titels hörte Robin heraus, dass der DJ den nächsten Track über den noch laufenden zog und den Bass übereinanderlegte. Irgendwann startete der Gesang und ‚Ritmo de la noche' klang es aus den Boxen. René und Robin jodelten begeistert los und zogen ihre übliche Vogue-Show zu diesem Titel ab. Da Marina das Ereignis von der Rosa-Disco kannte, machte sie gleich mit und wieder mal zogen sie die Blicke der anderen Tänzer und Clubbesucher auf sich.

In der Menge erkannte Robin plötzlich ein bekanntes Gesicht mit

---

[17] Quelle: Delroy Rennalls / Kai Matthiesen / Robin Masters

strahlendblauen Augen und einem sexy Lächeln. Helge! Als sie Blickkontakt hatten, kam Helge schnurstracks auf Robin zu, tanzte ihn an und küsste ihn mitten auf der Tanzfläche auf den Mund.

„Hey, da bist du ja!"

Robin wusste nicht was er sagen sollte, er schwebte nach dem Kuss auf Wolke 7 und hatte alle Mühe die Schmetterlinge in seinem Bauch zu beruhigen. Wie vom Blitz getroffen wurde ihm klar, dass er sich in Helge verknallt hatte. Robin beugte sich zu Helge vor und küsste ihn, diesmal jedoch fordernder und mit Einsatz seiner Zunge. Helge brummelte.

„Vorsicht, mein Kaugummi." Doch Robin fand das toll. Da Helge rauchte, war es ihm wichtig, stets Kaugummi zu benutzen, damit sie gegenseitig keinen Aschenbecher küssten.

Robin ließ sein eigenes Kaugummi zwischen den Zähnen aufblitzen und strahlte Helge an.

„Wollen wir etwas trinken?"

Helge nickte, doch da spielte der DJ den nächsten Titel und sowohl René als auch Marina jaulten begeistert auf. Der Gesang von Judith von Mr. President erfüllte den Club, und sie sang den neuesten Hit ‚I give you my heart'. Helge lächelte begeistert, schnappte sich Robin und sie tanzten so eng, wie es zu dem schnellen Rhythmus möglich war. Robin empfand das erneut als Zeichen des Schicksals und innerlich machte er das zu ihrem gemeinsamen Lied. Thorsti war das zu kitschig, und er ging an die Bar.

Später zogen sie alle gemeinsam um ins 'QUEEN'S'. Marina lächelte tapfer zwischen den zwei Pärchen, die mit ihr am Tisch saßen. Robin versuchte die Knutscherei mit Helge durch Konversation etwas einzudämmen, um Marina nicht zu vernachlässigen.

„Nächsten Freitag komme ich wieder nach Bremen. Helge hat mich eingeladen. Wir wollen ins Kino gehen."

René befreite sich aus Thorstis Umarmung.

„Welchen Film wollt ihr euch ansehen?"

Robin drehte sich zu Helge.

„Welchen Film wollen wir denn anschauen?"

Helge zuckte nur mit den Schultern. Da machte Thorsti einen Vorschlag.

„Ich habe einen Trailer von ‚Das Kondom des Grauens' gesehen. Der schien witzig zu sein."

„Wollt ihr nicht mit ins Kino gehen?"

Robin schaute Helge überrascht an. Seinen Vorschlag fand er großartig.

„Ja, das wäre witzig."

René überlegte und sah Thorsti an.

„Wollen wir? Ich hätte Zeit."

„Von mir aus gern."

Damit war die Sache abgemacht. Robin und René hatten zum ersten Mal ein Doppeldate. Allerdings fiel ihm auf, dass Marina wieder wie das fünfte Rad am Wagen zwischen ihnen saß.

„Marina, kannst du zur Rosa-Disco kommen? Das wäre supercool!"

Nun sah sie noch unglücklicher aus.

„Martin und Mareike haben sich getrennt. Damit hat sich leider diese Mitfahrgelegenheit erledigt."

„Oh, das hattest du noch gar nicht erzählt! Wie geht es ihr denn?"

„Ach, Mareike hat Schluss gemacht."

Das hätte Robin nicht erwartet, allerdings kannte er sie nicht gut genug, um weiter darüber nachzugrübeln.

„Könntest du denn nicht mit dem Zug kommen?"

„Ja, das ginge. Doch der erste Zug in Richtung Leer fährt am Sonntag erst nach 6.00 Uhr..."

Robin verstand sie gut. Das war blöd. Er wollte ihr nur so gern eine Freude machen, wo sie jetzt so tapfer war und zwischen den Paaren hockte.

„Wie wäre es, wenn du mit dem Zug nach Oldenburg fährst, und ich dich nachts nach Hause fahre? Marius und ich kommen gemeinsam. Er hat bestimmt nichts dagegen, wenn wir einen kleinen Umweg über Leer nach Wilhelmshaven machen."

Marina strahlte. Und Helge war überrascht über Robins Großzügigkeit. Von Oldenburg über Leer nach Wilhelmshaven zu fahren, war kein kleiner Umweg. Das war eine halbe Weltreise! Der junge Mann gefiel ihm immer besser. Für Freunde schien er eine Menge zu tun. Bislang war ihm Robin immer etwas selbstbezogen und distanziert vorgekommen, doch an diesem Abend war er verändert. Nicht nur optisch, mit seinen nicht so stark gegelten Haaren und den Turnschuhen. Er war viel herzlicher bei ihrer Begrüßung auf der Tanzfläche gewesen. Helges Arm lag um Robins

Schulter, daher drückte er ihn noch enger an sich. Robin sah ihn fragend an und lächelte. Helge schüttelte lächelnd den Kopf.

„Nichts. Ich mag dich!“

Robins linke Augenbraue zuckte hoch.

„Ich mag dich auch!“

***

In der Arbeitswoche musste Robin jeden Abend mit jemand anderem telefonieren. Rita und Bernhard waren schon genervt, dass Robin das Esszimmer so mit Beschlag belegte, doch es galt noch die Fahrt nach Bremen und den Kinobesuch mit Helge und René abzustimmen. Daneben musste er Marius noch vorsichtig beibringen, dass sie Marina nach der Rosa noch nach Leer fahren würden. Und Robin wollte sich mal wieder bei Sabine gemeldet haben.

Die gesamte Woche hatte Robin jeden Tag stets etwas länger als nötig gearbeitet, um die Abteilungsleiterin für Freitagnachmittag milde zu stimmen. Robin schätzte Frau Winter, obwohl sie knallhart wirkte. Sie hatte damals das Beratungsgespräch für seinen Bausparvertrag geführt. Da war sie ihm sehr kompetent und kundenorientiert vorgekommen. Und sie behandelte alle Mitarbeiter in ihrer Abteilung gleich, ob Festangestellte, Teilzeitkräfte oder Auszubildende. Wer seinen Job gut machte, wurde gelobt. Wer Fehler machte, wurde darauf hingewiesen. Und Robin wollte seinen Job gut machen. In der ersten Woche ausgerechnet am Freitag pünktlich gehen zu wollen, sah für ihn eigentlich blöd aus. Doch wenn er rechtzeitig vor dem Kino bei Helge in Bremen sein wollte, musste er sehr pünktlich los. Sein Outfit für den Abend hatte er bereits herausgelegt, seinen Rucksack mit Wechselklamotten und Toilettenartikeln am Morgen gepackt, sodass er sich zu Hause nur umziehen und eine Kleinigkeit futtern musste.

Bei den vorbereitenden Tätigkeiten gab er sich vor Schalteröffnung besonders viel Mühe und erledigte alle Aufgaben zügig und ohne sich ablenken zu lassen.

„Heute ist Ultimo. Da brauchen wir besonders viele Überweisungsträger und Scheckeinreichungen. Haben Sie ...“

Robin zog wortlos eine Schalterschublade auf. Die Belege hatte er schon am Vorabend bis zum Maximum aufgefüllt.

„Sehr gut. Und was ist mit den Kontoauszügen? Sind die schon auf die Kontotaschen verteilt?"

„Jawohl Frau Winter, das habe ich heute früh als erstes erledigt."

„Und was ist mit der Post für unsere Abteilung?"

„Ist bereits geholt und entsprechend verteilt. Die Liste mit den Kontoüberziehungen habe ich auf den Tisch neben Ihrem Schreibtisch gelegt. Ich wollte die Unterlagen darauf nicht durcheinanderbringen."

„Gut. Die Kolleginnen aus dem Firmenkundenbereich machen gleich die Türen auf. Wir werden heute wohl viel zu tun haben. Ich möchte, dass Sie heute immer als erstes zum Schalter gehen und ein Auge auf Herrn Hinrichs, den Azubi im ersten Lehrjahr haben."

„Das mache ich, Frau Winter." Robin nickte ernst und verdrehte nur innerlich die Augen. Vor dem Privatkundenbereich hatten alle Auszubildenden einen Heidenrespekt. Mirco, wie Herr Hinrichs mit Vornamen hieß, und Robin verstanden sich auf Anhieb gut.

Robin war ein wenig neidisch gewesen, dass er in seinem Lehrjahr allein in dem Filialbereich gestartet war, in diesem Jahr dafür gleich vier Azubis angefangen hatten. Mirco wohnte noch nicht so lange in Jever, er kam aus den neuen Bundesländern, was Robin eigentlich ziemlich egal war. Was ihn interessierte war, dass Mirco ihn total an sich selbst vor einem Jahr erinnerte und ebenfalls total auf Techno-Musik stand.

Mirco hatte die Anweisungen von Frau Winter gehört.

„Ich helfe mit, so gut ich kann. Überweisungen und Schecks kann ich ja machen."

Robin lächelte. Es war zu komisch, er selbst war drei Monate in der Geldaufbereitung und der Telefonzentrale verschimmelt, und nun durfte ein Azubi schon im ersten Monat mit an den Schalter.

„Keine Sorge, wir werden die Kunden schon glücklich machen. Und zur Not sind ja noch die alten Schranzen da."

Die ‚alten Schranzen' waren eine Kollegin und ein Kollege dicht an der Rente. Das wusste Robin aus den gut unterrichteten Kreisen von Frau Tannweg.

Sie lachten und stellten sich am Schalter parat für die ersten Kunden, die in diesem Moment die Filiale betraten. Robin fühlte sich großartig. So machte ihm der Job Spaß.

Noch mehr Spaß machte ihm der Job allerdings, als Frau Winter ihn um kurz vor 16.00 Uhr zu sich ins Büro rief.

„Sie haben in Ihrer ersten Woche hier einen guten Job gemacht. Sie waren fleißig und hilfsbereit, hatten schnell die Kontoauszüge und Belege im Blick. Das gefällt mir. Machen Sie weiter so."

„Danke, Frau Winter." Robin wusste nicht, was er sagen sollte. Er war zwar schon in der Geldaufbereitung und im Firmenkundenbereich gelobt worden, Lob von Frau Winter zu hören, war eine andere Nummer.

„Das Kundenaufkommen ist nicht so hoch wie ich erwartet hatte. Und Sie haben eine Menge Überstunden für einen Auszubildenden. Daher würde ich Ihnen heute schon um 16.00 Uhr – also jetzt - frei geben. Passt das für Sie?"

Robin musste sich beherrschen, um seine Vorgesetzte nicht über ihren Schreibtisch hinweg zu drücken. Passen? Das war supergenial! Er nickte eifrig.

„Oh ja, das passt mir gut. Vielen Dank, Frau Winter."

„Dann haben Sie ein schönes Wochenende."

„Das wünsche ich Ihnen ebenfalls, wenn es so weit ist. Nochmals Danke."

Wie nach einer Audienz bei der Königin von England ging Robin rückwärts aus dem Büro, packte zügig seine Sachen zusammen und verabschiedete sich von den Kolleginnen und Kollegen ins Wochenende.

So schnell wie möglich lief Robin zu Frida, schmiss seinen Rucksack auf den Beifahrersitz und brauste vom Parkplatz in Richtung zu Hause. Dort flog er von der Küche geradezu ins Bad und zu guter Letzt in sein Zimmer, um sich dort anzuziehen und seinen Rucksack für die Übernachtung bei Helge zu schnappen. In weniger als einer halben Stunde war Robin fertig für die Tour nach Bremen und verabschiedete sich von Mama, Papa und Oma.

Frida gab auf der Autobahn Richtung Bremen alles, und Robin brauste mit 165 Kilometern in der Stunde zu Helge. Er hatte ihm eine detaillierte Beschreibung gegeben, wie er zu ihm finden konnte. Zur Not hatte Robin sich die Adresse aufgeschrieben und musste sich durchfragen.

Doch er fand sich gut mit Helges Angaben zurecht und traf überpünktlich bei ihm ein.

„Hey, da bist du ja schon!“ Helge stand auf seinem Balkon im zweiten Obergeschoss und winkte.

Robin schnappte sich seine Sachen und lief schnell zur Tür. Er konnte es kaum erwarten, endlich in Helges Armen zu liegen. Darauf hatte er sich die gesamte Woche gefreut!

Helge betätigte den Türöffner, und Robin konnte nach dem charakteristischen Summen den Flur betreten. Die Stufen zum zweiten Obergeschoss hatte er schnell hinter sich gebracht und stand vor Helge. Sie küssten sich, Helge zog Robin in die Wohnung und schloss die Tür.

„Herzlich willkommen bei mir. Möchtest du deinen Rucksack ins Schlafzimmer legen?“

Robin folgte Helge durch den Flur und wurde von der Vielzahl an Eindrücken beinahe erschlagen. Zuerst fiel ihm auf, dass Helge scheinbar eine Schwäche für Miniaturen von Parfümflakons hatte, denn in den fünf bis zehn Setzkästen, die Robin beim Umsehen erfasste, standen Unmengen kleiner Fläschchen herum!

Daneben gab es eine enorme Sammlung von hässlichen Harlekin-Clowns, die ihr Dasein auf Regalböden und sonstigen freien Stellen fristeten. Es gab sie aus Stoff, Porzellan und in jeder erdenklichen Form, ob sitzend, stehend oder liegend.

Auf der Fensterbank im Schlafzimmer standen zwei superaltmodische Topfpflanzen mit hässlichen Blüten, deren Pendants im Wohnzimmer weilten, in das Helge Robin als Nächstes führte.

Die Möbel waren alle altmodisch, ohne hübsche Antiquitäten zu sein, und jede Fläche war mit Nippes und Gedöns vollgestellt. Robin fühlte sich zuerst an die Wohnungen seiner Großeltern in Bochum erinnert, allerdings waren die nicht so geschmacklos eingerichtet gewesen.

Helge strahlte ihn an und schien erfreut, ihm sein Reich zu zeigen.

Robin brachte diese Wohnung nicht mit dem schicken Kerl zusammen, der im ‚TOM'S', dem ‚QUEEN'S' und auch der Rosa-Disco so gut gekleidet war.

Helge erzählte derweil stolz über einige seiner Einrichtungsgegenstände.

„Also, der Fächer da, ist von meinem letzten Urlaub mit meinem Ex-Freund. Und dieser Porzellanharlekin ist ebenfalls von ihm. Den hat er mir zum letzten Geburtstag geschenkt. Schau mal das Foto da, das ist unser

Hund, den er behalten hat."

Ohne Aufforderung nahm Robin auf der Couch Platz, die im amerikanischen Stil mitten im Raum vor dem Fernseher platziert war. Damit blieb nach Robins Eindruck mehr Platz für Regale an der Wand, auf denen man noch mehr unnötige Deko unterbringen konnte.

Robin bekam leichte Anfälle von Platzangst in diesem Gruselkabinett von einer hässlich eingerichteten 2-Zimmer-Wohnung. Helge merkte nicht, dass er Robin arg in Anspruch nahm und fuhr nahtlos fort, während er sich zu ihm auf die Couch setzte.

„Diese Pflanze da, die hat mir auch mein Ex besorgt. Das war eine lustige Geschichte, denn eigentlich konnte er gar nicht wissen, wie toll ich sie fand. Dann ..."

Verstohlen sah Robin auf die Uhr und blendete Helges Redeschwall aus. Es war kurz vor 18.00 Uhr. Noch zwei Stunden bis zum Kino!

Robin versuchte sich auf Helge zu konzentrieren, der ihm anscheinend sein gesamtes bisheriges Leben erzählte und hatte den erschreckenden Eindruck, dass Helge sich vor seinen Augen verwandelte. Das war nicht der schicke Kerl mit den funkelnden Augen, dem super Lächeln und dem trainierten Arsch.

Das war ein Mann mittleren Alters, der in einer hässlichen Bude hauste, völlig fixiert auf die gemeinsame Vergangenheit mit seinem Ex-Freund war und überhaupt gar keinen Geschmack hatte!

Bemüht, den Helge aus dem ‚TOM'S' zu finden, kuschelte Robin sich an ihn und küsste Helge fordernd auf den Mund. Robin rutschte so auf seinen Schoß, dass sie sich weiterhin küssen konnten und Helge besten Zugang zu Robins Hinterteil hatte. Doch das schien Helge nicht weiter zu beeindrucken. Robin stand auf und blieb vor Helge stehen.

„Fällt dir eigentlich etwas auf?" Robin stellte sich etwas in Pose. Helge nickte.

„Ja, du hast noch deine Schuhe an. Wenn du sie ausziehen möchtest ..."

„Es geht nicht um die Schuhe, es geht um mein Outfit. Ich dachte, dass es dir besser gefallen würde als die Plateautreter, ich kann auch gern die Teile ins Kino anziehen ..."

„Bloß nicht! Ja, das sieht alles schick aus. Mein Ex-Freund mochte auch knallige Farben. Ob ihm das Orange stehen würde, weiß ich gar nicht. Das frage ich ihn. Morgen auf der Rosa ist er da."

Robin fühlte sich wie mit einem Eimer Wasser übergossen. Helge hatte noch so einen engen Kontakt zu seinem Ex-Freund?

„Ihr seht euch noch oft?"

„Klar! Wir verstehen uns total gut, auch wenn wir nicht mehr zusammenleben. Schon wegen des Hundes ist es gut, dass wir noch regelmäßig Kontakt halten."

Blitzschnell überlegte Robin, wie er in dieses Konstrukt passen konnte. Wenn er überlegte, dass er vor Kurzem geträumt hatte, wie es wäre, hier am Wochenende bei Helge zu wohnen, entpuppte sich das Ganze jetzt als Albtraum mit unverhofftem Familienzuwachs. Der Hund war ja schon schlimm genug, aber der Ex-Freund!

Die Lust auf eine Runde Sex vor dem Kino war Robin gehörig vergangen.

„Ab wann können wir ins Kino?"

Helge war von der Frage überrascht.

„Ach so, willst du schon los?"

„Ach du, ich weiß ja nicht, wann man da sein muss, um gute Karten zu bekommen. Wir können sonst doch noch etwas beim Kino trinken, oder?"

„Ja, wenn du meinst." Helge kam Robin etwas stinkig vor, doch er schwor sich keinen Rückzieher zu machen. Je eher er auf René traf, desto besser! Auch auf Thorsti freute Robin sich, dabei kannte er ihn kaum.

Helge fuhr einen praktischen Opel in Mausgrau und steuerte das Auto vorsichtig durch den Bremer Verkehr. Robin war enttäuscht. Im Auto verhielt sich Helge ebenfalls völlig anders, als er sonst gewirkt hatte – auch bei der letzten Fahrt vom ‚TOM'S' zu René. Wenn schicke Kerle Auto fuhren, machte das Robin sonst auf dem Beifahrersitz wuschig, doch bei Helge tat sich gar nichts. Da fuhr Mama Ritas 64-jährige Freundin ja rasanter mit ihrem Automatikauto durch Jever und Umgebung!

Als Robin René und Thorsti vor dem Kino stehen sah, fiel ihm ein Stein vom Herzen. Er lief auf sie zu und drückte erst Thorsti und dann René, um ihm ins Ohr zu raunen.

„Oh Gott, das ist die Hölle. Ich muss dir unbedingt alles erzählen!"

René verzog keine Miene und begrüßte anschließend Helge. Thorsti erfasste die Situation scharfsinnig und wandte sich an Helge.

„Wollen wir schon mal die Karten besorgen?"

Helge zuckte mit den Schultern und folgte Thorsti zum Ticketschalter. René fuhr zu Robin herum.

„Mach schnell!"

„Okay, also du findest doch sicher ebenfalls, dass er gut gekleidet und entsprechend in Form ist, oder?"

René nickte ungeduldig und trieb Robin mit einer wedelnden Geste seiner linken Hand an.

„Vergiss das alles. Seine Wohnung ist die einer alten Frau! Vollgestopft mit hässlichen Clowns, Miniaturflakons ätzender Düfte und beschissener Topfblumen! Die Bude ist total schäbig, die Möbel superaltmodisch, und er erzählt nur von seinem Ex-Freund! Ich könnte ausflippen. Wo ist mein sexy Helge hin?"

In dem Moment kamen Helge und Thorsti zurück. Helge blieb seitlich neben Robin und René stehen und drückte Robin eine Kinokarte in die Hand.

„Hier bitte schön. Dafür geht das Popcorn auf dich."

Robin sah René mit hochgezogener Augenbraue an und bemühte sich, sein Lächeln nicht vollständig verrutschen zu lassen. René antwortete mit beiden hochgezogenen Augenbrauen.

„Danke, Helge. Also wollen wir mal Popcorn holen."

Im Kinosaal saß Helge links von Robin, rechts daneben René und Thorsten.

Schon kurz nach dem Verlöschen des Lichts knutschten und fummelten René und Thorsti, sodass Robin immer wieder verstohlen hinübersah. Er war neidisch und wünschte sich ebenfalls ein wenig Action. Wer ging denn ins Kino, um den Film zu sehen?

Doch Helge war mit dem Popcorn beschäftigt, das er mit der linken Hand in sich reinstopfte. Als Robin versuchte, seine linke Hand auf Helges Oberschenkel zu legen und auf Wanderschaft zu gehen, nahm dieser die Hand in seine Rechte und hielt sie dort fest. Kein-Widerspruch-fest. Also blieb Robin nichts anderes übrig, als sich den Film anzusehen. Dass es dort um Killerkondome in der Schwulenszene ging, machte seine Laune nicht besser. Nur zu gern hätte er jetzt anderweitig Kondome benutzt, und der Film ging ihm auf den Keks. Iris Berben mochte er als Schauspielerin eigentlich gern. Warum die Gute in diesem Debakel mitspielte, wollte sich Robin nicht erschließen.

Nach einer halben Ewigkeit war der Film zu Ende und Robins Laune auf dem Nullpunkt angekommen. Er hatte keine Lust, in den Albtraum von Wohnung zurückzukehren und fragte an die anderen gewandt:

„Wollen wir noch irgendwo etwas trinken gehen? Wir könnten doch im ‚TOM'S' vorbeischauen. Oder im ‚QUEEN'S'."

René schaute ihn bedauernd an.

„Es tut mir leid, Thorsti und ich sind morgen Vormittag verabredet. Da sollten wir langsam heimfahren."

„Ah, okay. Habt noch einen schönen Abend!"

Sie verabschiedeten sich alle voneinander und gingen in unterschiedliche Richtungen davon.

„Der Film war witzig, was?"

Robin sah Helge an, als hätte er Spanisch gesprochen.

„Witzig? Na ja, geht so."

„Ach komm, die Szene wo der Kommissar ..."

Robin blendete Helges Stimme aus, sah aus dem Autofenster in die dunkle Nacht und überlegte: Wenn er mich heute Nacht nicht durchfickt, mache ich Schluss ...

Zunächst ging es in Helges Wohnung vielversprechend los. Er machte eine Flasche Sekt auf und goss ihnen zwei Gläser ein. Sie stießen an und tranken einen Schluck, bevor sie sich auf der Couch gegenseitig auszogen. Sie knutschten herum und zwischendurch tranken Sie immer wieder einen Schluck Sekt. Als die Flasche geleert war, zog Helge Robin leicht angeduselt ins Schlafzimmer, wo sie sich auf das Bett fallen ließen.

Beide waren nur noch mit ihrem Slip bekleidet, und Robin war gewillt, auch dieses Hindernis so schnell wie möglich zu beseitigen. Also griff er voller Vorfreude in Helges Unterhose und umfasste seinen Freudenspender, zog die Hose runter und stülpte seine Lippen um die Spitze. Währenddessen zog Helge Robins Slip herunter und machte sich mit Feuereifer daran, ihm Wonne zu bereiten. Das ging eine Weile so, und Robin beschäftigte sich intensiv mit Helges samtigen Sack und den darin versteckten großen Eiern.

Helge knetete Robins Hintern, schob sich seinen Schaft so weit es ging in den Rachen und lutschte zwischendurch immer wieder an der prallen Kuppe.

Bevor der Spaß zu früh zu Ende ging, drehte Robin sich so, dass Helge und er sich küssen konnten. Robin leckte Helge über die Lippen, küsste ihn und sah ihm tief in die Augen.

„Fick mich!" Erstaunt sahen sie sich an. Robin glaubte sich verhört zu haben. Helge schien ebenfalls irritiert. Sie hatten gleichzeitig ihren sehnlichsten Wunsch geäußert.

„Ich soll dich ficken?" Robin setzte sich empört auf.

„Klar, ich etwa dich?" Helge folgte ihm in die aufrechte Position.

„Natürlich, du mich." Robin biss die Zähne aufeinander.

„Ich dachte, du seist aktiv." Helge verstand die Welt nicht mehr.

Robin rieb sich die Stirn. Wenn es nicht so traurig war, hätte er gelacht. Helge machte die Nachttischlampe an und erhellte das Schlafzimmer.

„Du trägst doch die Macker-Klamotten. Jeans-Hemd, Jeans, DocMartens. Kurzgeschorene Haare und so weiter."

„Und du mit deinen Stiefeln, den punkigen Klamotten und den Fickbewegungen beim Tanzen?"

Nun musste Robin lachen.

„Oh mein Gott, Helge! Das sind Tanzbewegungen. Mehr nicht. Außerdem hast du mich in Plateauschuhen und bauchfreiem Top gesehen. Wirkte das besonders stechermäßig auf dich?"

Helge zuckte mit den Schultern.

„Tja, das ist wohl ein Versehen vom Amt."

„Sieht wohl so aus."

Es tat Robin leid. Helges Ausstattung war ansehnlich, nur zu gern hätte er ihm die heiße Sahne aus dem Sack gepumpt.

Helge machte das Licht aus.

„Vielleicht sollten wir schlafen."

Doch Robin war beim Gedanken an Helges Schwanz wieder geil geworden. Wenn er ihn schon nicht damit an die Matratze nageln wollte, konnte er doch zumindest ordentlich abspritzen.

Also schmiegte Robin sich an Helge und strich ihm über die Brust.

„Vielleicht sollten wir schlafen. Oder wir spritzen erstmal ab und schlafen dann. Immerhin hast du hier einen 18-Jährigen, dessen Hormone Samba tanzen. Ich würde mir das an deiner Stelle nicht entgehen lassen ..."

Helge schnaubte, und Robin konnte nicht erahnen, wie dieses Schnauben gemeint war. Er drehte sich zu Robin um und küsste ihn. Helge arbeitete sich mit Küssen in die unteren Regionen von Robins Körper und drehte sich so, dass Robin ebenfalls seinen Beitrag leisten konnte.

Es dauerte nicht lange, da zuckte Helges Unterleib und Robin spürte wie er über den Punkt ohne Wiederkehr geschleudert wurde.

Nachdem sie sich gesäubert hatten, legten sie sich schlafen und Robin erkannte an Helges regelmäßigem Atem, dass dieser tatsächlich schnell eingeschlafen war. Er selbst lag noch lange wach und konnte kaum erwarten, René von diesem Trip zu erzählen. Und Marius. Und Marina natürlich!
Am nächsten Morgen war die Situation absolut unwirklich. Helge behandelte Robin wie einen Fremden. Merkwürdig höflich und abweisend zu gleich. Robin machte sich zügig im kitschigen Badezimmer mit dem hässlichen Klobürstenhalter in Entenform fertig und verließ Helge ohne Frühstück. An der nächsten Tankstelle holte er sich eine Bifi-Roll und einen Pappbecher voll Kaffee und aß am Steuer von Frida sitzend. Robin lachte bitter, entsorgte den Müll im Abfalleimer der Tankstelle und fuhr los in Richtung Jever.

***

Auf der Rosa-Disco ließ Robin die Bombe vor René, Thorsti, Marina und Marius platzen.

„... Dose auf Dose klappert halt."

Alle kicherten und René legte noch nach.

„Er hat doch gesagt, er sei stellvertretender Filialleiter im Supermarkt. Hat er dir erzählt, dass ich letztens meine Zigaretten bei ihm an der Kasse bezahlt habe? So viel zum Filialleiter..."

„Ach, am schlimmsten war die Wohnung. Das könnt ihr euch nicht vorstellen. Hässlich, kitschig, vollgestopft, altmodisch, ich hätte kotzen können. Und er war heute Morgen so unfreundlich, dass ich ohne Frühstück abgerauscht bin."

Da waren sich alle einig, da hatte sich Helge ihrer Meinung nach nicht ordentlich verhalten.

Später in der Nacht, kurz bevor sie in Richtung Heimat starten wollten, erschien Helge Arm in Arm mit einem großen, grobschlächtigen Kerl, den keiner von ihnen kannte, im Eingang zum ‚Alhambra'. Robin hob die Hand zum Gruß, doch Helge sah durch ihn durch.

Davon war Robin so getroffen, dass er ihm hinterherrief.

„Helge an 17. Helge an 17, bitte!"

Die Gruppe klatschte aus Freude über die gemeine Anspielung auf Helges Job im Einzelhandel und Helge drehte sich mit wütendem Gesicht um.

„Fick dich, du Fotze!"

Robin revanchierte sich lautstark. Dabei hob er den rechten Mittelfinger zum Abschiedsgruß.

„Klar, denn du kannst es ja nicht!"

Falling into you

Catch me, don't let me drop
Love me, don't ever stop
So close your eyes and let me kiss you
And while you sleep, I will miss you[18]

Renés Brief kam genau zur richtigen Zeit. Robin hatte sich zwei Wochen lang eingeigelt und ausschließlich auf die Arbeit konzentriert. Bei Frau Winter stand er damit gut da. Sein persönliches Groupie Mirco löcherte ihn mit tausend Fragen, eher privat als dienstlich, und wollte so gern mal mit Robin auf Tour gehen. Da hatte Robin jedoch Hemmungen, also wimmelte er die Nachfragen, ob sie nicht mal gemeinsam Party machen konnten, freundlich ab und blieb unbestimmt.

Sein Fachwissen an der Privatkunden-Front wuchs täglich und Robin hatte sogar eingreifen müssen, als eine Teilzeitkraft einer Kundin am Schalter Unsinn zu den Kontopreisen erzählt hatte. Frau Winter, die die Situation beobachtet hatte, hatte ihn darauf erneut in ihr Büro zitiert und ihn ausdrücklich gelobt. Das trug nur noch mehr zum Heldenstatus bei Mirco bei und freute Robin, da sein Spaß am Job als Sparkassenkaufmann von Tag zu Tag wuchs. Zwischenzeitlich hatte er sich von der letzten Comic-Krawatte verabschiedet und sich einen neuen, schwarzen Anzug zugelegt.

Wenn er privat schon exzentrisch gekleidet war, wollte er tagsüber ebenso seriös erscheinen.

---

[18] Quelle: Steinberg Billy / Nowels Richard W Jr

Von Marina und Marius hatte er, seit der Rosa-Disco nichts mehr gehört, doch das nahm er ihnen nicht krumm, immerhin hätte er sich ja auch melden können. Allerdings konnte das bei Marius daran liegen, dass sie auf der Rückfahrt ein einschneidendes Erlebnis hatten, das letztlich zu einem Kuss zwischen ihnen geführt hatte.

Auf dem Weg von Leer nach Wilhelmshaven hatte es ab Hesel plötzlich einen fürchterlich dichten Nebel gegeben, und so hatten sie die Abzweigung auf Höhe von Bagband in Richtung Wilhelmshaven verpasst. Ihnen war nichts anderes übriggeblieben, als immer weiter geradeaus zu fahren, dabei hatten sie nicht mal die Hand vor Augen sehen können. Innerlich war Robin ausgeflippt, hatte sich Marius gegenüber jedoch nichts anmerken lassen. Und nach einer Ewigkeit waren sie in Aurich gelandet. Robin hatte es kaum geglaubt, doch das Ortsschild war eindeutig gewesen.

Zu ihrem Glück war eine Aral-Tankstelle offen gewesen, und sie hatten nach dem Weg in Richtung Jever fragen können. Der Beschreibung waren sie gefolgt, und als sie endlich wieder bekanntes Gebiet erreicht hatten, waren sie in großen Jubel ausgebrochen und hatten sich umarmt. Dabei hatten sich plötzlich ihre Lippen berührt. In Wilhelmshaven war Marius ohne ein weiteres Wort aus Frida herausgehüpft und in der Dunkelheit verschwunden.

Nun stand Robin am Montagabend mit dem Brief in der Hand in seinem Zimmer und las gierig die von René verfassten Zeilen. Leider hatte René den Brief nicht wie sonst mit dem Computer geschrieben und ausgedruckt, sodass Robin die steile Handschrift mühsam entziffern musste.

René hatte Helge bei einer Schwulenparty in Bremen getroffen und der hatte natürlich getan, als würde er ihn nicht kennen. Wenigstens war die Begegnung ansonsten friedlich verlaufen.

Und René fragte, ob sie sich nicht am Freitag, dem 20.09., in Bremen treffen konnten.

Robin sah auf die Uhr und stellte fest, dass es schon nach 18.00 Uhr war. Seine Eltern saßen noch nicht vor dem Fernseher, also konnte er ungestört telefonieren. Dafür musste er zwar mehr bezahlen, doch das war es ihm Wert. Mama Rita war nämlich auf die Idee gekommen, einen Einzelverbindungsnachweis mit der Telefonrechnung zu beantragen. Und jetzt durfte Robin monatlich die in kleinlichster Manier von Rita gelb markierten Verbindungen zahlen.

Er verzog sich ins Esszimmer und wählte Renés Telefonnummer. Zu seiner großen Freude meldete René sich direkt.

„Hallo?"

„Hey, hier ist das Huhn aus Jever!"

„Aaaaaaah-iiiiiieh, ein Huuuuhn?!" René lachte gackernd.

„Na ja, oder dein großer Bruder, wenn dir das so lieber ist." Robin stimmte in das Lachen mit ein.

„Wie geht es dir?"

René seufzte.

„Ja, soweit gut, mir fällt die Decke auf den Kopf. Da habe ich gedacht, wir könnten hier mal wieder Party machen!"

Robin seufzte ebenfalls.

„Ehrlich gesagt, auf Bremen habe ich nicht so viel Lust. Das läuft auf das ‚TOM'S' raus, und dort laufen wir bestimmt Helge über den Weg. Und auf DEN habe ich nun überhaupt keine Lust. Können wir uns nicht in Oldenburg treffen, gehen in den ‚Schwarzen Bären' und fahren nachts zu dir? Und am Samstag gehen wir noch in die Stadt, bevor ich am Nachmittag wieder nach Jever fahre. Was meinst du?"

René zögerte nicht eine Sekunde.

„Das klingt gut. Holst du mich mit Frida am Bahnhof in Oldenburg ab?"

„Möchte Thorsti nicht mitkommen?"

„Könnte er vermutlich schon, aber ein Abend mit dir ist mir zu schade, um ihn mit Thorsti zu teilen."

„Na, vielen Dank für die Blumen!" Robin freute sich über diesen Freundschaftsbeweis.

„Selbstverständlich hole ich dich am Bahnhof ab."

„Wie spät wollen wir uns denn treffen? Ein Zug kommt um 21.23 Uhr in Oldenburg."

„Ja, dann bin ich in Oldenburg. Klasse! Und was ziehen wir an? Barbie-Twins? Oder etwas seriöser? Dieser Skaterlook hat mich für mich nicht überzeugt."

„Hm, pinkes Top mit dunkler Jeans und derben Schuhen?"

„Guter Plan. Dann wollen wir es den Kerlen in Oldenburg mal zeigen."

„Super. Wir quatschen am Freitag weiter, ja?"

„So machen wir das. Komm gut durch die Woche. Bis Freitag!"

„Ciao, du Huhn." René gackerte und legte auf.

Freitagabend duschte Robin nach Feierabend ausgiebig, machte sich die Haare mit einer Menge Gel und Haarspray zurecht und puderte sich einen perfekten Teint. Er war dankbar, dass er sich noch nicht so häufig rasieren musste, und dementsprechend keinen Bartschatten trug. So konnte er schon lediglich mit Puder eine Menge anstellen. Dazu noch zwei oder drei Schichten Mascara und – seine neueste Entdeckung – weißer Kajal, schon hatte er riesige Augen.

Mama Rita und Papa Bernhard standen an der Haustür und winkten, als Robin in Richtung Oldenburg davonbrauste. Über dem pinkfarbenen Top und einer schwarzen engen Jeans trug Robin noch ein weißes Arbeitshemd als Jackenersatz und dazu schwarze Stiefeletten mit seitlichem Reißverschluss, die er eigentlich für die Arbeit gedacht hatte, die jedoch viel besser zu dem halblegeren Outfit passten.

In Oldenburg ergatterte Robin einen Parkplatz am Bahnhofsvorplatz mit Blick auf den Eingang, sodass er im Auto auf René warten konnte. Er ärgerte sich ein wenig, dass er keine Jacke mitgenommen hatte, doch bei den sommerlichen Temperaturen im September war ihm das unnötig erschienen. Im pinken Top mit weißem Hemd darüber wollte er nicht unbedingt allein in den Bahnhof rennen. Da konnte er sich ebenso gut gleich selbst auf die Fresse hauen. Lange musste Robin nicht warten, da stiefelte René aus der Bahnhofshalle heraus und sah sich suchend um. Robin drückte einmal kurz auf Fridas Hupe und stieg schnell aus. Sie rannten aufeinander zu und nahmen sich herzlich in den Arm.

René sah Robins Frisur staunend an.

„Sehr schick! Das steht dir gut. Sieht etwas nach Celine Dion aus!"

Robin freute sich sichtlich und warf René eine Kusshand zu.

„Danke, das sollte es! Auch wenn ich das dem Friseur etwas anders beschrieben habe. Freut mich, wenn es passt. Du siehst spitze aus! Wenn Thorsten da mal nicht eifersüchtig wird."

René winkte ab.

„Der soll sich mal nicht anstellen. Er kann mir vertrauen. Kann ich meine Tasche in Fridas Kofferraum legen?"

„Klar." Robin schloss den Kofferraum auf und legte Renés Tasche zu seinem Rucksack in den Kofferraum. Er erinnerte sich an etwas und kramte im Rucksack herum. Als René im August bei ihm war, hatten sie ein paar Fotos voneinander gemacht. Die Fotos von René hatte Robin noch mal als weitere Abzüge bestellt und sie ihm mitgebracht.

„Hier, schau mal. Ich vergesse sonst, sie dir zu geben. Sind tolle Fotos geworden!"

René freute sich sichtlich und verstaute sie vorsichtig in seiner Tasche.

Im ‚Schwarzen Bären' war bei ihrem Eintreffen schon richtig was los. Schnurstracks liefen sie auf die Tanzfläche, wo der DJ einen Dance-Remix von Toni Braxtons ‚You're makin' me high, spielte, und gekonnt zogen René und Robin ihre übliche Show ab, um Aufmerksamkeit zu erhalten.

Sie tanzten umeinander herum, sangen den Titel lauthals mit und flirteten immer wieder mit den am Rand der Tanzfläche stehenden Kerlen, die sie anstarrten. Das taten sie mehrere Tracks lang, bevor sie beschlossen, vor dem Club eine Zigarette zu rauchen. René lief vor und Robin folgte ihm, als ein bekanntes Gesicht vor Robin auftauchte und ihn mit seinen blauen Augen und einem schmalen Lächeln völlig aus der Fassung brachte.

Jochen! Robin schossen tausend Gedanken durch den Kopf, doch sie drehten sich alle nur um ihn. Was machte er im ‚Schwarzen Bären'? Wo war er so lange gewesen? Warum hatte er sich nicht gemeldet? Warum stand er plötzlich vor ihm? Was wollte er von ihm? Geistesgegenwärtig hielt Robin René an seinem Shirt zurück. Der drehte sich verwundert um. Robin hasste es, von hinten angepackt zu werden und wusste, dass es René ebenfalls so ging. Was war los?

Als er die Bescherung erfasste, blieb ihm regelrecht der Mund offenstehen. Jochen?

Jochen grinste schief und sah Robin tief in die Augen.

„Hi."

Robin stand mit offenem Mund da. René musste sofort eingreifen und zog Robin mit sich nach draußen.

„Entschuldige uns kurz. Wir sind gleich wieder da!" René lächelte aufgesetzt und zerrte an Robin.

Draußen angekommen, fiel die Schockstarre von Robin ab.

„Oh Gott, René! Was ist da passiert? Was macht Jochen hier? Da kann ich nicht wieder rein!"

„Nun bleib erst mal ruhig." René steckte für sie zwei Marlboro Menthol Lights an, schob Robin eine zwischen die Lippen und sog den Rauch seiner Zigarette tief ein. Robin tat es ihm gleich. Wie auf ein Kommando, stießen sie den eisigen Qualm durch gespitzte Lippen aus und entspannten sich dadurch ein wenig. René nahm den Gesprächsfaden wieder auf.

„Nun gut, er wohnt in Oldenburg, hast du erzählt. Dann ist es ein Zufall. Klar, zur Rosa-Disco ist er nicht mehr gekommen, weil er genau wusste, dass du da sein würdest. Hier hat er wohl nicht mit dir gerechnet."

„Klug kombiniert, Miss Marple. Und jetzt?"

„Jetzt werden wir gleich wieder tanzen gehen, und du wirst ihm gefälligst die kalte Schulter zeigen."

Robin sah ihn unglücklich an.

„Oder du schmeißt dich ihm gleich an den Hals, ihr geht ins Herrenklo, rammelt wie die Bonobos und bleibt glücklich bis ans Ende aller Tage."

Auch diese Variante gefiel Robin nicht besonders. Dieser Typ mit seinen wunderschönen Augen und den Lippen, die ihn so zart geküsst hatten, machte ihn verrückt.

„Oh René, ich sehe aus wie ein polnischer Stricher."

René sah an sich herunter, trug er doch das gleiche Outfit. Robin erkannte den Fehler und lachte wie irre los.

„So habe ich es nicht gemeint! Das weißt du."

„Einigen wir uns auf polnische Thekenschlampe. Dann stimmt's. Also, was willst du tun?"

Robin wusste es nicht und zuckte mit den Schultern.

„Ich habe keine Ahnung. Hier draußen wird es langsam frisch."

René öffnete die Tür, zeigte an der Kasse den Stempel auf seiner Hand vor und zog Robin, der ebenfalls die Hand in Richtung Kasse hielt, mit sich.

Jochen konnten sie auf den ersten Blick nicht entdecken, also gingen sie wieder Richtung Tanzfläche. Da packte Robin eine Hand am Oberarm und zog ihn an die Bar, an der sie gerade vorbeilaufen wollten. René erkannte, wer Robin da gepackt hatte, schüttelte den Kopf und ging tanzen.

Robin war völlig erschrocken und sah sich erneut Jochen gegenüber, der jetzt breit grinste und ihn schelmisch ansah. Er registrierte, dass Jochen sein Macker-Outfit trug, wie er es nannte. Weißes T-Shirt mit V-Ausschnitt, mittelblaue Jeans und eine Jeansjacke in der gleichen Farbe. Dazu schwarze Halbschuhe und eine auffällige, silberfarbene Armbanduhr.

„Was möchtest du trinken?"

Robin spürte, dass seine Beine weich wie Butter wurden und die Schmetterlinge in alle Richtungen seines Bauches stoben. Doch er spürte ebenso die Narben, die Jochens Verhalten Anfang des Jahres auf seiner Seele hinterlassen hatten.

„Nichts. Danke." Robin wandte sich tapfer ab und wollte zu René auf die Tanzfläche gehen.

„Nun warte doch mal." Jochen griff Robins Hand und zog ihn energisch zurück. Er saß auf einem Barhocker, sodass Robin nun zwischen seinen etwas gespreizten Beinen stand. Robin stockte der Atem. So nah waren sie sich in ihrer letzten Nacht Ende Januar gewesen! Ihm war, als brannten Jochens Berührungen Löcher in seine Haut. Jochen machte ein zerknirschtes Gesicht.

„Es tut mir leid, dass ich mich nicht mehr gemeldet habe! Es war so viel los bei mir, dass ich es nicht geschafft habe. Und ich war im Krankenhaus ..." Er zuckte mit den Schultern und lächelte Robin an.

Robin kam es so vor, als wäre die Zeit stehen geblieben, und er verlor sich in Jochens Augen, dem sichtlich aufgesetzten Hundeblick, der ihm jedoch schmerzhaft durch Mark und Bein ging und ihm Gänsehaut verursachte. Die Erinnerungen an diese tolle, verrückte, völlig irre gemeinsame Nacht stürmten auf ihn ein und er meinte sogar, Celine Dion mit ‚Think Twice' zu hören. Doch Robin konnte nichts sagen. Seine Kehle war wie zugeschnürt. Noch immer fiel ihm das Atmen so schwer, als wäre die Luft aus zäher Flüssigkeit. Er sah sich in der Telefonzelle am Oldenburger Bahnhof stehen, den Hörer in der Hand und Jochen zum Geburtstag gratulieren. Warum war Jochen da bloß so abweisend gewesen? Robin räusperte sich.

„Was war an deinem Geburtstag los? Warum warst du da ... so?"

Jochen nickte.

„Da hatte ich eben erfahren, dass ich ins Krankenhaus musste und war völlig neben der Spur. Und ich hatte nicht damit gerechnet, dass du mir zum Geburtstag gratulieren würdest. Ich kann mich nur für mein idiotisches Verhalten entschuldigen!"

Jochen zog Robin noch näher an sich und berührte mit seinem schmalen Mund Robins Lippen. Tausend Blitze durchzuckten Robins Körper und ihm war, als brannten seine Sicherungen durch. Seine Gedanken rasten, die Erinnerungsbilder wirbelten wild durch seinen Kopf und zogen wie ein Kirmeskarussell an seinem inneren Auge vorbei.

Nach wenigen Sekunden war der Moment vorbei, und Robins Lippen brannten bei der Erinnerung an den erneuten, so sanften, Kuss.

Er beugte sich zu Jochen vor und fragte ihn zögernd.

„Was möchtest du, Jochen?“ Er sah ihm prüfend in die Augen.

Jochen schaute ernst zurück.

„Ich möchte mit dir kuscheln.“

Robin dachte, sich verhört zu haben und sah ihn fragend an. Jochen ging mit seinem Mund nah an Robins rechtes Ohr und wiederholte sich.

„Ich möchte mit dir kuscheln!“

Jochen nahm Robins Kinn sanft mit seiner rechten Hand und drehte seinen Kopf etwas. Anschließend legte er seinen geschlossenen Mund erneut auf Robins noch immer brennende Lippen und zum ersten Mal spürte Robin Jochens Zungenspitze zwischen seine leicht geöffneten Lippen gleiten.

Dieser Augenblick kam Robin absolut magisch vor, in seinem Bauch zündete ein Feuerwerk der Emotionen - Glück, Aufregung und Lust, schlimmer als in jeder Achterbahn! Dazu die Schmetterlinge, die wie wild flatterten und ihm fast den Atem nahmen.

Als sie sich wieder voneinander lösten, musste Robin regelrecht nach Luft ringen, damit er nicht in Ohnmacht fiel. Mehr und mehr kam Robin wieder in der Realität an, hörte den durchdringenden Beat der Musik und fühlte sich von seinen eigenen Gefühlen überrumpelt.

Jochen beobachtete ihn aufmerksam und hielt ihn fest.

„Alles in Ordnung?“

Robin straffte seinen Körper und befreite sich aus der vorsichtigen Umarmung.

„Ja, alles gut. Danke. Ich werde mal zu René auf die Tanzfläche gehen.“

„Möchtest du nichts trinken?“

„Nein, Danke.“

„Nachher vielleicht?“

Robin war überrascht. Jochen blieb hartnäckig. Er wollte, dass Robin später wieder zu ihm an die Bar kam. Warum? Warum? Warum? Diese Frage ging Robin nicht aus dem Kopf. Warum hatte Jochen sich nicht auf seine Nachrichten auf dem Anrufbeantworter gemeldet? Warum hatte Jochen sich so unnahbar an seinem Geburtstag verhalten? Warum hatte er sich in all der Zeit nicht gemeldet? Warum hatten sie sich auf den letzten Rosa-Discos nicht gesehen?

Robin nickte und lächelte zaghaft.

„Ja, später."

Er musste so viel auf die Reihe kriegen, da konnte er die Ablenkung durch das Tanzen gut gebrauchen, also löste sich Robin vollends aus Jochens Griff und ging direkt zu René auf die Tanzfläche. Der sah ihn grinsend an und beugte sich vor, um ihm etwas ins Ohr zu schreien.

„Glückwunsch!"

Doch Robin machte eine abwiegelnde Bewegung mit beiden Händen.

„Abwarten!"

René nickte beeindruckt und tanzte Robin offensiv an. Ein wenig zogen sie ihre Show ab, doch Robin war in Gedanken viel zu beschäftigt, um sich auf besonders coole Schritte und Choreografien konzentrieren zu können. Das änderte sich allerdings als der DJ den aktuellen Titel auslaufen ließ und auf René und Robin zeigte. Madonna fragte aus den Boxen: „What are you lookin' at?" und das typische Fingerschnipsen zu Beginn von ‚Vogue' füllte den Club.

René jodelte auf, und da kam Robin wieder in der Gegenwart an. Sie posierten, tanzten und sangen, als wäre die Tanzfläche ihre Bühne, völlig verschmolzen mit dem Text des Titels und der Musik.

Aus dem Augenwinkel nahm Robin war, dass sich Jochen an den Rand der Tanzfläche gestellt hatte und ihn – und nur ihn! – beobachtete. Robins Herz quoll vor Gefühlen über und jede Pose, jeder Schritt wurde noch exakter ausgeführt. Nur für Jochen!

Am Ende des Songs signalisierte René, dass er für eine Zigarette nach draußen wolle. Robin nickte zustimmend und folgte ihm. Er blieb bei Jochen stehen und erklärte, dass sie kurz draußen wären. Der nickte und lächelte, zog Robin überraschend nach vorn und küsste ihn auf den Mund.

Robin schüttelte stirnrunzelnd den Kopf und wandte sich ab.

Da der Club so voll war, hatte er René im Gedränge schnell eingeholt. In der abgekühlten Luft der Spätsommernacht zündeten sie sich ihre Zigaretten an. Robin sog den Rauch seiner Marlboro tief ein und hielt ihn so lange wie möglich an, bevor er ihn aufreizend langsam durch die nur einen

Spalt geöffneten Lippen herausziehen ließ. René sah ihn prüfend an.

„Na, jetzt besser?"

Robin wackelte mit dem Kopf unentschlossen hin und her.

„Was ist da los?"

„René, ich habe keine Ahnung!"

„Du bist verknallt!"

„Logo! Wie könnte ich nicht?!"

„Na, ja ..."

„Komm, er ist toll!"

„Und jetzt ist alles aus dem Frühjahr vergessen?"

„Nein! Auf keinen Fall. Aber er hat es erklärt. Und ich glaube ihm."

„Was glaubst du ihm?"

„Na, dass viel bei ihm los war. Und er hat wohl an seinem Geburtstag erfahren, dass er ins Krankenhaus musste und war neben der Spur. Das verstehe ich."

„Und danach hatte er Amnesie und wusste nicht mehr, dass es dich gibt? Das stinkt doch!"

Robin seufzte. René hatte Recht. Allerdings wollte er sich daran klammern, dass Jochen ihn jetzt beharrlich anbaggerte.

„Ja, das ist richtig. Warum zum Teufel sollte er mich jetzt so beharrlich anbaggern? Vorhin an der Bar wollte er mich nicht gehen lassen. Wenn ich so ätzend bin, warum sollte er das tun? René, dieses ‚Warum?' macht mich noch verrückt!"

René erkannte, dass Robin tatsächlich neben sich stand. So von der Rolle hatte er ihn noch nicht erlebt. Natürlich wusste er nicht, warum Jochen jetzt auf einmal auftauchte und von sich aus auf Robin zuging, doch Robin hatte sich schon entschieden. Sonst hätte er sich nicht von Jochen küssen lassen. Das Knistern zwischen den beiden hatte René bis auf die Tanzfläche gehört.

„Vergiss das ‚Warum?' und genieße das ‚Jetzt'. Der Start war für euch vielleicht holprig, nun zeigt er doch deutlich, dass er dich will. Also gibst du ihm, was er will." René zog eine Augenbraue hoch und grinste. Mit schmeichelnder Stimme fuhr er fort.

„Das kannst du doch so gut."

Robin nahm einen weiteren tiefen Zug seiner Zigarette und blies den Rauch zur Seite aus.

„Er will kuscheln."

„Wie bitte?" René meinte, sich verhört zu haben.

„Er will mit mir kuscheln. Hat er vorhin gesagt."

Nun war René baff. Dieser Jochen war und blieb ihm ein Rätsel. Robin tat ihm leid. Sein Kumpel sah spitzenmäßig aus, hatte einen coolen Humor, war herrlich böse und kam ihm ziemlich intelligent vor. Wenn er selbst auf diesen Typ schwulen Mann stehen würde, hätte er ihn sich schon längst geschnappt. Sie machten zwar immer ihre Witze darüber, doch es war nun mal ein unumstößliches Gesetz in der Schwulenszene: Dose auf Dose klappert. Also waren sie gute Freunde geworden. Und daher tat es ihm leid, dass Robin sich an diesem Jochen aufrieb. Doch er hatte eine Idee.

„Na gut, nimm ihn doch zum Kuscheln mit – heute Nacht."

Robin sah ihn verständnislos an.

„Was meinst du?"

„Na, heute Nacht. Wenn wir zu mir nach Bremen fahren. In das Gästebett passen doch auch zwei Leute rein. Zum Kuscheln sowieso. Schlag ihm das vor und schau, wie er reagiert."

Robins Augen wurden riesig in der schummerigen Beleuchtung vor dem Clubeingang.

„Du bist ein Schatz! Also wenn er zustimmt, darf er mit?"

„Klar, aber wehe ihr kuschelt zu laut." René schrieb Anführungszeichen in die Luft.

Robin kicherte über Renés Anspielung. René kicherte mit. So gefiel ihm Robin schon besser. So kannte er ihn.

„Okay, wollen wir doch mal sehen, was sich Jochen so vorstellt ..."

Erneut hielten sie beim Betreten des Clubs ihre Hand mit dem Stempel in Richtung Kasse und stürzten sich in das Getümmel aus jungen und alten, aufgebrezelten Körpern, die sich entweder an der Bar dicht an dicht drängelten oder auf der Tanzfläche zum Rhythmus der Musik zuckten. René ging direkt auf die Tanzfläche, um sich noch auszupowern, während Robin nach Jochen sah und ihn neben der Tanzfläche, an einem runden Tisch auf einem Barhocker sitzend, fand. Dieses Mal stellte er sich gleich zwischen Jochens leicht geöffnete Beine und legte seine Hände auf dessen Oberschenkel. Robin genoss diese intime Geste.

Jochen legte seinen rechten Arm um Robin. In der linken Hand hielt er ein Bier.

„Genug frische Luft geschnappt?“ Jochen grinste sein unwiderstehliches Grinsen.

Robin nickte. „Ja, jetzt halten wir noch eine Runde Tanzen aus. Danach fahren wir nach Bremen zu René.“

Jochen nickte nur, sodass Robin fortfuhr.

„Möchtest du mitkommen? Zum Kuscheln?“ Als die Fragen raus waren, hielt Robin den Atem an und sah Jochen gespannt an. Der verzog keine Miene und schien eine Ewigkeit zu überlegen. Mit seinem Mund ging Jochen nah an Robins Ohr und antwortete ihm.

„Auf jeden Fall!“

Robin fiel ein Stein vom Herzen, und er küsste Jochen spontan auf den Mund. Darauf schien dieser gewartet zu haben, denn er zog Robin an sich und ließ seine Zunge in Robins Mund gleiten. Robin schmeckte das Bier, das Jochen getrunken hatte, fand das jedoch nicht weiter schlimm. Er hatte mehr damit zu kämpfen, dass Jochen ihm nicht das Kaugummi klaute oder er sich selbst daran verschluckte. Sie lösten sich voneinander, und Robin nickte in Richtung Tanzfläche hinter sich.

„Ich sag René Bescheid, dass wir zu dritt zu ihm fahren.“

Jochen nickte nur zustimmend und nahm einen weiteren Schluck Bier, während Robin sich zu René gesellte.

„Jochen kommt mit!“

René reckte den Daumen nach oben und grinste.

Robin war dankbar, dass er sich auf der Fahrt nach Bremen auf den Verkehr konzentrieren musste. Doch immer, wenn er in den Rückspiegel sah, blickte ihm Jochen entgegen. Und das war die Realität! Kein Traum mehr. Das konnte er kaum glauben. René holte ihn, Gott sei Dank, immer wieder aus seinen Träumen zurück, indem er den Abend aus seiner Sicht reflektierte.

„Und hast du das schreckliche Outfit von dem Typen gesehen, der immer so merkwürdig in der Ecke der Tanzfläche vor sich hingewackelt hat?“

Sie kicherten gemein, und Robin dachte genau eine Sekunde nicht an Jochen. Bis zum nächsten Blick in den Rückspiegel ...

Vor Renés Wohnhaus kletterte Jochen vom Rücksitz, und sie folgten René hinauf in seine Wohnung. Er hatte während der gesamten Fahrt kaum ein Wort gesagt, und Robin hätte alles dafür gegeben, seine

Gedanken lesen zu können.

René umsorgte sie zuvorkommend mit einem zusätzlichen Kopfkissen, einer Gästezahnbürste für Jochen und Handtüchern für sie beide.

„Falls ihr noch duschen möchtet, bitte nicht zu lange. Sonst meckern morgen wieder die Nachbarn." Er grinste.

Jochen legte Robin einen Arm um die Schulter.

„Danke. Kuscheln geht auch ohne Dusche. Das reicht nach dem Aufstehen."

Robin nickte zustimmend.

„Ja, ich denke, das geht tatsächlich so. Danke. Gute Nacht!"

„Gute Nacht ihr beiden!"

René zog sich in das Schlafzimmer zurück, und Jochen und Robin standen allein voreinander. René hatte dieses Mal die Couch im Wohnzimmer für Robin ausgezogen. Die Bettdecke mussten sie sich teilen, für ein zweites Kopfkissen hatte René noch gesorgt. Die Schmetterlinge in Robins Bauch flogen in alle Richtungen, als Jochen ihn neckisch anlächelte.

„Liegst du lieber rechts oder links?"

„Das ist mir egal."

Jochen zog sich seine Hose, sein T-Shirt und die Socken aus, sodass er nur noch enganliegende Boxershorts trug. Robin drehte Jochen den Rücken zu und zog sich schnell sein Schlaf-T-Shirt und eine bequeme kurze Hose an. Nachdem sie nacheinander kurz im Bad verschwunden waren, schlüpften sie unter die Bettdecke, und Jochen zog Robin nah an sich. Durch zwei Schichten Stoff konnte Robin Jochens harte Erregung spüren und freute sich, dass er diese Gefühle bei ihm auslöste. Doch er ermahnte sich, nicht zu forsch heranzugehen. Sie hatten Kuscheln vereinbart. Mehr würde es in dieser Nacht nicht geben! Ihre Lippen fanden und teilten sich, um einander noch näher zu sein. Jochen schmeckte herrlich frisch nach Zahnpasta, als sich seine Zunge zärtlich Zutritt zu Robins Mund verschaffte. Robin lag auf seiner linken Seite, sodass er seinen rechten Arm um Jochen legte und über seinen Rücken streichelte. Das Muskelspiel unter der samtenen Haut erregte Robin, und er fuhr hinab bis zum Bund der Boxershorts, um ab da weiter mit der flachen Hand über den Stoff zu fahren und Jochens kleinen, trainierten Hintern zu berühren. Ihre Beine waren ineinander verschlungen, und Robin spürte, wie sich Jochens Latte an seine drückte und rieb. Jochen hatte im Grunde nur seine linke Hand frei, doch sie schien überall auf Robins Körper zu sein. Robin erkundete den ihm noch fremden Körper und stellte fest, dass Jochen nahezu unbehaart war. Allerdings ohne Stoppeln, sodass Robin davon ausging, Jochen war eben ein Typ ohne viele Haare. Das machte ihn scharf wie eine Rasierklinge, denn Jochen schien überall durch und durch trainiert zu sein, ohne riesige Muskelpakete zu haben. Und seine zarte, unbehaarte Haut über den äußerst festen Oberschenkeln, den trainierten Waden und an den muskulösen Armen und Schultern - Robin war im siebten Himmel und schämte sich zugleich, dass an ihm durchaus weiche Stellen zu finden waren. Doch Jochen schien sich daran nicht zu stören und erkundete Stück für Stück jeden Zentimeter seines Körpers. Sogar mit seinen Zehen neckte er Robins Füße und kitzelte ihn ungewollt, doch Robins Schnauben ging in einem leidenschaftlichen Zungenspiel unter. Irgendwann lag Jochen auf Robin und drückte ihn mit seinem Gewicht in die Gästecouch. Mit seinen Beinen umklammerte Robin Jochens Hintern, hielt seinen Rücken mit den Armen umfasst und fühlte sich geborgen und sicher wie noch nie. Hart drückte Jochens fester Schaft gegen Robins Unterleib und fachte das Feuer der Leidenschaft in Robin noch stärker an. Am liebsten hätte sich Robin intensiv mit Jochens Schwanz beschäftigt, ihn erstmal ausgiebig mit Zunge und Lippen gereizt, ihn sich tief in den Rachen einverleibt, bevor er ihn anderweitig tief in sich aufnehmen würde. Robin ging jedoch durch den Kopf, dass sie nur kuscheln wollten.

Er löste seine Beine von Jochens Rückseite und schob sich etwas nach rechts auf dem Gästebett, sodass sie einander wieder auf der Seite gegenüberlagen. Mittlerweile war Robin süchtig nach Jochens schmalen Lippen und seiner kleinen, festen und sehr männlichen Zunge, die sich sehr wohl in seinem Mund zu fühlen schien. Sie küssten und streichelten sich noch eine gefühlte Ewigkeit, bis der Schlaf sie zu übermannen drohte. Robin genoss die köstliche Schwere, die sich seiner bemächtigte und drehte sich auf seine rechte Seite, um seinen Hintern fest an Jochens Vorderseite zu pressen. Mit dem Gefühl von Jochens harter Latte an seinen Pobacken und muskulösen Armen, die ihn an die harte, trainierte Brust hinter ihm zogen, schlief Robin ein.

Ohne sich ein einziges Mal im Schlaf bewegt zu haben, erwachte Robin nach annähernd neun Stunden Schlaf und spannte verschiedene Muskeln an. Jochen reagierte mit einem Kuss in seinen Nacken. Robin wandte den Kopf zur Seite.

„Guten Morgen."

„Guten Morgen, Kleiner."

Robins Herz machte einen Sprung. Von Jochen wollte er so genannt werden. Er durfte das! Jochen küsste ihn erneut in den Nacken, auf den Hals und die Wange, und das Blut schoss ihm in den Unterleib. An seinem Po spürte er, dass Jochen hart war. Übliche Morgenlatte oder Lust, da war sich Robin nicht sicher. Sie konnten leider nicht da weitermachen, wo sie in der Nacht aufgehört hatten. René war womöglich bereits wach und wartete mit dem Frühstück. Das Zimmer war zwar teilweise von einer Jalousie verdunkelt, doch dahinter konnte man sehen, dass die Sonne ziemlich hochstand. Es musste bereits Mittag sein. Robin reckte sich, setzte sich auf und tastete nach seiner Armbanduhr. Es war 13.00 Uhr! Jochen bewegte sich und stand vom Gästebett auf. Verstohlen beobachtete Robin, wie Jochen durch das Zimmer zur Tür lief und wurde von Besitzerstolz ergriffen. Sogar in dem gedimmten Licht konnte man Jochens Muskeln an Brust, Bauch, Armen und Beinen unter der leicht gebräunten Haut spielen sehen. Das entspannte die Lage in Robins Schlafshorts nicht im Geringsten, und er versuchte sich andere Gedanken zu machen. Es klopfte leise an die Tür und René steckte den Kopf herein.

„Guten Morgen, Schnecke."

„Guten Morgen, René!"

„Du strahlst so ..." René zog eine Augenbraue hoch.

Robin nickte mit einem zufriedenen Grinsen und sprach betont leise.

„Er ist ... perfekt!"

Jetzt lächelte René. Er war zufrieden, dass sein Plan so gut funktioniert hatte.

„Ihr habt mir nicht die Laken vollgewichst, oder?"

Sie lachten und Robin schüttelte den Kopf.

„Nein. Keine Sorge! Wir haben nur gekuschelt! Auch wenn es unmenschliche Zurückhaltung erfordert hat."

„Dann ist ja gut. Deine Haare sehen dennoch zerfickt aus." Er grinste fies.

Robin fasste sich an den Kopf und fühlte, dass seine Haare tatsächlich in alle Richtungen abstanden.

„Das werde ich wohl vor dem Frühstück richten müssen."

„Gutes Stichwort. Es gibt Aufbackbrötchen mit Salami oder Marmelade und Kaffee mit Milch und Zucker oder Zigarette. Wie es euch beliebt."

„Das klingt fantastisch. Ich habe einen Bärenhunger!"

Nachdem er sich im Affentempo geduscht, geföhnt und zurecht gemacht hatte, ging Robin René noch beim Frühstück machen zur Hand, während Jochen erneut im Bad verschwand. Er hatte sich René gegenüber wie ein perfekter Gast benommen und sich nach der ersten Begrüßung noch mal dafür bedankt, dass er sogar eine Zahnbürste und Handtücher bekommen hatte. Das gefiel Robin. Ihm war wichtig, dass sich sein Freund mit René verstand. Sein Freund. Es kam ihm merkwürdig vor, so von Jochen zu denken. Und er brannte darauf, es allen zu erzählen, die er kannte, dass sie nun doch zusammen waren!

„He, Träumerle!"

Robin schreckte zusammen. René wischte mit einer Hand vor seinem Gesicht von oben nach unten und zurück.

„Na, wo warst du denn mit den Gedanken?"

Robin schämte sich für seine verliebten Tagträumereien.

„Ach, überall und nirgends."

„Soso, überall bei Jochen?"

„Und wenn?"

Sie kicherten los, da stand Jochen in der Tür. Sie sahen ihn an, hielten kurz inne und lachten weiter.

„Na, hier ist ja gute Stimmung!"

„Ja, dein Liebster verdingt sich in Tagträumen zu eurer Vermählung ..."

„Oh, du Biest!" Robin nahm den Zuckerstreuer in die Hand und tat so als wolle er ihn nach René schmeißen. Jochen äußerte sich nicht weiter dazu, griff dafür beherzt bei den Aufbackbrötchen zu. René hatte Lust, noch etwas weiter zu kuppeln.

„Was haltet ihr davon, wenn wir noch in die Innenstadt gehen, bevor ihr fahrt? Ich könnte Thorsti anrufen, und wir bummeln zu viert durch die City."

Robin fand die Idee super, hatte jedoch Angst, dass Jochen sich etwas überrumpelt fühlte und dachte, sie hätten das womöglich hinter seinem

Rücken abgesprochen. Doch Jochen nickte zustimmend.

„Das ist eine gute Idee. Das Wetter ist super. Und ich muss heute erst ab 19.00 Uhr arbeiten."

Robin zuckte zusammen. Arbeiten? Am Wochenende? Klar! Jochen war Kellner. Zumindest war er das im Januar gewesen.

„Ich bin dabei! Arbeitest du immer noch im ‚Malör'?"

Jochen sah Robin erstaunt an.

„Ja, woher ..."

„Du hast es im Januar erzählt. Ich habe es nicht vergessen."

Robin machte eine fast entschuldigende Geste, doch Jochen war eher beeindruckt als beunruhigt.

Er schien ihn nicht für einen Stalker zu halten.

René beobachtete sie verstohlen über den Rand seines Kaffeebechers hinweg und war äußerst zufrieden mit sich.

Sie trafen sich mit Thorsten, und nachdem Jochen und er einander vorgestellt waren, zogen sie zu viert durch die sonnige Innenstadt und genossen das schöne Wetter an der frischen Luft. Zumindest das, was von ihr übrig blieb, denn sie alle rauchten. Während René und Thorsti offen Händchen hielten, beschränkten sich Jochen und Robin ohne vorherige Absprache nur auf versteckte Zeichen der Zuneigung. Ein unnötiges Streicheln über die Hand, als Jochen Robin Feuer für seine Zigarette gab. Oder als sie vor einem Café Platz nahmen und Jochen Robins Rücken streichelte, als er ihm den Stuhl zurechtrückte. Robin schwebte im siebten Himmel und konnte sein Glück kaum fassen. Jochen war so anders als am Jahresbeginn, völlig locker unterhielt er sich mit René und Thorsten, flirtete mit ihm und plauderte über dieses und jenes.

René registrierte, dass Jochen sich wohlzufühlen schien und wollte für Robin gleich ein wenig in die Zukunft schauen.

„Nächste Woche Samstag ist Rosa-Disco. Musst du da arbeiten, Jochen? Oder kannst du dabei sein?"

Jochen überlegte kurz.

„Eigentlich müsste ich frei haben. Also kann ich zur Rosa-Disco kommen!"

„Wollen wir die Aufbau-Schicht im Café schieben?" René sah Robin fragend an. Dieser konnte sein Glück kaum fassen. Mit Jochen zur Rosa-

Disco – das war eine fabelhafte Vorstellung!

„Ja, klar!“ Robin kam ein Gedanke.

„Das ist unsere Jubiläums-Rosa!“

René legte seine Stirn in Falten. Robin lächelte und klärte sie auf.

„Ja, im September letztes Jahr war ich zum ersten Mal auf der Rosa und habe dort René kennengelernt. Da haben wir die erste Thekenschicht zusammen verbracht.“

„Oh ja, das ist schon ein Jahr her! Verrückt! Na, lassen wir es doch mal so richtig krachen! Ich mache uns noch mal Flyer, die wir im Eingang aufhängen können!“

„Cool!“ Robin zeigte auf Thorsten und Jochen.

„Und ihr 2 bekommt VIP-Plätze am Tresen.“

Thorsten und Jochen grinsten.

„Klar, wir schauen euch bei der Arbeit zu.“ Jochen streichelte Robin kurz über den Rücken. Dieser registrierte die erneute versteckte Berührung und bedachte Jochen mit einem verliebten Lächeln. Robin sah, dass Jochen unauffällig auf seine Armbanduhr schaute, kontrollierte selbst die Zeit und erschrak. Der Nachmittag war so schnell vergangen. Es war 17.00 Uhr!

„Seid nicht böse, da Jochen um 19.00 Uhr arbeiten muss, sollten wir dringend fahren.“

Sie winkten die Kellnerin an ihren Tisch, bezahlten ihre Getränke und liefen zum Auto. René entschied sich spontan noch mit zu Thorsten zu gehen. Da Robin seinen Rucksack bereits in Fridas Kofferraum deponiert hatte, konnten Jochen und er ohne Umweg über Renés Wohnung nach Oldenburg fahren.

Auf dem Parkplatz vor Jochens Wohnung blieben sie bei abgestelltem Motor in Frida sitzen.

Robin fiel der Abschied schwer, er musste daran denken, dass er Anfang des Jahres nach „ihrer“ Nacht nichts mehr von Jochen gehört hatte. Als hätte Jochen seine Gedanken gelesen, nahm er Robins Hand und sah ihm tief in die Augen.

„Ich freue mich, dass wir uns gestern wieder getroffen haben. Es war eine sehr schöne Nacht und heute ein toller Tag. Wir sehen uns Samstag bei der Rosa-Disco, okay?“

Robin nickte tapfer und lächelte schief.

„Ja, wir sehen uns dort. Ich fand es ebenfalls super ... heute ... Nacht." Ihm fehlten die Worte, und ein Kloß machte sich in seinem Hals breit. Er hoffte, er würde nicht vor Jochen in Tränen ausbrechen. Doch Jochen machte es kurz und schmerzlos.

„Sorry, ich muss dringend los. Fahr vorsichtig, Kleiner." Jochen beugte sich zu Robin vor und küsste ihn kurz und sanft auf den Mund. Robin nickte nur, da war Jochen ausgestiegen und drückte die Beifahrertür fest zu. Er lief über den Parkplatz auf das Mehrfamilienhaus zu, drehte sich noch einmal um und winkte Robin zu. Für diese Geste war Robin ihm dankbar, denn er war extra noch nicht losgefahren. Er hob ebenfalls die Hand und startete den Motor.

Wie er nach Hause gekommen war, konnte Robin bei seiner Ankunft gar nicht sagen. Er lief wie auf Wolken, schloss die Haustür auf und traf auf Mama Rita. Sie wusste, dass etwas Gutes passiert war, denn Robin strahlte bis über beide Ohren. Das hätte sogar ein Blinder gesehen!

„Willkommen zurück, Fremder!"

Robin befürchtete, zu spät dran zu sein und wollte sich entschuldigen, als Rita merkte, dass er ihre Worte falsch verstanden hatte.

„Alles ist gut! Ich wollte damit nur sagen, dass du so strahlst." Sie lächelte.

„Ach so. Ja. Dazu gibt es allen Grund."

Robin schmiss seinen Rucksack in eine Ecke vom Flur, zog seine Schuhe aus und erzählte ohne Punkt und Komma von den Erlebnissen des gestrigen Abends und der Nacht sowie dem heutigen Tag. Mama Rita machte große Augen und freute sich für ihren Sohn. Sie erinnerte sich nur zu gut daran, wie er im Februar gelitten hatte. Dass dieser Jochen sich jetzt als nett herausgestellt hatte, war gut. Innerlich drückte sie sich allerdings die Daumen, dass es mit diesem jungen Mann länger gut lief als mit den letzten Freunden. Robins Zwischenprüfung stand bald an, da wäre Liebeskummer das Letzte, was er gebrauchen konnte.

Gimme! Gimme! Gimme! (A Man After Midnight)

Gimme, gimme, gimme a man after midnight
Won't somebody help me
Chase the shadows away
Gimme, gimme, gimme a man after midnight
Take me through the darkness
To the break of the day[19]

Die anstehende Rosa-Disco wurde wieder fast minutiös geplant. Beinahe jeden Abend telefonierte Robin mit René, mit Marius und mit Marina. Zwischendurch dachte er daran Jochen anzurufen, hielt sich allerdings zurück, da er das Schicksal nicht herausfordern wollte.

Marius war für den Samstagabend bereits anderweitig verabredet und konnte nicht dabei sein.

Marina freute sich riesig für Robin, konnte mangels Mitfahrgelegenheit jedoch nicht zur Rosa-Disco kommen.

René dagegen hatte gute Neuigkeiten. Er hatte für sie die erste Thekenschicht reservieren können.

Mama Rita hielt für Robin eine besondere Überraschung parat. Denn am Mittwoch nach Feierabend bat sie ihn, mal zu ihr ins Schlafzimmer zu kommen. Fragend sah Robin sie an, als er in der Schlafzimmertür stand, dann fiel sein Blick auf den Gegenstand in ihrer Hand, und er machte große Augen. Das konnte nicht sein! Rita grinste und erfreute sich an Robins Entzückung. Sie breitete den Stoff in ihrer Hand aus und hielt ihm das selbst genähte Kleidungsstück hin.

„Eine Kuhfleckenhose!" Robins Stimme überschlug sich fast.

„Du hast mir eine Kuhfleckenhose genäht!" Robin riss ihr die Hose aus glänzendem Samt im Kuhfellmuster aus der Hand und hielt sie sich vor die Beine. Rita hatte heimlich an einer Hose maßgenommen, von der sie wusste, dass sie ihm besonders gut gefiel und hoffte nun, die neue Hose würde perfekt sitzen.

Robin umarmte sie ungestüm und bedankte sich immer wieder. So schnell konnte sie gar nicht schauen, wie er seine Jeans ausgezogen hatte

---

[19] Quelle: Ulvaeus Bjoern K / Andersson Benny Sigvard

und nun ein Bein nach dem anderen in das schwarz-weiße Kunstwerk hob. Sie hatte der Hose unten ausgestellte Beine verpasst, das gab ihr den letzten Schliff. Der Saum setzte unten zwar am Boden auf, doch sie sollte ja zu Robins Plateauschuhen passen. Da wäre die Länge perfekt. Flink rannte Robin auf Zehenspitzen aus dem Zimmer und kam um einige Zentimeter größer wieder ins Zimmer stolziert.

„Und?" Er warf sich in eine divenhafte Pose und sah sie affektiert an. Rita strahlte.

„Perfekt!"

Damit war das Outfit für die Rosa-Disco klar. Zu der Hose und den weißen Plateauschuhen würde Robin das pinke Top anziehen.

„Ich weiß schon, wie ich meine Haare stylen werde. Oh Mama, das ist der Kracher! Danke!! Du bist die Beste!"

Rita lachte. Der Coup war ihr gelungen, da hatte sie jemanden glücklich gemacht.

Samstag pendelte Robin zwischen seinem Zimmer und den Badezimmern oben und unten, lediglich unterbrochen von den Mahlzeiten. Der Vormittag ging für die Körperpflege drauf, also Pediküre, Maniküre und Augenbrauen zupfen. Der Nachmittag drehte sich um das Outfit, die Schuhe wurden geputzt, die Hose und das Top noch mal gebügelt und die beste Unterwäsche herausgelegt.

Anschließend nahm Robin ein langes Bad, cremte sich von Kopf bis Fuß ein und stylte sich anschließend über eine Stunde lang die Haare. Papa Bernhard war um 20.00 Uhr kurz vor dem Durchdrehen, während von oben immer wieder das nervtötende Geräusch des Föhns ertönte.

„Was macht er da oben?"

Mama Rita versuchte Verständnis zu zeigen, obwohl ihr das Ritual ebenfalls zu weit ging.

„Na ja, bei dem auffälligen Outfit muss er ja seine Haare besonders stylen. Und das scheint irgendwie länger zu dauern ..."

Robin hatte sich das Cover der CD ‚Falling into you' mit an den Badezimmerspiegel gestellt, um seine Haare möglichst exakt wie Celine Dion auf den Fotos im Booklet zu stylen. Nachdem das Album einmal durchgelaufen war, also nach 75 Minuten, war er endlich zufrieden.

Das Make-up kam an die Reihe und er verbrachte weitere 30 Minuten damit, sich quasi ein völlig neues Gesicht zu malen. Im Verlauf der letzten Monate waren zum Puder, Mascara und weißem Kajal tatsächlich noch verschiedenfarbiges flüssiges Make-up, Lippenstifte und sogar Rouge dazu gekommen. Sabine hatte ihm noch den Tipp mit einer Art flüssigem Lidschatten gegeben. Das wollte alles ausprobiert werden.

Als Robin endgültig fertig war und die Treppe herunterkam, stand Papa Bernhard draußen vor der Tür und rauchte, während Mama Rita nervös am Treppenabsatz wartete und nicht erwarten konnte, das Endergebnis der heutigen Bemühungen zu betrachten. Sie nahm zuerst nur den heftigen Effekt zwischen Top und Hose war und freute sich über das gelungene Outfit. Für die Haare zollte sie Robin Respekt. Sie kannte das Cover der CD und fand, er hatte tatsächlich eine deutliche Ähnlichkeit erzeugt. Robin hatte die Treppe in den Plateauschuhen unfallfrei gemeistert und stand vor Rita. Direkt unter der Deckenlampe im Flur. Und sie erschrak. Das Make-up war perfekt aufgetragen, doch sie erkannte ihren eigenen Sohn nicht mehr in dem Gesicht. Robin hatte sich tatsächlich verwandelt und sah ungemein weiblich aus. Ob er das so beabsichtigt hatte? Wollte er lieber eine Frau sein? Sie konnte ihre Gefühle nicht so ad hoc bewerten. Würde sie das gut finden? Oder wäre das zu viel des Guten? Immerhin hatte sie ihm diese Hose genäht, die – zugegebenermaßen – nicht männlich war.

In der Gesamtkomposition war das Ergebnis so heftig, dass ihr die Worte fehlten. Sie versuchte ihr Lächeln, das ihr ein wenig verrutscht war, einzufrieren.

„Ähm, du solltest vielleicht schauen, dass Papa dich nicht so im grellsten Licht sieht ..." Rita zeigte vorsichtig mit dem Finger auf Robins Gesicht. Er begriff sofort.

„Ja, ist heftig geworden, oder?"

Sie musste über seine reflektierte Reaktion schmunzeln.

„Ein wenig ... vielleicht ..." Sie zog eine Augenbraue hoch und überraschte ihn damit.

„Oh, seit wann kannst du das denn?"

„Tja, auch Queen Mums haben ihre Geheimnisse ..." Rita freute sich, dass Robin das gefiel. Er jedoch eilte schnell weiter.

„Ich sollte zusehen, falls unterwegs etwas ist, komme ich zu spät."

Ausgestattet mit einer Jacke und seiner Tasche verließ Robin schnell das Haus, um Papa Bernhard lediglich im Schein der Außenbeleuchtung zu begegnen. Mama Rita ging mit vor die Eingangstür und versuchte Bernhard von Robins Gesicht abzulenken. Dass er ihn in dem Outfit losziehen ließ, war schon tolerant. Das Gesicht konnte zu viel sein, dachte sie.

Robin stieg in Frida ein, starte den Motor und setzte zurück, als Bernhard plötzlich winkend auf die Auffahrt rannte und Robin Zeichen gab, den Motor abzustellen.

Er kurbelte die Scheibe ein Stück herunter.

„Was ist denn? Stimmt was nicht?"

„Das Licht ist rechts kaputt."

„Was?"

„Ja, rechts ist der Scheinwerfer defekt. Da geht nur noch das Standlicht."

Robin meinte, in einem Albtraum gelandet zu sein. Er stieg aus und besah sich die Front von Frida selbst.

Tatsächlich war der rechte Scheinwerfer dunkel. Er wandte sich Bernhard zu und merkte zu spät, dass das ein Fehler war.

„Was nun? Kannst du das reparieren?"

Bernhard sah seinem Sohn ins Gesicht und erkannte ihn kaum. Was hatte der Junge denn gemacht? Er starrte angestrengt im Schein der Außenbeleuchtung in Robins Gesicht. Robin versuchte sich unauffällig von der Beleuchtung wegzudrehen, sodass Bernhard nicht das volle Ausmaß seiner Verschönerungsaktion erfassen konnte.

„Ja, ich kann das reparieren. Sofern wir eine Glühbirne für den Scheinwerfer haben. Was hast du mit deinem Gesicht gemacht?"

„Ach, nur etwas Puder ... prima, machst du das jetzt schnell fertig?"

„So einfach ist das nicht. Wir haben so eine Glühbirne nicht."

Robins Herz sank ihm in die Hose.

„Und nun?"

„Na ja, du kannst zur Tankstelle fahren und hoffen, dass die in ihrem Shop so etwas haben."

Robin überlegte kurz, wie er in seiner Aufmachung in ihre Stammtankstelle marschierte, wo er sonst im Anzug hereinlief und hielt das spontan für keine gute Idee. Im Gegenteil, das war keine Option. Die würden wahrscheinlich mit Fackeln und Mistgabeln hinter ihm herrennen und ihn aus der Stadt jagen.

„Das geht ja wohl nicht. Tolle Idee!"

„Nicht in diesem Ton, hörst du?!" Bernhard versuchte noch immer diese Kriegsbemalung zu verdauen und fühlte sich von seinem Sohn unnötig heftig angegangen. Er konnte ja nichts dafür, dass er sich so angemalt hatte und nun nicht zur Tankstelle fahren konnte. Da er selbst schon zwei Bier mit dem Nachbarn getrunken hatte, konnte er nicht fahren.

„Ach, vergiss es." Robin hatte eine Idee und lief zu Mama Rita.

„Könntest du mir deinen Peugeot leihen?"

Rita biss sich auf die Unterlippe.

„Oh Schatz, es tut mir leid. Der Tank ist fast leer. Da müsstest du ebenfalls erst an die Tankstelle fahren."

Robin fluchte.

„Scheiße. Und jetzt? Ich kann René nun nicht mehr erreichen. Der sitzt schon im Zug nach Oldenburg. Das kann doch nicht wahr sein! Kann ich nicht Papas Audi nehmen?"

Bernhard war in Hörweite und hielt das für keine gute Idee.

„Nein. Das geht mit den Schuhen gar nicht. Wenn du dein Auto besser pflegen würdest, hättest du jetzt nicht das Problem. Den Audi bekommst du nicht! Da fährst du nachher eine Beule rein!"

Mama Rita fand das gemein, da man nicht vorhersehen konnte, wann eine Birne im Scheinwerfer kaputt ging, doch wollte sie ihrem Mann nicht vor Robin widersprechen. Und Bernhard war mit seinem Auto empfindlich, was sie verstehen konnte.

Robin riss die Haustür auf und rannte wütend nach oben. Er stampfte die Holztreppe hinauf. Tränen liefen ihm über das Gesicht und zerstörten das mühsam aufgetragene Augen-Make-up.

Als er sich oben im Bad vor dem Spiegel sah, heulte er erst recht auf. Wie ein eingesperrtes Tier rannte er in seinem Zimmer hin- und her und überlegte fieberhaft, was er tun konnte, um doch noch nach Oldenburg zu kommen. Doch sämtliche Möglichkeiten schienen erschöpft. Er heulte wie ein Schlosshund und bemitleidete sich selbst. Er stellte die Celine-Dion-CD an und drehte die Lautstärke hoch. Die Schuhe schleuderte er von den Füßen, zog sich die Hose und das Top aus und wusch sich mit fahrigen Bewegungen im Badezimmer unter dem Wasserhahn die Haare und das Gesicht.

René würde ihn für unzuverlässig halten und sich verarscht vorkommen, weil Robin in letzter Minute nicht auftauchte. Gedanken an Jochen verbot Robin sich vehement, da er befürchtete, völlig durchzuknallen.

Er zog sich seine bequemsten Schlabberklamotten an und setzte sich heulend vor seine Musikanlage, da hörte er Mama Rita rufen. Bevor er reagieren konnte, öffnete sie seine Zimmertür und sah ihn kopfschüttelnd an.

„Warum reagierst du nicht auf mein Rufen? Und wie siehst du denn aus? Hast du dir jetzt echt innerhalb von drei Minuten die Haare gewaschen, das Gesicht abgeschminkt und dich umgezogen? Das war doch stundenlange Arbeit!"

„Na und? Ist doch meine Sache!"

Robin war bockig und stinkig. Er wusste, dass Mama Rita nichts dafürkonnte, er war allerdings so wütend, dass er nicht wusste, wohin mit seinem Zorn.

„Okay, komm fix wieder runter. Ich bin hier um dir zu sagen, dass ich dich mit dem Audi fahren würde. Unter der Bedingung, dass ich auf der Rosa-Disco bleiben darf."

Robin sah sie fassungslos an.

„WAS?! Wirklich?!!! Ist das dein Ernst? Natürlich!"

Er sprang auf und umarmte Rita aufgeregt. Dann fiel ihm ein, dass er nicht zurechtgemacht war.

„Aaaaaaah, wie sehe ich nur aus?!"

Jetzt fand Rita es fast schon zum Schreien komisch, wie er völlig von der Rolle in seinem Zimmer herumrannte und nicht wusste, was er zuerst machen sollte.

„Oh Gott, wir müssen in fünf Minuten los, sonst kommen wir hoffnungslos zu spät!"

„Na ja, der Audi fährt schneller als Frida. Da mach dir mal keine Gedanken. Ich zieh mir mal schnell ein Queen-Mum-Outfit an."

Robin rannte kopflos ins Bad und föhnte sich zum mindestens fünften Mal an diesem Tag die Haare, knetete Schaumfestiger hinein und wuschelte wie verrückt daran herum.

Das pinke Top hatte er sich beim Ausziehen mit Mascara versaut, daher konnte er seiner Meinung nach auch die Kuhfleckenhose nicht einweihen. Und da die Haare überhaupt nicht saßen, schied ein auffälliges Outfit aus. Also zog er sich ein schwarzes, enganliegendes T-Shirt mit kurzer

Knopfleiste vorne an, schlüpfte in seine dunkle Lieblingsjeans und sprang in seine schwarzen Stiefeletten. Statt aufwendigem Make-up puderte er sich das Gesicht, nahm nur etwas braunen Mascara und besprühte sich mit seinem neusten Eau de Toilette ‚Le Male' von Jean-Paul Gaultier.

Nach sieben Minuten stand er unten und wartete, dass Mama Rita aus dem Schlafzimmer kam. Dieses Mal hatte sie sich enorm in Schale geworfen und trug zu ihrem schwarzen Spitzentop eine Jeans mit hochhackigen Schuhen und einen auf Taille geschnittenen Blazer.

Robin fand, dass sie noch nie besser ausgesehen hatte. Sie hatte sich sogar noch schnell geschminkt. Er war superstolz auf seine coole Mama.

Rita wusste, wie fragil die Stimmungslage war und trieb ihn deshalb zur Eile an.

„Los, sonst kommen wir auch mit dem Audi zu spät. Tschüss, Bernhard. Bis später!"

Bernhard war von seiner Frau beeindruckt und freute sich, dass er jetzt einen Actionfilm schauen konnte, den Rita sonst nicht gern sah. Dazu konnte er die Musikanlage ein wenig lauter laufen lassen als nötig. So kamen die Soundeffekte schön raus.

„Tschüss, Papa!"

„Tschüss, ihr beiden. Schön vorsichtig fahren! Und viel Spaß!"

Sie brausten davon, und Rita gab auf der Autobahn ordentlich Gas. Mit 220 Kilometern pro Stunde flogen sie fast durch die Nacht in Richtung Oldenburg. Robin lotste sie in der Stadt durch den Verkehr und um 22.05 Uhr standen sie vor dem ‚Alhambra'. Das hatten sie kaum noch gehofft, und Robin drückte Mama Rita herzlich.

„Danke, Mama. Ich weiß nicht, wie ich das wieder gutmachen soll!"

„Och, da fällt mir mal was ein. Keine Sorge." Rita grinste.

„So, jetzt los, bevor du zu spät kommst!"

Robin lief vor, ließ sich einen Stempel verpassen und rannte durch das noch fast leere ‚Alhambra'.

Rita bezahlte ihren Eintritt und folgte Robin ins Café. Dort sah sie, wie sich René und Robin zur Begrüßung umarmten. Robin erzählte aufgeregt, welche Dramen sich in Jever zugetragen hatten und deutete in ihre Richtung. René machte große Augen.

„Hallo, Rita! Das ist ja eine Überraschung. Total cool, dass du das gemacht hast!“ Er drückte sie zur Begrüßung, und sie fühlte sich sehr zugehörig.

„Robin, du siehst heute gut aus. Du hast die Haare anders als sonst, oder?“

Rita musste über Renés Bemerkung schmunzeln. Sie saß heute am Tresen und verfolgte aufmerksam, wie geschickt die beiden Jungs alle notwendigen Arbeitsschritte erledigten und dabei Späße machten, Musik anstellten und schon erste Flirts mit besonders frühen Gästen anfingen. Robin fand die Bemerkung zwar schmeichelhaft, wäre jedoch lieber in der Kuhfellhose aufgetreten.

„Robins Mama, na, das ist ja eine Überraschung!“

Rita drehte sich in Richtung der ihr bekannten Stimme und blickte in das freundliche Gesicht von Hendrik.

„Ach, hallo Hendrik. Schön, dich mal wieder zu sehen. Wie geht es dir?“

„Gut. Wirklich gut. Was treibt Sie denn her?“

„Robins Auto wollte heute nicht so recht, da habe ich mich in letzter Minute als Fahrdienst angeboten.“

„Das ist supernett von Ihnen. Meine Mutter hätte das wohl nicht für mich getan.“

Robin war zunächst mit einer Kaffeebestellung für einen anderen Gast beschäftigt gewesen, steuerte danach allerdings auf das Ende des Tresens zu, wo Hendrik neben Rita stand. Rita nahm wahr, dass Hendriks Augen blitzten, als er Robin sah. Robin sah etwas skeptischer aus, benahm sich jedoch freundlich und drückte Hendrik sogar zur Begrüßung.

„Hallo, Hendrik.“

„Hallo, Robin, wow, du siehst super aus!“

Rita verkniff sich krampfhaft ein Lachen, doch Robin sah sie streng an.

„Danke, Hendrik. Heute hatte ich ursprünglich ein anderes Outfit geplant, doch so ist es ebenfalls nett.“

Sie plauderten kurz, als Rita sah, wie ein gutaussehender Mann in weißem Shirt und mittelblauer Jeansjacke um den Tresen herumlief und schnurstracks auf Robin zuging. Hendrik und sie machten große Augen, als dieser Mann Robin mit einem kurzen Kuss auf den Mund begrüßte. Hendrik verabschiedete sich und verschwand aus dem Café. Rita sah ihm nach und schaute anschließend zu Robin und dem ihr fremden Mann. Sie lächelte freundlich und schaute von Robin zu dem Mann und wieder zurück. Robin schob ihn etwas nach vorne.

„Jochen, das ist meine Mama. Mama, das ist Jochen."

Er reichte ihr die Hand, und sie war von seinem festen Händedruck angetan. Noch mehr gefiel ihr allerdings sein Lächeln, und sie verstand, warum dieser Kerl ihren Sohn so verrückt machte.

„Freut mich, Sie kennenzulernen."

Manieren hat er, dachte Rita, und lächelte zurück.

„Ja, mich ebenfalls. Wenn das auch nicht geplant war."

Jochen sah sie fragend an, doch Rita ließ Robin die Geschichte erzählen. Jochen staunte.

„Du siehst heute spitze aus. Du solltest häufiger Probleme mit dem Auto haben."

Was als Spaß gemeint war, ärgerte Robin, doch konnte er Jochen nicht böse sein. Rita wollte ihnen etwas Privatsphäre lassen und signalisierte, dass sie nach vorne an die Tanzfläche ging.

Jochen nutzte die Zeit, um sich noch den einen oder anderen intensiveren Kuss von Robin zu holen, ohne ihn bei der Arbeit zu stören. Robin war glücklich, dass Jochen bei ihm blieb und sie sich immer wieder küssen konnten.

Wie gewöhnlich wechselten René und Robin um Mitternacht zur Tanzfläche, um dort ihre überschüssige Energie loszuwerden. Jochen folgte und sah ihnen vom Rand aus zu. Robin entdeckte Mama Rita ausgerechnet in der Lesbenecke am Rand der Tanzfläche, wo sie von einer Frau in ihrem Alter offensichtlich angegraben wurde. Mit ihrem flotten Kurzhaarschnitt und dem Make-up sah Rita aus wie der Traum jeder Lippenstiftlesbe. Als Robin sich zu ihnen gesellte, zog sie ihn erleichtert heran und lächelte die Lesbe an.

„Das ist mein Sohn. Ich sagte ja, dass ich mit ihm hier bin!"

Das Lächeln der Frau gefror, und sie nickte ihnen im Weggehen zu. Rita prustete los, als sie außer Hörweite war.

„Mama, was war das denn?"

„Na ja, sie fand mich wohl nett."

„Ja, weil du in der Lesbenecke stehst. Es wäre schön, du könntest dich da vorne aufhalten. Oder du tanzt mit uns."

„Ach, macht ihr mal. Vielleicht später. Jochen sieht übrigens besonders nett aus.“

Robin grinste.

„Danke. Geil, was?“ Er küsste Rita auf die Wange und lief zu René.

Sie tanzten eine Weile, als der DJ plötzlich einen Song spielte, den Robin sonst nur aus der Plattensammlung seiner Eltern kannte. Da stand Rita parat und war völlig aus dem Häuschen.

„Das sind ABBA!“

Und so zogen sie zu dritt eine Show zu „Gimme! Gimme! Gimme! (A Man After Midnight)“ ab.

Robin brauchte danach eine Pause und suchte Jochen. Er fand ihn im Gespräch mit einem Typen, den Robin nicht weiter kannte, wohl aber der Oldenburger Clique von Jochen zuordnen konnte. Jochen stellte ihn kurz vor, nahm Robin an die Hand und zog ihn mit sich nach draußen. Dort umarmte er ihn fest und küsste ihn leidenschaftlich, was Robin den Boden unter den Füßen wegzog und die Schmetterlinge aufscheuchte.

Als Jochen ihn nach einer Weile etwas atmen ließ, war Robin fast High von so viel Jochen. Er zündete sich eine Zigarette an und nahm ein paar Züge. Dann war er wieder so gefestigt, dass er klar denken konnte.

„Hast du nächstes Wochenende schon was vor?“

„Ja, ich muss arbeiten.“

„Schade.“ Robin schmollte.

„Du könntest trotzdem kommen. Wenn du magst …“ Jochen zuckte mit den Schultern.

„Ja?“

„Klar.“ Jochen küsste Robin auf den Mund.

„Ich habe Samstag um 21.00 Uhr Feierabend. Danach könnten wir ins ‚Zwitscherstübchen' gehen und vielleicht noch in den ‚Schwarzen Bären'.“

Robin gefiel die Idee gut.

„Okay, abgemacht. Ich muss allerdings Sonntagmittag in Wilhelmshaven sein. Also fahre ich nachts wieder heim.“

Jochen wirkte etwas enttäuscht.

„Ach so, okay.“

Robin küsste ihn fordernd, um seine Enttäuschung schnell abzumildern.

„Ich mach es wieder gut!“

Jochen lächelte sein sexy Lächeln und packte Robin an den Hintern. „Dann ist ja gut."

Robin spürte das wohlvertraute Gefühl des Feuers in ihm, doch er hatte Spaß daran, es ein wenig zu kontrollieren. Je länger sie keinen Sex hatten, desto besser konnten sie sich kennenlernen. Davon war er fest überzeugt. Sogar als Thekenschlampe.

It's all coming back to me now

There were moments of gold
And there were flashes of light
There were things I'd never do again
But then they'd always seemed right
There were nights of endless pleasure
It was more than any laws allow[20]

Im Oktober sahen sich Robin und Jochen jedes Wochenende. Zunächst am ersten Samstag, dem 5. Oktober, als Robin Jochen zum Feierabend im ‚Malör' besuchte und sie von dort aus ins ‚Zwitscherstübchen' fuhren. Sie quatschten und knutschten in einer Ecke der Kneipe, bis es Zeit war, in den ‚Schwarzen Bären' zu wechseln, wo Robin Jochen sogar einmal zum Tanzen bewegen konnte, doch die meiste Zeit saßen sie in einer Ecke und küssten und unterhielten sich.

Um es wieder gut zu machen, dass Robin nachts noch wieder nach Jever fahren musste, verabredeten sie sich für den Sonntag am nächsten Wochenende. Jochen wollte für sie kochen und Robin war begeistert von seinem Gulasch. Nebenher lief Musik von Celine Dion, denn Robin hatte mehrere Kassetten mit ihren Songs bespielt. Mit den Chinchillas konnte Robin sich gut anfreunden, für Jochen waren sie wichtig. Robin behielt für sich, dass sie in seinen Augen größere Hamster waren, und machte gute Miene dazu, noch häufiger machte er das Fenster auf, denn die Viecher stanken trotz Jochens guter Pflege.

---

[20] Quelle: Steinman Jim

Nach dem hervorragenden Essen kuschelten sie auf Jochens Bett, und Robin war glücklich, dass sie mal nur so daliegen konnten. Jochen drängte ihn zu nichts, streichelte und küsste wie ein Weltmeister. Robin war neugierig, was Jochen letztlich zu bieten hatte, denn das was er in ihrer Kuschelnacht in Bremen gespürt hatte, ließ einiges erahnen. Auf der anderen Seite hatte er Angst, dass nach dem ersten Mal alles vorbei wäre. Robin hatte sich längst eingestanden, dass er unglaublich in Jochen verliebt war. Das war nicht nur verknallt sein, das ging tiefer, und Robin träumte heimlich davon, nach der Ausbildung in Oldenburg zu arbeiten und mit Jochen zusammenzuziehen.

Als es Zeit für den Heimweg war, lief Robin winkend die Treppe im Hausflur herunter und stieg auf dem Parkplatz ins Auto ein.

Er drehte den Zündschlüssel, doch nichts tat sich. Okay, sagte sich Robin, habe ich nicht richtig gedreht. Er kontrollierte, dass er den Choke gezogen hatte, und probierte es noch mal. Doch es passierte nicht das Geringste. Da kroch ihm Panik über den Rücken. Die Uhr zeigte 18.30 Uhr. Seine Eltern würden ihn umbringen, wenn er jetzt anriefe und ihnen mitteilte, er könne nicht nach Hause kommen! Robin versuchte es noch ein drittes Mal, doch das Ergebnis blieb gleich. Es passierte nichts.

Aufgeregt packte er seine Tasche, schloss Frida ab, rannte wieder zum Haus zurück und klingelte bei Jochen. Die Treppe rannte Robin hinauf und blieb atemlos vor Jochen stehen.

„Das Auto sagt keinen Mucks. Es springt nicht an."

Jochen verzog das Gesicht.

„Oje. Bist du sicher? Hast du es mehrmals versucht?"

„Ja, Jochen. Ich bin ja nicht blöd."

Jochen grinste über Robins forschen Ton.

„Schon gut, Kleiner. Ich wollte nur sichergehen. Und nun?"

„Keine Ahnung. Darf ich mal eben bei meinen Eltern anrufen?"

Papa Bernhard war sofort in Alarmbereitschaft als er Robin am Telefon hatte.

„Was ist passiert?"

„Das Auto springt nicht an."

„Wie, es springt nicht an? Ist die Batterie leer?"

„Ich habe keine Ahnung. Woran merke ich das?"

Bernhard schüttelte den Kopf. Der Junge musste sich dringend mehr mit dem Auto beschäftigen.

„Was ist passiert, als du den Schlüssel umgedreht hast?"

„Nichts."

„Gar nichts?"

„Absolut nichts."

„Es wird die Batterie sein. Hast du das Licht angelassen?"

„Ich habe das Licht bestimmt ..." Robin wurde immer leiser. Hatte er das Licht angelassen? Hatte er denn das Licht angemacht, als er den Motor starten wollte? Er war sich nicht mehr sicher.

Für Papa Bernhard war der Fall klar.

„Okay, wo wohnt dieser Jochen? Wir kommen und überbrücken die Batterie."

Robin nannte seinem Vater die Adresse und beschrieb, wie er am einfachsten zu ihm kam.

Jochen machte große Augen und sah Robin flehend an. Auf Elternbesuch hatte Jochen keine Lust.

Robin beendete das Telefonat und sah Jochen unglücklich an.

„Es tut mir leid. Sie fahren jetzt los und mein Vater gibt mir Starthilfe."

Jochen seufzte.

„Hilft ja nichts."

„Nein, wir können das Beste daraus machen und die Zeit noch ein wenig nutzen."

Robin lächelte Jochen vorsichtig an und zog sich Jacke und Schuhe aus. Eine Dreiviertelstunde später klingelte es. Die beiden zogen sich schnell Schuhe und Jacken an und liefen die Treppe hinunter.

Robin stellte Jochen seinem Vater vor, und dann ging alles schnell. Mama Rita blieb mit Jochen etwas im Hintergrund, während Bernhard und Robin die Kabel am Audi und an Frida anschlossen. Sie luden die Batterie von Frida ein Stück weit auf, bis Robin den Wagen starten konnte. Da er den Motor nicht mehr abstellen durfte, beugte Jochen sich in den Wagen und gab Robin einen kurzen Kuss.

„Fahr vorsichtig. Bis nächste Woche!"

„Ja, bis nächste Woche."

Robin brauste dem Auto seiner Eltern hinterher und machte sich auf das Donnerwetter zu Hause gefasst.

Doch der erwartete Ärger blieb aus. Mama Rita hatte auf der Rückfahrt mehrfach betont, wie nett Jochen gewesen sei und hatte Papa Bernhard damit versöhnlich gestimmt.

So stand einem Treffen am nächsten Wochenende nichts im Wege, und Robin verabredete sich gleich am Montagabend telefonisch mit Jochen für den Samstag.

„Wir könnten den Abend vielleicht mal ins ‚Malör' gehen."

Robin verstand zwar nicht, warum Jochen, wenn er schon frei hatte, ausgerechnet in den Laden gehen wollte, in dem er arbeitete, aber im Grunde war es ihm egal, was sie machten, solange sie etwas zusammen unternahmen.

„Klar. Wenn du meinst."

„Oder was schlägst du vor?"

„Ich wäre vermutlich ins ‚Zwitscherstübchen' gegangen und anschließend in den ‚Schwarzen Bären'. Aber wir können natürlich auch mal heterosexuell weggehen."

„Wir können was?"

„Na ja, in einen Heten-Laden gehen."

Jochen lachte.

„Das habe ich so noch nie gehört! Als wenn das Bier da anders schmecken würde ... Wenn du möchtest, können wir anschließend noch in den ‚Schwarzen Bären' gehen, damit du noch tanzen kannst."

Robin bemerkte, dass Jochen nicht so entspannt wirkte wie sonst und lenkte schnell ein.

„Ach was, ich muss nicht jedes Wochenende tanzen. Und wir müssen nicht bis spät in die Nacht unterwegs sein."

„Okay, wann kannst du bei mir sein?"

„Ist 17.00 Uhr okay?"

„Das klingt doch gut. Wir sehen uns Samstag."

„Ja, bis dahin, mach es gut."

„Du auch."

Nachdem sie aufgelegt hatten, saß Robin mit gerunzelter Stirn da und überlegte, was mit Jochen war. Er überlegte, ob es an ihm lag. Jochen war nicht unbedingt ein Szenegänger, also nahm Robin sich vor, am Samstag ein möglichst zurückhaltendes Outfit auszuwählen. Und er konnte mal ohne Puder und Mascara auftauchen. Das schien ihm ein guter Plan zu sein.

***

Die restliche Woche bereitete sich Robin auf die Zwischenprüfung am Montag, dem 21. Oktober, vor. Auf der Arbeit telefonierte er einige Male mit Karin, die in der Filiale in Barßel saß und sich ebenso gewissenhaft mit dem Lernstoff auseinandersetzte.

Frau Winter höchstpersönlich hatte ihm angeboten, einen Nachmittag frei zunehmen, doch Robin lehnte ihr Angebot freundlich ab. Er sei seines Erachtens gut vorbereitet und wolle sich tagsüber lieber in der Praxis austoben. Das beeindruckte sie und verschaffte ihm weiterhin gute Karten.

Zu Hause lernte Robin jeden Abend fleißig, sodass ihm aus der Übernachtung bei Jochen kein Strick gedreht werden konnte. Er hatte keine Lust auf kurzfristiges Wehklagen und Gemurre, warum er vor so einer Prüfung nicht schön zu Hause blieb, um zu lernen.

Am Samstagmittag fühlte Robin sich gut auf die Prüfung vorbereitet und hatte diverse Sammlungen mit Übungsaufgaben in dem besonderen Multiple-Choice-Format durchgearbeitet. Zur Belohnung gönnte er sich nach dem Mittagessen ein ausgiebiges Schaumbad mit musikalischer Begleitung aus dem Kassettenrekorder, der im Badezimmer unten platziert war. Bei dem Gedanken an das, was Jochen und er für dieses Treffen ausgemacht hatten, wurde Robin aufgeregt und hing im warmen Wasser unter viel Schaum seinen Tagträumen hinterher. Sein Outfit für den Abend hatte Robin schnell ausgewählt. Es wurde der Marina-Look - allerdings mit seinen schwarzen Stiefeletten statt auffälliger Schuhe.

Da er auf Make-up und aufwendiges Hairstyling verzichtete, war er schnell fertig und wunderte sich, dass er sich dennoch gut fühlte. Scheinbar brauchte es gar nicht so viel Aufwand, ging ihm durch den Kopf, als er sich im Spiegel betrachtete. Ob er nun heterosexuell wirkte, konnte Robin nicht sagen, wollte da seine Hand allerdings nicht ins Feuer legen. Einerseits mochte er, dass Jochen so ein Macker war. Andererseits wurmte es Robin, dass ihm das nicht so gelang.

Letztlich zuckte er mit den Schultern und sagte sich, dass Jochen schon wusste, was er an ihm hatte. Mama Rita fand Robins natürlicheren Look super und sagte ihm das zum Abschied.

„Du siehst prima aus. So natürlich. Ohne Make-up ist es doch auch mal schön, oder?“

„Ja, Mama. Super.“ Robin verdrehte die Augen. „Ich lasse das alles nur weg, weil wir in Oldenburg in einen Heten-Laden gehen. Sonst würde ich mich ordentlich aufbrezeln. Also habe ich die Natürlichkeit nicht neu für mich entdeckt, sondern ich mache nur eine Pause!“

Rita erkannte, dass es Zeit für den Rückzug war.

„Na ja, ich wünsche euch trotzdem viel Spaß. Grüß Jochen schön.“

Robin bereute sein Rumgezicke augenblicklich und gab sich versöhnlich.

„Das mache ich. Danke schön. Euch einen schönen Abend. Morgen bin ich spätestens um 18.00 Uhr wieder zu Hause.“

Er küsste Mama Rita auf die Wange, schulterte seine Tasche und marschierte zu Frida. Ein Blick auf die Uhr im Auto zeigte, dass Robin pünktlich in Oldenburg sein müsste.

Um 16.59 Uhr fuhr Robin auf den Parkplatz von Jochens Wohnhaus und lief im Eiltempo zur Eingangstür. Nach dem Klingeln wurde der Türöffner betätigt. Robin grinste. Also hatte Jochen wohl am Fenster gestanden und ihn ankommen sehen. Robin war Pünktlichkeit heilig, und er hoffte, dass Jochen diesen Wesenszug deutlich an ihm wahrnahm. Jochen war sieben Jahre älter als Robin, da war ihm wichtig, was der Mann von ihm dachte. Zumal er sich eingestehen musste, sich mit jedem Treffen mehr und mehr in ihn zu verlieben. Es gab nichts an ihm, was Robin störte. Von den stinkenden Chinchillas mal abgesehen, doch sogar sie gehörten zu dem Gesamtbild, das Robin von Jochen hatte. Und das war in seinen Augen perfekt.

Oben an der Wohnungstür wartete Jochen und zog Robin hinter sich ins Wohnzimmer.

Dort küsste er ihn zärtlich und presste ihn an sich.

„Da bist du ja endlich.“

Robin lief ein Schauer über den Rücken. Hatte Jochen sich so nach ihm verzehrt?

„Ja, da bin ich endlich.“

Mehrere leidenschaftliche Küsse folgten, und Robin überlegte, ob ihr erstes Mal noch vor dem Besuch im ‚Malör‘ stattfinden würde. Gedanklich hatte Robin sich auf die Nacht eingestellt, doch möglicherweise hatte

Jochen anders geplant.

Doch Jochen ließ von Robin ab und zog sich Schuhe an. Dazu hatte er sich auf das Bett gesetzt. Von dort aus sah er Robin an und grinste.

„Schick siehst du aus. Fehlt nur noch die Schürze, dann kannst du im ‚Malör' arbeiten."

Das war ein Tiefschlag, dachte Robin, und seine Laune sank.

„Vielen Dank. Ich kann gern das pinkfarbene Top rausholen, und ich gehe so mit dir hin."

„Nun sei nicht so zickig. Das war ein Spaß. Ich wollte eigentlich nur damit sagen, dass ich dich noch nicht so seriös gesehen habe, also in Hemd, dunkler Hose und Business-Schuhen!"

Toll, dachte Robin, jetzt hält er mich für zickig, und ärgerte sich über seine vorschnelle Reaktion.

„Ach so, sorry. Danke."

„Na komm, gehen wir."

Robin trottete hinter Jochen her und fragte sich, warum es ihm seit dem Telefonat am Montag so ging, dass er jedes Wort von Jochen auf die Goldwaage legte. Erwartete er vielleicht zu viel? Im Grunde hatte Jochen positiv auf sein Outfit reagiert, er hatte es nur unglücklich formuliert.

Mit Frida fuhren sie in die Innenstadt und Robin war stolz, dass er ohne Probleme ins Parkhaus gefahren war und sein Auto in einem recht schmalen Parkplatz ohne Schrammen oder Beulen abgestellt hatte. Sie liefen noch ein kurzes Stück zum ‚Malör' und setzten sich dort an einen Tisch am Fenster. Jochen wurde von der weiblichen Bedienung überschwänglich begrüßt, und sie scherzten herum, bevor sie fragte, was sie trinken wollten.

Jochen sah Robin fragend an.

„Was möchtest du denn trinken?"

Robin war durch den sehr vertraulichen Umgang zwischen Jochen und seiner Kollegin irritiert und war irgendwie eifersüchtig auf die deutlich zur Schau gestellte Zweisamkeit. Jochen hatte ihre Beziehung zueinander nicht mit einem Wort erwähnt, dadurch fühlte Robin sich noch weiter zurückgesetzt. Seine Antwort fiel entsprechend knapp aus.

„Cola light. Danke."

Jochen schien Robins kühler Ton nicht mal aufzufallen und orderte für sich ein Bier.

„Hier habt ihr die Speisekarten. Ich schau gleich noch mal vorbei und nehme eure Bestellung auf, wenn ich die Getränke bringe."

Die Kellnerin mit der blonden Meg-Ryan-Gedenkfrisur zog von dannen und gab die Getränkebestellung weiter. Jochen sah ihr kurz nach und beugte sich zu Robin vor.

„Was ist los?"

Robin war überrascht. Hatte Jochen doch etwas gemerkt?

„Was soll sein?"

„Lass das Rumgezicke. Was ist los?" Jochens Ton war ruhig, absolut selbstbeherrscht und nötigte Robin den größten Respekt ab. Doch sein Ärger war noch nicht verraucht, also legte er los.

„Na ja, diese Frau scheint ja deine allerbeste Freundin zu sein, so wie ihr euch geherzt und gedrückt habt. Und du stellst mich nicht mal vor. Vielen Dank."

Jochen setzte sich lachend auf. Robin zog die Augenbrauen hoch und spürte, wie sein Ärger wuchs, da Jochen ihn scheinbar nicht ernst nahm. Doch Jochen machte eine beschwichtigende Geste mit seinen Händen.

„Such dir bitte etwas zu Essen aus. Ich erkläre es dir, nachdem wir unsere Bestellung losgeworden sind."

Robin funkelte ihn über die Speisekarte hinweg an. Wie sollte er mit so einer Wut im Bauch noch ans Essen denken?! Er überflog die Karte und blieb an einem Salat mit Putenbruststreifen hängen.

Der Meg-Ryan-Verschnitt kam mit den Getränken und stellte Jochen das Bier mit viel Getue hin, während sie das Glas Cola wortlos vor Robin hinstellte.

„Was möchtet ihr denn Essen?" Sie sah stumpf nur Jochen an. Der sah so lange stur Robin an, bis auch die Bedienung ihren Blick umwandte. Tonlos bestellte Robin.

„Ich hätte gern den Salat mit den Putenbruststreifen. Das Dressing bitte extra. Danke."

Nun wandte sie sich wieder Jochen zu und lächelte breit.

„Ich nehme das Schnitzel mit Pommes frites und Mayo dazu. Danke."

„Sehr gern. Zum Wohl euch beiden."

Damit rauschte die Kellnerin davon. Jochen beugte sich wieder etwas vor.

„So. Und jetzt für dich zur Info. Die Trulla kann ich auf den Tod nicht ausstehen. Sie ist ein Lästermaul und tratscht über alles und jeden. Da ich nicht möchte, dass sie über mich … uns! … redet, war ich vorhin besonders nett zu ihr und habe dich nicht vorgestellt. Was hätte ich sagen sollen? Das ist ein Kumpel von mir?! Da wärst du auch ausgeflippt."

Robin hätte sich gern zum zweiten Mal an diesem Tag ein Loch zum darin versinken gesucht. Er kam sich so blöd vor, dass er am liebsten rausgerannt wäre. Tränen begannen ihm in die Augen zu steigen, da er sich vor Jochen schämte. Warum dachte er schlecht von Jochen? Doch tapfer blinzelte er die Tränen weg und zündete sich eine Zigarette an. Jochen sah ihn prüfend an.

„Wieder gut?" Jochen lächelte versöhnlich.

Robin nickte und nahm einen weiteren Zug.

„Ja. Natürlich."

Im Verlaufe des Essens besserte sich die Stimmung zwischen ihnen deutlich, und Jochen gab ein paar lustige Geschichten aus dem Alltag im ‚Malör' zum Besten. Meg Ryan, wie Robin die Kellnerin insgeheim nannte, kam noch mehrfach an ihren Tisch und fragte, ob alles gut sei oder ob sie noch etwas trinken wollten, und dabei sah sie sogar Robin freundlich an. Robin blieb bei Cola light, und Jochen nahm noch ein Bier, so war klar, dass sie noch bleiben würden.

Jochen wurde immer wieder von vorbeieilenden Kolleginnen und Kollegen gegrüßt und lächelte und nickte freundlich zurück.

Gegen 22.00 Uhr schlug Jochen vor, zu ihm zu fahren und den Abend gemütlich ausklingen zu lassen. Das klang in Robins Ohren verlockend und er stimmte zu. Das anschließende Gerangel um die Rechnung gewann Jochen und sah Robin streng an.

„Der Abend hier war meine Idee. Also lade ich dich ein."

„Ja, aber ich bin ein großer Junge und kann mein Essen auch selbst bezahlen."

Jochen grinste ihn an.

„Ob du ein großer Junge bist, werden wir ja nachher sehen."

Robin schoss das Blut in die Wangen. Und da er nicht mal Puder aufgelegt hatte, konnte man das gut sehen!

In Jochens Wohnung angekommen, zogen sie sich bequeme Klamotten an. Robin entschied sich für sein mitgebrachtes Schlaf-Ensemble aus einem weiten T-Shirt und einer kurzen Schlafanzughose. Jochen zog sich ein T-

Shirt über und ließ seine enge Boxershorts an. So lümmelten sie sich auf das Sofa und hörten Musik. Robin lag auf Jochens harttrainierter Brust und hörte seinen Herzschlag. Erneut ging ihm durch den Kopf, dass so ein trainierter Körper gar nicht so bequem beim Kuscheln war. Doch Jochen machte das durch seine zärtlichen und leidenschaftlichen Küsse wett. Ihre nackten Füße wärmten sie aneinander, und Robin kam diese Form der Berührung ungewohnt und intim vor. Mit den Füßen seiner vorherigen Liebhaber hatte er nicht viel zu tun, da waren Berührungen eher zufällig passiert. Überhaupt schien Jochen völlig anders als all seine Vorgänger zu sein, wesentlich relaxter und definitiv nicht auf schnelle körperliche Befriedigung aus.

Eine Kuschelrock-CD nach der anderen lief durch, und sie dösten und schmusten ineinander verschlungen. Jochen hatte sogar zwei Teelichter angezündet. Die waren nun ausgebrannt, und er schlug vor, hinüber ins Bett zu wechseln. Robin sah ihn erwartungsvoll an.

„Möchtest du noch …" Er traute sich nicht, es auszusprechen. Jochen schüttelte jedoch den Kopf.

„Wenn es okay ist, lass uns schlafen. Morgen ist auch noch ein Tag."

Nur kurz durchzuckte Robin ein Gefühl von Enttäuschung, allerdings war es nach 2.00 Uhr in der Nacht und er verstand, dass Jochen lieber schlafen wollte.

Jochen legte sich ins Bett und rutschte an die Wand. Robin legte sich rechts von ihm an die Bettkante und drehte sich auf seine rechte Seite. Da zog Jochen ihn fest an sich heran und Robin spürte den vertrauten Umriss von Jochens Latte an seinem Po. Wollte er jetzt doch? Testweise rieb Robin seinen Hintern an Jochen, doch der raunte ihm ins Ohr.

„Lass uns schlafen. Morgen bist du fällig …"

Er sagte das mit so einer Bestimmtheit, dass Robin das Herz sank. Er hatte spontan Bilder vor Augen, wie Jochen ihn brutal zu seinem eigenen Vergnügen benutzte. Doch auf eine verwirrende Art und Weise kam Robin das erstrebenswert vor. Gänsehaut überzog seine Arme und Beine.

„Gute Nacht, Jochen."

„Gute Nacht, Kleiner."

Im hellen Licht der Mittagssonne erwachte Robin aus einem komaähnlichen Schlaf. Jochen hatte ihn noch immer fest im Arm und strahlte eine beruhigende Wärme aus. Vorsichtig wand sich Robin aus der Umarmung, um Jochen nicht zu wecken. Er musste dringend ins Bad verschwinden. Auf dem Weg dorthin sah er, dass sie neun Stunden geschlafen hatten. Ebenso vorsichtig, wie er aus dem Bett geklettert war, kroch Robin wieder hinein. Jochen wurde wach und blinzelte ihn verschlafen an.

„Guten Morgen, Kleiner."

Jochen zog Robin an sich und küsste ihn forsch auf den Mund.

„Oh, du hast dir die Zähne geputzt. Das gilt nicht!"

Robin lächelte ihn verlegen an. Jochen kletterte über Robin hinweg aus dem Bett und verschwand im Bad. Robin hörte das Wasser in der Leitung rauschen und merkte, wie sich ein nervöses Kribbeln in seinem Bauch ausbreitete.

Jochen kehrte zurück, und Robin sah erwartungsvoll zu ihm hoch. Den Gegenstand in Jochens rechter Hand identifizierte er sofort. Das war eine Tube Gleitgel, und in der linken Hand hielt er ein Kondom.

Robin zog die Bettdecke bis an sein Kinn und versteckte sich darunter. Jochen versuchte ihm die Decke zu entreißen und sie tollten so lange herum, bis Jochen sich außer Atem mit seinem vollen Gewicht auf Robin sinken ließ und ihn auf dem Bauch liegend fest in die Matratze drückte.

„Ich habe dir doch gesagt, dass du heute fällig bist."

Diese Äußerung jagte wohlige Schauer über Robins Rücken, der dabei Jochens Härte zwischen seinen Pobacken spürte. Bereitwillig ließ er sich seine kurze Hose ausziehen und auf seine rechte Seite drehen. Jochen hatte sich hinter ihm in eine passende Position gebracht, und das Knistern von Folie signalisierte Robin, dass er sich entsprechend präparierte.

Mit angehaltenem Atem lag Robin da und wartete darauf, dass Jochen ihm nun so nah wie irgend möglich kam. Zuerst spürte er Jochens Brust und Bauch an seinem Rücken sowie seine Beine und Füße an den seinen. Jochen schmierte etwas kühles Gel an seine empfindlichste Stelle und massierte den kleinen Ringmuskel mit einer Fingerkuppe. Als er so entspannt war, dass die Kuppe wie von selbst hineinglitt, setzte Jochen seine harte, pralle Männlichkeit an und drückte sich mit einem Rutsch in Robin hinein.

Von dieser tiefen, fließenden Bewegung überrascht, wollte dieser nach vorne ausweichen, doch Jochen hielt ihn mit seinen kräftigen Armen fest und ließ ihn nicht einen Zentimeter entkommen. Robin stöhnte auf und war von den Gefühlen, die ihn in diesem Augenblick durchströmten, überwältigt. Absolut still lagen sie da, und Jochen ließ Robin sich erst mal an das völlige Ausgefülltsein gewöhnen. Denn nach kurzer Zeit war es Robin, der sich vorsichtig bewegte, um den köstlichen Schmerz in seiner ungewohnten Intensität auszuloten. Jochen übernahm wieder die Regie und zog sich fast vollständig aus ihm heraus, nur um erneut so weit wie möglich hineinzustoßen. Dabei stöhnte Robin auf, drückte sein Gesicht in das Kissen und streckte sich Jochen entgegen. Sehr schnell fanden sie einen gemeinsamen Rhythmus, und Robin genoss, wie Jochen das Tempo über Minuten hinweg langsam steigerte und sich fortlaufend immer schneller mit kraftvollen Stößen in ihn bohrte. Niemals hätte Robin gedacht, dass die Löffelchenstellung so lustvoll sein konnte und staunte darüber, wie groß gebaut und ausdauernd Jochen war. Mit seiner harten Größe erreichte er eine Stelle in Robin, die bei dieser permanenten Reizung Wellen der Lust durch seinen Körper jagte. Es kribbelte dermaßen in Robins Unterleib, dass er meinte, vor Verlangen schier verrückt zu werden, und mit jedem von Jochens kraftvollen Stößen wurde die Lust größer und größer. Jochen keuchte in Robins Nacken und klammerte sich an ihn, stieß mehrmals heftig zu und trug Robin über eine Schwelle, die er sich zuvor niemals erträumt hatte. Ohne sich selbst berührt zu haben, explodierte etwas in seinem Unterbauch und ließ ihn hilflos in einem phänomenalen Orgasmus erbeben. Jochen spürte, wie Robin in unkontrollierten Zuckungen verging und wurde davon so erregt, dass zwei weitere Stöße reichten, um ihn besonders heftig kommen zu lassen. Er stieß sich tief in die heiße Enge vor sich und entlud sich Schub für Schub in das Kondom. Robin konnte diese Schübe spüren und zog sich eng um Jochens Schaft zusammen.

Wie erschlagen lagen sie ineinander verkeilt für mehrere Minuten da, doch Jochen wollte verantwortungsvoll sein und zog sich vorsichtig zurück. Er kletterte über Robin hinweg aus dem Bett und entsorgte das Kondom. Jochen säuberte sich und ging zurück zu Robin, der noch immer auf der Seite lag und die Augen geschlossen hatte. Jochen positionierte sich erneut hinter ihm und küsste seinen Nacken. Robin fing an zu schnurren und verlangte nach mehr.

„Ja, mach bitte weiter."

„Das hättest du wohl gern, Kleiner."

„Auf der Stelle."

„Da wirst du wohl auf nächstes Mal warten müssen. Falls es dir nicht aufgefallen ist, ich habe mich absolut leergepumpt."

Robin grinste und drehte sich zu Jochen um.

„Gut. So gehört sich das! Mich hast du ebenfalls leergepumpt."

Jochen schnaubte sichtlich erfreut.

„Ja, das war ein Schauspiel. Jetzt ist die Decke vollgesifft."

Robin konnte nicht sagen, ob das ein Spaß oder Jochens Ernst war und versteifte sich. Jochen merkte es.

„Das war ein Spaß. War doch geil! Wie hättest du es denn halten sollen?"

Als Antwort kuschelte sich Robin an Jochen und legte den Kopf auf seine muskulöse Brust.

Der Herzschlag beruhigte Robin ebenso wie die Umarmung, in die Jochen ihn zog.

„Morgen habe ich meine Zwischenprüfung hier in Oldenburg. Am Vormittag. In irgendeiner Schule. Das geht um 8.30 Uhr los und ist um 10.00 Uhr erledigt. Was meinst du, soll ich Brötchen holen und dich besuchen kommen? Dann könnten wir nach dem Frühstück ... du weißt schon."

Jochen lachte fies.

„Nee, weiß ich nicht. Was könnten wir nach dem Frühstück?"

Robin pikte ihn in die Seite und hätte sich dabei fast den Finger gebrochen, so fest waren Jochens Muskeln.

„Keine Ahnung! Das hier wiederholen? Was anderes spielen?"

Robin wusste schon, was er alles mit Jochen machen wollte. Er bedauerte, dass er ihm nicht erst mal ein bisschen den Schwanz gelutscht hatte. Doch das ließe sich am nächsten Tag nachholen.

„Soso, spielen willst du? Das kannst du haben."

Jochen stürzte sich im Spaß auf Robin, und so tollten sie herum, bis Jochen Robin erneut unter sich festgesetzt hatte und ihm kleine, zarte Küsse auf die Lippen drückte.

Robin hatte Bedenken, ob er ohne Weiteres aufstehen konnte, da sich seine Beine immer noch wie Pudding anfühlten, doch es ging überraschend gut. Immerhin hatten sie bis 16.30 Uhr nichts anderes getan, als sich im Bett zu vergnügen. Jochen kochte Kaffee und holte eine Packung Toastbrot hervor. Robin machte sich unterdessen im Bad zurecht und genoss die heiße Dusche. Anschließend zog er sich einen bequemen Pulli an, schlüpfte in seine Jeans und kämmte seine nassen Haare streng zurück, sie fielen ihm jedoch in feuchten Strähnen links und rechts zurück ins Gesicht. Doch das war ihm egal. Jochen hatte Besitz von ihm ergriffen. Da konnte er mit ungemachten Haaren zum Frühstück um 17.00 Uhr erscheinen.

Jochen saß auf der Couch, einen Kaffeebecher in der einen und eine geröstete Toastecke in der anderen Hand und sah Robin über die gesamte Distanz seiner Wohnung hinweg an. Wie er mit noch feuchten Haaren und einem Sweatshirt und Jeans barfuß aus seinem Bad kam und ihn anstrahlte. Diese tapsigen Bewegungen und das ehrliche Lächeln rührten etwas in ihm an, von dem er nicht gewusst hatte, dass es in ihm schlummert. Robin schenkte sich einen Becher Kaffee ein, zupfte seine Schachtel Marlboro Menthol Light aus seinem Rucksack und setzte sich neben Jochen auf das Sofa.

„Ich muss gleich los."

Jochen streichelte über Robins Oberschenkel und nickte wortlos.

„Dann ist das mit morgen abgemacht? Erst schreibe ich diese beknackte Prüfung und spiele danach Brötchenexpress?"

Jochen nickte und lächelte Robin an.

„Ja, verhau die Prüfung nicht!"

„Das passt schon. Ich gehe heute früh schlafen und morgen bin ich in Topform."

Nun zog Jochen eine Augenbraue hoch und Robin begriff, dass er sich zweideutig ausgedrückt hatte.

„Ja, in jeder Hinsicht." Er beugte sich vor und berührte zart Jochens Lippen mit seinen.

Robin konnte es nicht greifen, doch etwas hatte sich zwischen ihnen verändert. Jochen wirkte abwesend. Dabei hätte Robin sich erst recht an ihn ketten können. Wahrscheinlich bin ich so empfindlich, weil Jochen endlich in mir war, überlegte er. Den Rest seiner Zigarette drückte er im Aschenbecher aus, nahm den letzten Schluck Kaffee und stellte den Becher ins Spülbecken von Jochens kleiner Küchenzeile. Robin bemerkte Jochens Blick auf sich und sah ihn fragend an.

„Ist was?"

Jochen schüttelte nur den Kopf.

„Ich geh mir schnell die Haare föhnen." Robin verschwand im Bad und mühte sich mit Jochens altem Föhn ab.

Als Robin mit seiner Tasche und Jacke an der Tür stand, küssten sie sich noch einmal, und die Emotionen übermannten Robin.

„Ich möchte nicht gehen."

Jochen küsste ihn erneut und zuckte mit den Schultern.

„Es hilft nichts. Du musst nach Hause. Sonst gibt es Ärger."

„Ja, ich weiß. Dass du immer so vernünftig sein musst!"

Robin hätte sich gewünscht, dass Jochen sagt, er solle noch bleiben. Er wusste, welchen Stress es auslösen würde, wenn er ausgerechnet vor dieser blöden Zwischenprüfung zu spät nach Hause kommen würde. Und dennoch wäre etwas mehr Mitgefühl schön gewesen. Jochen lächelte und nickte. Robin kam sich dadurch klein vor. So wurde ihm bewusst, welcher Altersunterschied zwischen ihnen lag. Robin wollte unbedingt etwas Erwachsenes zum Abschied sagen.

„Danke für ... heute."

Jochen grinste und küsste ihn kurz auf den Mund.

„Fahr vorsichtig."

„Okay, bis morgen."

Robin verließ die Wohnung und fühlte geradezu einen körperlichen Schmerz. Bei der Ankunft zu Hause wurde Robin wieder bewusst, dass Frida mit Autopilot gefahren sein musste, so war er in Gedanken gewesen. Ich bin so was von verliebt, gestand Robin sich ein.

***

Eine Viertelstunde vor dem offiziellen Start der Zwischenprüfung traf Robin an der Schule ein, wo sie den Test schreiben sollten. Karin und Nicole warteten schon unter dem Vordach des Gebäudes und lächelten, als sie Robin erkannten. Er rannte vom Parkplatz unter das Vordach, da es wie aus Kübeln regnete.

„Hey, da bist du ja. Wow, deine Haare sind lang geworden!" Karin nahm wie eh und je kein Blatt vor den Mund. Sie drückten sich kurz zur Begrüßung.

„Wir haben uns ja schon Monate lang nicht mehr gesehen, hi!"

Nicole drückte Robin ebenfalls kurz. Er freute sich, die zwei endlich mal wieder zu sehen. Mit Karin hatte er in den letzten Wochen zwar häufiger telefoniert, sich zu sehen, war doch etwas anderes.

„Dieser ätzende Regen! Dadurch bin ich spät dran. Aber es ist ja noch etwas Zeit. Schön, euch zu sehen!"

Robin zog flink eine Schachtel Zigaretten aus der Tasche und zündete sich eine an. Er bemühte sich um eine möglichst heterosexuelle Haltung und musste dabei grinsen. Heterosexuelle Haltung – Jochen würde sich kaputtlachen und ihn aufziehen. Beim Gedanken an Jochen bekam Robin wieder ein warmes Gefühl im Bauch, die Schmetterlinge stoben auf und flatterten in alle Richtungen davon. Er hatte sich ein möglichst heterosexuelles Outfit ausgesucht, für die Prüfung mussten sie auch keine Bank-Klamotten tragen.

Karin und Nicole dagegen sahen Robin entgeistert an.

„Du rauchst?!"

Verlegen grinste Robin sie an.

„Äh ..., ja. Schon seit Monaten. Manchmal tut das gut."

Bevor sie weiter darüber sprechen konnten, kamen einige Mitauszubildende dazu. Man begrüßte sich, und jeder beteuerte, am aufgeregtesten zu sein.

Sie wurden ins Gebäude gebeten, und die Prüfung begann. Robin war begeistert, wie viele Fragen er sicher beantworten konnte und kam mit der vorgegebenen Zeit hervorragend zurecht. Er war 10 Minuten vor der Zeit fertig und gab seine Unterlagen ab. Vorab hatte man ihnen gesagt, dass sie den Raum vorzeitig verlassen durften, allerdings das Gebäude verlassen sollten, falls ein anderer Prüfling zur Toilette musste. Man sollte sich nicht absprechen können. Also winkte Robin Karin und Nicole zu und verließ den Raum. Draußen rannte er zu seinem Auto, schmiss seine Tasche auf den Beifahrersitz und machte sich auf den Weg zu Jochen. Unterwegs hielt er bei einem Bäcker an und besorgte Brötchen. Als er sah, dass sie ebenfalls einen Metzger im Laden hatten, kaufte er dort noch etwas Aufschnitt.

Der Regen hatte nicht nachgelassen, als Robin auf den Parkplatz vor Jochens Wohnhaus fuhr, also schnappte er sich seine Tasche sowie die Frühstückstüten und rannte zur Eingangstür. Er klingelte und drückte direkt gegen den Türgriff. Ihm fiel da auf, dass es kein Vordach gab. Der Regen prasselte ihm von oben gnadenlos auf die Haare. Die Brötchentüte versuchte Robin so gut wie möglich mit seiner Jacke zu schützen. Sonst wäre sie gleich durchgeweicht. Nun mach schon, dachte Robin. Er klingelte noch mal. Vielleicht schlief Jochen noch! Doch der Türöffner summte nicht. Erneut drückte er kräftig auf den Klingelknopf. Was war denn da los? Mittlerweile lief ihm der Regen eiskalt den Nacken und den Rücken herunter. Robin verfluchte das Wetter und klingelte. Dieses Mal gleich dreimal hintereinander. Es erfolgte weiterhin keine Reaktion. Er stellte die Tüten auf den Fußboden so nah wie es ging an die Tür, um sie zumindest durch das Mauerwerk etwas vor dem Durchweichen zu schützen und lief ein paar Schritte zurück vor das Haus. Er suchte Jochens Fenster an der Hausfront und sah, dass ein Fenster auf kipp geöffnet war. Es war ihm etwas peinlich, doch Robin rief.

„Jochen! Deine Klingel ist wohl kaputt. Ich bin da! Mach doch bitte die Tür auf!"

Es war keine Reaktion am Fenster zu erkennen, also rief Robin erneut. Lauter.

„Jochen! Jochen! Ich bin's – Robin!"

Hinter den Fensterscheiben der Nachbarn wurden Gardinen zur Seite geschoben, und er wurde neugierig von Hausfrauen und Rentnern beäugt. Wer sonst konnte am Montagvormittag um 10.30 Uhr zu Hause am Fenster herumhängen?!

„JOCHEN!" Robin erschrak selbst über die Lautstärke, doch an Jochens Fenster tat sich nichts.

Vielleicht war er im Bad? Robin lief wieder um das Haus herum zur Eingangstür und drückte immer wieder auf den Klingelknopf.

Der Türöffner rührte sich nicht. Er sah auf die vor der Tür liegenden Tüten herab und konnte nicht verhindern, dass Tränen der Verzweiflung über seine Wangen liefen. Er verstand nicht, was da geschah. War etwas passiert? Schlief Jochen so fest? Warum machte er nicht die Tür auf?

Im strömenden Regen lief Robin zur Vorderseite des Hauses. Er wusste nicht, was er machen sollte. Sie waren doch verabredet und er absolut pünktlich. Er sah nach oben und stellte fest, dass das Fenster geschlossen war. Erleichterung durchströmte ihn, und er rannte zurück zur Haustür. Jochen war wohl im Bad gewesen. Hatte vermutlich geduscht und war jetzt dabei, Kaffee zu kochen. Robin schnappte sich die Tüten vom Boden und drückte den Klingelknopf. Er würde sich erst mal die Haare föhnen müssen, so nass, wie sie ihm am Kopf klebten. Er musste er fürchterlich aussehen. Der Türöffner summte nicht. Robin drückte die Klingel erneut. Und aus den nassen Klamotten musste er dringend heraus. Vielleicht sollte er besser heiß duschen, sonst würde er sich noch erkälten. Der Türöffner blieb weiter stumm. Der Regen fiel Robin beharrlich auf den Kopf, und er wischte sich über das Gesicht. Jochen war da. Warum öffnete er nicht? Und erst da, so nassgeregnet wie er war, mit durchgeweichten Tüten im Arm, arbeitete sich ein Gedanke durch seinen Kopf und malte ein grausames Bild. War das Absicht? Wollte Jochen ihn nicht treffen? Robin erschrak über diesen Gedanken und drückte wieder und wieder auf die Klingel. Das sollte Jochen ihm ins Gesicht sagen! Die Tüten schleuderte Robin zur Seite, drückte wieder den Klingelknopf und ließ den Tränen der Verzweiflung freien Lauf. So etwas passierte in schlechten Filmen oder Seifenopern, doch nicht in der Realität! Wie konnte Jochen ihn im wahrsten Sinne des Wortes im Regen stehen lassen?! Sein Verstand arbeitete gnadenlos objektiv. Robin hatte so geparkt, dass Jochen das Auto sehen musste. Also wusste er, dass er da war. Selbst wenn die Klingel defekt wäre, hätte Jochen doch nach unten kommen können, um nach ihm zu sehen. Mittlerweile wäre Robin um einiges zu spät dran. Da würde Jochen doch nach ihm Ausschau halten, das Auto stehen sehen und nach unten kommen. Vielleicht würde er seine Klingel testen, aber er würde nach unten kommen!

Wut keimte auf und unterstützte die Verzweiflung. Völlig durchnässt stand Robin vor diesem Wohnhaus und wusste nicht, was er noch tun sollte. Er überlegte kurz, woanders zu klingeln, doch wie sollte er die Situation erklären? Und was sollte er vor Jochens Wohnungstür machen? Klopfen wie irre? Vielleicht holten die Nachbarn noch die Polizei.

Jetzt reiß dich zusammen, sagte er zu sich selbst, fuhr sich mit einer fahrigen Geste über die nassen Haare und atmete tief durch. Die unsäglichen Tränen wischte er aus den Augen und sah sich einmal gründlich um. Niemals würde er diesen Augenblick vergessen, das schwor er sich. So aufrecht wie möglich ging Robin ein letztes Mal langsam um das Haus herum zum Parkplatz und steuerte auf Frida zu. Er sah sich nicht mehr um. Würde er Jochen am Fenster stehen sehen, wüsste er nicht, zu was er fähig wäre. Er öffnete die Fahrertür, schmiss seine Tasche auf den Beifahrersitz, stieg ein und war dankbar, dass ihm die Regentropfen an der Scheibe die Sicht nach links nahmen. So konnte er, selbst wenn er doch wollte, nicht zu Jochen hinaufsehen. Robin startete den Motor und fuhr los. Dabei hatte er nur einen Gedanken: Du musst heile nach Hause kommen, erst da darfst du zusammenbrechen.

Rita erschrak, als sie Robin zur Haustür hereinkommen hörte. Zu dieser Uhrzeit hatte sie ihn noch nicht zurückerwartet.

„Robin? Was machst du denn schon hier?“

Robin schmiss seine Tasche in die Ecke vom Flur, riss sich die Schuhe von den Füßen und pfefferte sie ebenfalls in die Ecke, bevor er schnurstracks ins Wohnzimmer lief, sich das Telefon schnappte und wählte. Er sagte kein Wort, sah Rita nicht mal an. Sie saß im Sessel am Fenster und hatte gelesen, doch sie ließ ihr Buch sinken und sah ihren Sohn prüfend an. Er sah fürchterlich aus, seine Haare mussten klitschnass gewesen sein, denn sie standen ihm wirr vom Kopf ab. Robin hielt den Hörer ans Ohr gepresst, legte jedoch gleich wieder auf. Nur um ihn erneut aufzunehmen und wieder eine Nummer zu wählen. Er wiederholte das ein paar Mal. Immer schneller tippte er die Nummer, knallte den Hörer immer wieder auf das Telefon und sie wollte schon um Mäßigung bitten, als er in den Hörer schrie. Der Klang seiner Stimme ließ ihr das Blut in den Adern gefrieren.

„Warum machst du das? Was soll das, Jochen? Was ist los? Warum hast du nicht aufgemacht? Warum gehst du jetzt nicht ran? REDE MIT MIR!!!“

Er knallte den Hörer auf das Telefon, sprang auf und lief im Wohnzimmer hin- und her.

„Er hat mir nicht mal die Tür aufgemacht, Mama! Er hat mich im Regen stehenlassen! Gestern noch war alles in Ordnung und heute macht er mir nicht mal die Tür auf. Und er geht jetzt nicht mal an sein Scheiß-Telefon!“

Seine Stimme überschlug sich und ein Kloß im Hals ließ ihn letztlich nur noch krächzen. Rita war aus dem Sessel aufgestanden und legte ihre Arme um Robin.

„Langsam, Schatz. Ich verstehe nur Bahnhof. Erzähl es mir von Anfang an. Was ist passiert?“

Doch Robin befreite sich ruckartig aus ihrer Umarmung und lief aus dem Zimmer. In der Wohnzimmertür blieb er stehen, drehte sich zu ihr um und heulte auf.

„Er hat es schon wieder getan, Mama! Wir haben eine wundervolle Nacht verbracht, und er lässt mich fahren. Und danach schneidet er mich aus seinem Leben heraus. Es wiederholt sich alles! Ich halte das nicht noch mal aus!"

Rita brach das Herz bei seinen Worten, und sie hatte das Gefühl, seinen Schmerz ebenfalls körperlich zu spüren. Sie wollte ihm so gern helfen, wusste jedoch nicht, was sie sagen oder tun konnte, um es ihm leichter zu machen. Liebeskummer konnte grausam sein, das wusste sie. Sie begriff, dass sie ihn jetzt in Ruhe lassen musste. Was auch immer sich heute zugetragen hatte, er würde es ihr erzählen, wenn er die Zeit für gekommen hielt.

Robin rannte die Treppe hoch und warf die Tür zu seinem Zimmer hinter sich zu. Der Knall ging Rita durch und durch. Kurze Zeit hörte sie nichts, bevor die Musik laut startete. Zu ihrem Bedauern war es Madonna, die in der Lage war, ihrem Sohn aus der verletzten Seele zu singen. Rita drückte sich die Daumen, dass es nicht auch immer und immer wieder derselbe Song sein würde.

Love don't live here anymore

Through the windmills of my eyes
Everyone can see the loneliness inside me
Why'd ya have to go away?
Don't you know I miss you so and need your love?[21]

Doch es war immer und immer wieder derselbe Song. Robin lag schluchzend auf seinem Bett und ließ ‚Love don't live here anymore' von Madonna abspielen. Ihm war, als hätte jemand sein Herz oder ein anderes wichtiges Organ entfernt und zwang ihn jetzt weiterzumachen. Das Atmen fiel ihm schwer, er hatte Magenschmerzen, und sein Blut fühlte sich an, als wäre es mit Säure durchzogen. Sein gesamter Körper spielte verrückt. Am schlimmsten war jedoch sein Kopf! Er hätte alles dafür gegeben, das Gedankenkarussell anzuhalten. Warum? Warum? Warum? Seine Gedanken drehten sich immer wieder um diese eine Frage. Dazu tauchten Bilder vor

[21] Quelle: Miles Gregory

seinen Augen auf, wie Jochen und er sich küssten, wie sie auf dem Bett herumtollten und wie Jochen ihn letztlich in der Löffelchenstellung von hinten nahm. Das war besonders schmerzhaft. Was hatte sich in den letzten 24 Stunden geändert, dass Jochen ihm so wehtun musste? Es schien alles so unwirklich. Hatte er ihn tatsächlich im Regen stehen lassen? Wortwörtlich im Regen stehen lassen? Konnte er ihm nicht ins Gesicht sagen, dass er ihn nur hatte ficken wollen? Musste er noch so grausam sein?

Warum? Warum? Warum? Das Karussell drehte sich wieder von vorne. Dieses Mal gingen Robin jedoch Bilder durch den Kopf, die unschöne Momente zeigten. Die Situation wegen seines Outfits am Samstagabend. Der Besuch des ‚Malör'swar merkwürdig gewesen. Hatte Robin nicht da schon überlegt, was los war?

Sein Kopf war heiß vom Weinen, er lag auf Robins verschränkten Armen. Der restliche Körper war zusammengekrümmt und bebte immer wieder unter den Schluchzern, die sich seiner Kehle entrangen.

Stunde um Stunde verging, und Robin fühlte sich zu schwach zum Aufstehen. Er hatte keine Empfindung mehr außer Schmerz. Der Fokus lag völlig auf seinem Geist. Er hatte Besitz von ihm ergriffen, die Kontrolle übernommen. Und sein Geist zeigte ihm in seiner Grausamkeit immer wieder die schönsten und die schlimmsten Momente mit Jochen. Zwischendurch folgten Rückblenden aus der Nacht im Januar, als Robin sich so unfassbar in diesen Mann verknallt hatte.

Papa Bernhard kam von der Arbeit nach Hause. Robin hörte die Haustür gehen und die dumpfen Stimmen seiner Eltern in den verschiedensten Zimmern des Erdgeschosses. War er je wieder in der Lage, normal weiterzuleben? Robin wusste es nicht. Im Moment war er schon mit Atmen überfordert. Er versuchte sich darauf zu konzentrieren und doch startete das Karussell von vorne: Warum? Warum? Warum?

Seine Zimmertür wurde einen Spalt weit geöffnet und nach einigen Momenten wieder von außen geschlossen.

Sie ließen ihn in Ruhe, Bernhard hatte nach ihm gesehen, da hatte er geschlafen.

„Ruhe ist bestimmt das Beste für ihn."

Rita war nicht überzeugt.

„Bernhard, du hast ihn nicht erlebt. Ich dachte, er flippt völlig aus. Und seine Stimme. Er klang, wie ein angeschossenes Tier. Fürchterlich! Dieser Jochen hat ihm wohl nicht die Tür aufgemacht." Sie überlegte, ob sie alles wiederholen sollte, was Robin gesagt hatte, doch das ließ Rita lieber bleiben. Bei Bernhard konnte man nie wissen, der setzte sich nachher ins Auto und fuhr nach Oldenburg, um Jochen eins auf die Nuss zu geben. Das wäre eine Katastrophe!

„Der hat die Tür nicht aufgemacht?"

„Ja, sie waren für heute verabredet. Das hatte Robin gestern erzählt. Nach der Zwischenprüfung wollte er zum Frühstück zu Jochen fahren. Doch der hat wohl nicht die Tür geöffnet."

„Soll ich hinfahren und ihm die Scheiße aus dem Leib prügeln?"

Rita dankte dem Universum für ihre Besonnenheit. Falls Bernhard erfuhr, dass sein Sohn und dieser Mann erst am Vortag Sex gehabt hatten, wäre Jochen seines Lebens nicht mehr sicher.

„Ach, Quatsch. Wir mischen uns da nicht ein! Wir wissen nicht, was zwischen ihnen vorgefallen ist!"

„Und nun?"

„Tja, mal sehen, wie es ihm morgen früh geht. So kann er nicht zur Arbeit gehen."

„Er kann wegen Liebeskummer nicht zu Hause bleiben!"

„Wir müssen abwarten."

Rita sollte recht behalten. Robin konnte so nicht zur Arbeit gehen. Am nächsten Morgen lag er noch immer so im Bett, wie er sich am Vortag darauf geschmissen hatte. Er hatte lediglich irgendwann die Musik ausgemacht und war einmal im Bad gewesen. Doch er hatte es nicht geschafft, seine Klamotten zu wechseln.

Rita fuhr Robin zum Arzt und gab anschließend seine Krankmeldung in der Sparkassenfiliale ab. Sie hatten sich darauf geeinigt zu sagen, dass Robin eine schlimme Erkältung angeflogen hatte. Beim Arzt war Robin dieses Mal jedoch ehrlich gewesen und hatte ihm die gesamte Geschichte, soweit er es für nötig hielt, erzählt.

Für einen Herrn um die 60 hatte der Arzt erstaunlich pragmatisch reagiert und viel Verständnis gezeigt. Andere Mütter hätten auch schöne Söhne, hatte er gemeint und Robin angehalten, die Tabletten vom Frühjahr wieder regelmäßig zu nehmen.

Nun lag Robin auf seinem Bett und starrte an die Decke, immer wieder von seinen eigenen Gedanken gepeinigt, die sich lediglich darum drehten, warum Jochen ihm das angetan hatte.

Mittlerweile war es Freitag und Robin hatte die Woche über kaum etwas gegessen, nicht geraucht, kaum ferngesehen und mit niemandem mehr als fünf Worte gesprochen.

Rita selber war langsam mit den Nerven am Ende und beriet sich mit ihrer Mutter beim Kochen.

„Irgendwann muss es doch mal besser werden."

„Und Robin hat noch nicht erzählt, was genau passiert ist?"

„Nein, er sagt immer wieder, dass Jochen ihm die Tür nicht aufgemacht hat. Und er daher nicht weiß, warum Schluss zwischen ihnen ist."

„Das ist nicht nett!"

„Nein, Mama, aber was soll ich tun?"

„Gar nichts. Wenn ich eins in 70 Jahren gelernt habe, dann, dass auch die dunkelste Stunde nach 60 Minuten vorbei ist."

„Robin vegetiert nun schon seit vier Tagen hier zu Hause herum und sieht immer schlimmer aus!"

„Du weißt, wie es gemeint war. Die Zeit heilt alle Wunden."

Ritas Laune sank. Sie liebte ihre Mutter, ihre Weisheiten konnte sie heute allerdings nicht ertragen.

Vielleicht sollte sie noch mal mit dem Arzt telefonieren? Robin schien depressiv zu sein. Konnte das durch so einen Zwischenfall ausgelöst werden? Sie wusste es nicht, wollte jedoch nicht dabei zusehen, wie ihr Sohn vor die Hunde ging. Mit Bernhard konnte sie darüber nicht sprechen, denn für ihn war das alles Liebeskummer-Kram. Und dass Robin wegen Liebeskummer zu Hause blieb, überstieg sein Verständnis.

***

Am folgenden Montag schleppte sich Robin wieder zur Arbeit. Die Scheißegal-Tabletten hatte er am Samstag auf Ritas Drängen hin abgesetzt. Robin war es einerlei. Ob mit oder ohne Tabletten – sein Herz tat ihm weh. Doch nach außen hin gab er sich von einem grippalen Infekt genesen. Die Kollegen waren froh, dass es ihm besser ging. Nach außen lächelte er und beteuerte, dass nun wieder alles gut sei.

Frau Winter rief ihn zu sich ins Büro und musterte ihn auffällig.

„Sie haben abgenommen! Das muss eine heftige Erkältung gewesen sein!“

Robin hatte das Gefühl, sie konnte direkt in seinen Kopf sehen und kannte daher die Wahrheit. Auf eine verquere Art und Weise mochte er die unter den Kollegen so unbeliebte Frau gern, und hatte ihr gegenüber Schwierigkeiten zu lügen. Daher hielt er sich mit Informationen zurück.

„Ja, sehr heftig. Jetzt geht es wieder, und ich freue mich hier zu sein.“

Sie nickte. Erneut wurde Robin mulmig. Sie schaute kurz auf die Fensterfront, als könnte sie da die Antwort auf seine Äußerung finden. Sie drehte den Kopf wieder zu ihm, und lächelte geradezu mütterlich.

„Und wenn es in den Tagen bis zur Berufsschule mal nicht geht, kommen Sie zu mir!“

Ihre Miene wurde wieder geschäftsmäßig.

„Jetzt gehen Sie wieder an die Arbeit, es ist bald Ultimo. Da sind doch bestimmt Unmengen an Kontoauszügen zu verteilen.“

Robin war völlig verdattert und überlegte fieberhaft, woher zum Teufel sie um seinen wahren Zustand Bescheid wissen konnte. Hatte sie den siebten Sinn? Hatte sie ihn durchschaut? Er wusste es nicht, doch er war dankbar für ihre Worte. Also lächelte er tapfer, nickte und verließ ihr Büro.

Tatsächlich half ihm die Arbeit, sich von Tag zu Tag zu hangeln. Einige Tage später, am 30. Oktober, war Weltspartag und die Kunden überrannten den Schalter. An diesem Tag gelang es Robin, sogar mal nicht an Jochen zu denken. Erst als er zu Hause in seinem Zimmer ankam, übermannte ihn die Erinnerung an ihn und der Schmerz erfüllte sein Herz. Doch zum ersten Mal wollte Robin sich nicht verkriechen und vor sich hin leiden! Er wollte vielmehr raus und an andere Dinge denken! Jetzt wurde ihm klar, dass Ablenkung half.

Eins schwor er sich. Niemals wieder würde er jemanden so nah an sich heranlassen! Niemals wieder würde ihm jemand so weh tun!

Mit Liebe wollte er nichts mehr am Hut haben!

Ende? Wo denkst Du hin?! Fortsetzung folgt!

Anmerkung des Autors und Danksagung

Vielen Dank, dass Du es bis hierhin geschafft hast. Es sei denn, Du gehörst zu den Leserinnen und Lesern, die sich erst mal das Ende durchlesen. Dann ab mit Dir zum Anfang!

Sorry, dass es am Ende dieses Buches kein Happy End gibt. Aber die Unterbrechung ist notwendig, um Kraft für den zweiten Teil der Geschichte zu sammeln. Der wird noch viel schlampiger! Also schön durchatmen und dann geht es weiter!

Zuvor danke ich allen beteiligten Personen, dass sie für einen gewissen Zeitraum ein Teil meines Lebens waren. Ohne unsere Begegnungen wäre mein Leben langweilig gewesen. Und auch wenn wir uns nicht in jedem Fall im Guten getrennt haben, hoffe ich, dass es das Leben später gut mit euch gemeint hat.

Herzlichen Dank an meinen Mann, der mich in der Zeit, wo ich hier in meinem Büro am Schreibtisch saß, entbehren musste. Auch wenn er diese Geschichte hoffentlich niemals lesen wird!

Weiterhin danke ich meiner nun schon langjährigen guten Freundin Nina, die mir ohne ihr Wissen den Impuls gegeben hat, die Geschichte endlich zu erzählen.

Und zu guter Letzt danke ich Achim für die Chance zur Veröffentlichung meiner Geschichte, das stets ehrliche Feedback und die Erkenntnis, dass zwei Hälften manchmal besser als ein Ganzes sind!

Ute Spernau
Barkarole 3 - Zu jung zum Sterben
184 Seiten ISBN print 978-3-86361-945-9 Auch als Ebook

„Wer alles verloren hatte, nicht einmal mehr seine Würde besaß, müsste doch eigentlich keine Angst haben, oder?“
Eigentlich könnte das Leben in ruhigen Bahnen fließen, aber die Vergangenheit hat Hannes und Lukas schneller eingeholt als erwartet. Sie scheitern am Alltag und versagen an Selbstverständlichkeiten. Dann dreht sich die Spirale des Schicksals schneller als je zuvor und alles Gewonnene zerrinnt in einem Strudel aus Hoffnungslosigkeit und Drogen. Und zu all dem grassiert das Virus des Luc Montagnier in der Stadt. Den Glauben an das Gute im Menschen haben die Männer längst verloren. Dennoch gibt es Grund, auf eine neue Chance zu hoffen, denn Lukas ist nicht mehr allein mit seinen Problemen. Doch um ihn in ein sicheres Leben zurückzuholen, bedarf es der vereinten Kraft von Freunden und Familien. Und Hannes' Zukunft ist ungewisser denn je, er wird seit Wochen vermisst. Erst als es keine Hoffnung mehr für ihn zu geben scheint, zeichnet sich ein Licht am Horizont ab.

www.himmelstuermer.de

Matt Grey **American Boy und sein Prinz 5 Wenn die Leidenschaft kocht**
204 Seiten ISBN print 978-3-86361-915-2 Auch als Ebook

Das Liebeskarussell dreht sich weiter. Konstantin ist frisch in Lukas verliebt und möchte dessen Herz erobern. Aber völlig unerwartet taucht eine Person aus Konis Vergangenheit auf und will den blonden Kölner zurückerobern. Chaos ist vorprogrammiert. Auch bei Jeffrey und Mike ist einiges los. Ein Wochenende bei den Rainbow Warriors, Ferien in den Bergen, das Kennenlernen von Mikes Eltern und ein Wiedersehen mit alten Bekannten halten die beiden jungen Männer auf Trab, bis ein Unfall die Idylle jäh ins Wanken bringt. Wird es ein Happy End für alle Beteiligten geben?